日本近代史の総括

日本人とユダヤ人、民族の地政学と精神分析

湯浅赳男

新評論

まえがき

日本近代史の最大かつ中心のテーマは、もちろん第二次世界大戦である。しかし、驚くべきことは、この戦争の総括がまだまともになされてはいないことである。これに気づいている歴史家はかなりおられると思うけれども、日本近代史にはタブーが多すぎる。しかも、いわゆる実証史学では全体のダイナミックスをつかみ難いので、放置されているのだと思う。

ジャーナリズムはもっとひどい。いまだに歴史の総括が警察の取調室や法廷でできるものだと思っている。これに対する反論もいつの間にか弁護士の口調になっている。いまだに朱子学の亡霊にとりつかれている東アジア人には判るまいが、歴史の論理はこんな狭い空間に閉じ込められるようなものではないのである。言うまでもなく、歴史の対象や領域は多様であるが、なかでも、一国史はその国のダイナミックスを明らかにするものである。それ故にこそ、国の運命に関心をもつ人はその歴史を学ぶのである。にもかかわらず、与えられるものが過去の事件の単なる事実関係とそれに対する国際的な評価だけだったら、その事件が極めて深刻な意味をもつだけに、失望せざるをえないだろう。

前著『日本を開く歴史学的想像力』（新評論）に続いて本書を書かせたものは、この状況に対する危機感である。前著に続いて、本書でも、日本を理解するには前近代におけるこの国の東アジアにおける地政学的位置と近代においてこの国がアメリカの最後のフロンティアに位置していることの意味をつかまねばならないと主張している。それは大変に幸福ではあるが、危険な立場である。困ったことは、日本人は自らがこのようにきわどい位置にあることを自覚していないことである。

これを精神分析の言葉を借りて、幼児性と呼ぶことにした。ナルシシズムと自己嫌悪の間を振り子のように反覆しているのである。うまく行くとのぼせ上がり、つまずくとしゅんとする。その対極にあるのがユダヤ民族である。しかも日本人と同じように非ヨーロッパ人で、非キリスト教徒として差別されている彼ら。彼らの生き様はもっとも私たちに参考になるのである。

日本人も世界できちんと理解されていないが、ユダヤ人に対する誤解はもっとひどい。日本人と比べようもないほど苦労してきた。しかし、彼らは決して卑屈にならず、毅然として生きてきた。近代文明への参加を決意するや、アジア主義とか講座派とかいったコンプレックスに思いまどうことなく、自らの立場からくる批判的な見方を生かして文明に寄与してきたのである。（デュルケム、フロイト、ベルクソン、フッサールらを思い起こそう。）

彼らのこの生き様から学べるものを学ぼうというのが、本書のメッセージである。日本人の未来を憂慮する読者の皆さんのご批判を期待している。なお、このような言説はわが国知識人のファッショナブルな神経を結果として逆撫でにするものであるが、前著に続いて、再び取り上げてくださった（株）新評論に感謝申し上げたい。とりわけ、編集を担当され、さまざまな配慮をしてくださった山田洋さんに心より御礼申し上げたい。

二〇〇〇年六月六日七〇歳を前にして　湯浅赳男

日本近代史の総括／目次

日本近代史の総括

——日本人とユダヤ人、民族の地政学と精神分析

序章

総括は民族を成熟させる

のぼせ上がっていた日本人

かつて出演したテレビの討論番組を思い出す。それは一九九〇年六月八日の午前一時から四時半まで、テレビ朝日の六本木のスタジオでのことであった。テーマは「対決・絵画買い占めは是か非か?」というので、他の出演者は田岡俊治、室伏哲郎、池田満寿夫、桐島洋子、吉村作治、久世篤、春日了、上智大の松尾弌之、石井苗子《みつこ》、ダニエル・カールの諸氏であった。

当時、日本人は世界的名画を買いあさり、果てはアメリカの誇るハリウッドのコロンビア映画やマンハッタンのロックフェラー・センターなどを金力にあかせて買いあさっていたのである。その値段もそれまでの相場からすると尋常ではなかった。例えば、ゴッホの「医師ガシェの肖像」が一二五億円、ルノワールの「ムーラン・ド・ラ・ギャレット」が一一九億円、ピカソの「ピエレットの婚礼」が七五億円、ゴッホの「ひまわり」が五五億円、ピカソの「軽業師と若い道化師」が四七億円といった具合であった。これに対し、アメリカの世論も反発し、いわゆる日本バッシングが盛り上がり、『タイム』誌などは日本の札束攻勢に「第二の真珠湾」といった表現を使うまでになっていたのである。

この討論番組で筆者が発言したことは、ロックフェラー・センターにせよ、ハリウッドの映画会社にせよ、それはアメリカ合衆国の人たちが自慢する国のシンボルであるだけに、これに手をつけることはアメリカ国民の深層心理をいじるということであった。さらに美術品というものは古代から典型的な戦利品として扱われており、勝利の象徴として誇示されるべきトロフィーであるだけに、西ヨーロッパ芸術の珠玉が日本人の手に渡ることは欧米人の心に深い傷を与えることになるということであった。そしてこの解釈を人種主義的だと決めつけることは議論をハヤリ文句につれ込むことでしかないから、民族の心の底に厳然とあるドロドロしたものの存在を決して忘れるべきではないと主張したのである。

もちろん、買い手にも言い分はあるであろう。市場において売る人がいるから買ったというわけである。要するにカネをもっているのはこちらなのだ、文句はあるかといった論法である。かつては美術品のコレクターといえば王侯貴族のことを指していたが、二〇世紀になるとそれはアメリカを中心とする成功した富豪を指すようになった。彼らは実業界のインノヴェーター（刷新者）として戦った現代の英雄であり、コレクションはその偉業の勲章として世間的にも認められるものであった。しかし、今日の日本の美術品の輸入が一九八六年以来激増していることを見ても明らかなように、オークションで傍若無人に大あばれする札束は一九八六年からの円高における資産インフレによるもので、まさにバブルの乱行、いわばあぶくゼニによる土地転がしと同じセンスをもった美術品買い占めである。

筆者はこの番組の中でさらに、世界的な美術品は天にも地にもたった一つしかないものだから、それを所有するにあたっては全人類の遺産をお預かりする光栄ある仕事だという心構えが必要だと述べた。

また、日本社会は既得利権のコレステロールが全身に瀰漫《びまん》して、身動きならない状況にあるのであるから、始まったアメリカのいわゆるジャパン・バッシングも誠実に受け止め、社会を改革するきっかけにすべきであるとも語った。今、この番組のヴィデオを見ると、当時として言わなければならないことはいちおう発言していたといえよう。今にして思えば、この時（一九九〇年）日本は極めてあやうい局面にあったのである。

日本人はすっかりのぼせ上がっていたのである。日本は一九六〇年代に高度成長を達成して、GNPにおいて西ドイツを追い抜き、七三年と七九年の二度の石油危機をしのぎ、一九八〇年には自動車生産においてアメリカ合衆国を超えるに至る。そしてレーガン時代前期の円安に助けられて輸出を躍進させ、八五年のプラザ合意を契機とした円高への転換以後は、強い円によって世界の富を買いあさったのである。この頃、「日本的経営」の優位が喧伝され、日本社会は有頂天になって、心ある老人たちはひそひそと将来に対する不安をつぶやいていた。筆者も八九年一一月には一般書『世界五大帝国の興亡と謎』（日本文芸社）を発表して警告を発していた。そのまえがきでは次のように書いた。

「ほんの一〇年前までは思いもよらなかったことだが、私たちの祖国＝日本は世界大国の一つになった。このことは日本人にとっては嬉しいことだが、今後の祖国の歩まなければならない道を思うとき、粛然とならざるをえない。何となれば、もはや国家間の利害の対立が戦争によって決着がつけられることはないが、国際社会で生き残るための闘争がますます苛烈なものになることは間違いないからである。のみならず、その傘の下に日本を保護してきたアメリカが、日本の隆盛を嫉妬し始めている状況は危機的とさえ言うべきであろう。」

筆者は当時の事態を一九〇五年の日露戦争後の日本人の思想状況によく似ていると思っていたのである。明治維新以来、日本の朝野は近代文明を摂取し、一人前の近代国家として認められるよう努力してきた。そして、ついに英米に対抗する強国ロシアを敗北させて日本も列強、当時の言い方では「一等国」に仲間入りして、長年の夢を実現させたのであるが、この瞬間から日本人のナルシシズムが爆発し、四〇年後の破局への坂を転げ落ちるのである。ところで、現実はどうであったか。ロシアに勝利したといっても、それは英米の全面的な援助のもとにかちとられたもので、いわば戦争は当時の覇権国イギリスの大陸国家ロシア封じ込め戦略の一環として戦われたのである。そして日本の勝利はこの彼らの戦略の転換のきっかけとなった。同じように一九八九年は、国際共産党体制の崩壊の年であって、アメリカの国際戦略も転換しつつあったのである。

ここ一〇年の歴史の進行（第二の敗戦）は当時の筆者の不安が決して杞憂ではなかったことを明らかにしたように思われる。この間に八〇年代後半のバブルは完全にはじけとんでしまった。例えば、資産価値はドラスティックに収縮して、癒すに長期間かかる傷痕を残しているばかりでなく、永遠に失ったものがいくつもあることに、これから気づかされるかもしれない。

それだけに悔やまれることは、日本の近代がおかした致命的な失敗が第二次世界大戦後に充分に総括され、そこから教訓を引き出せなかったことである。日本人は一つの目標を設定し、それに向かって努力する点においては有能である。しかしひとたび目標を達成しても、その達成の条件を理論的に分析したり、民族の知性を豊かにしようとはせずに、達成感を自己陶酔の空転の中に雲散霧消させることで、ドロ沼にくずおれてしまう。これが一九〇五年から一九四五年にかけて見られた日本人の行動のパターンであるが、これと同じ行動を第二次世界大戦の結果おちいった状況の中で一九八〇年代にもう一度繰り返してしまったのである。

民族の行動と個人の行動の違い

確かに、近代日本の歴史的総括は多くの人によって行われ、さまざまな立場によって論争も戦わされている。また日本人論は戦後の日本の読書界でもっとも愛好されたテーマであった。しかし、管見によれば、特に一九八〇年代後半におけるような愚行をチェックできるような知性への関心はまだまだ薄いのではなかろうか。今もわが国で流行している歴史学では、戦争の総括においては、事実といわれているものを法廷ないし警察の取調室にとじ込め、議論を検事の告発や弁護士の反論の水準のもとに押しとどめている。そこから引き出される教訓にしても戦争反対、平和万歳といった自明のレヴェルのものにとどまっている。

一つの民族の行動を判断するとき、倫理的な次元ではもちろん、刑法的な次元でも押えきれないものがある。「一人殺せば殺人犯。一〇〇万人殺せば英雄」というチャップリンの有名な皮肉だけで済まない現実が人類史にはある。もちろん民族の行動は人間の行動であることには間違いない。しかしそれを超えるものもあるのである。あえて喩えるならば、民族の運動はマンモスタンカーの運転のようなもので、あわてて舵をとったり、エンジンを止めても、しばらくそのまま進んでしまうものなのである。したがって、民族の舵取りは自動車運転の運動神経だけではなく、碁打ちのように数十手先きが読めなければならないのである。二〇世紀前半の日本の戦争も、それからほぼ三〇年前に、そのときにはそれが戦争に通じるとは必ずしも意図されていない舵取りによって起こったのである。（私見では、ポーツマス条約反対のジャーナリズムの大衆扇動が、一九四五年八月一五日までの日本の道を決めたのである。）

ドイツが二〇世紀において二度も世界大戦の引き金をひく運命となるのは、究極的には一八八八年に即位したウィルヘルム二世がビスマルクを九〇年に下野させたことによってである。ビスマルクは一八六二年に政権を委ねられてから、六四年にデンマークと戦い、六六年にはオーストリア、七〇年にはフランスと戦い、ともかくドイツ帝国の統一を成しとげたのである。しかし、彼は単純に戦争を仕掛けたのではなかった。彼はドイツを孤立させないように巧妙に戦略を立て、狡智のかぎりを尽くし、時には外国のみならず国民をも騙して、ドイツの統一、さらにはその安全を守るという使命を果たしたのである。しかし、凡庸なウィルヘルム二世にはドイツの置かれている環境もその中を泳ぐためのビスマルクの苦心も判らなかった。彼はイギリスやフランスの指導者と同じように振舞うことによって、第一次世界大戦→ヴェルサイユ体制→ヒトラー→第二次世界大戦とドイツを泥沼に引きずり込む道を歩み出したのである。

このように民族の舵取りにはできれば一〇〇年、少なくとも一世代（三〇年）を視野に入れ、そのうえで短期的、中期的な策がとられなければならないのであるが、それが求められるのは民族の内的ダイナミックスのみによるものではない。このマンモスタンカーは決して大洋の真ん中を航行しているのではなく、例えば、マラッカ海峡のように岩礁だらけの狭い水道、それも他のいくつものタンカーが往来しているような難所を行かなければならないのである。この民族の行かなければならない航路の条件にもいくつかの種類がある。その第一は、舵取りの仕方である程度は動かせるといった範囲を超えている意味で宿命的な条件である。これはどの民族にもあり、いや、ほとんどの民族の条件はこれであり、いわば海図のようなものである。これなくして船出することは自殺行為なのである。

その第二は、この宿命的な条件の枠の中で、異常に困難ではあるが、舵手の賢明さによってクリアすることができる条件である。その成否を決めるものは、指導者の能力のみでなく、民族の大衆の物質的、精神的力量であろう。もとより、客観的条件の認識と主体的能力のかぎりを尽くしても、その民族が失敗する可能性は決してないとはいえない。いや、むしろ、失敗する事例の方が圧倒的に多いであろう。取りかえしがつかない失敗もあるであろう。しかし、失敗をとことん総括して民族の知慧を次の機会に活用しうることもまた無いわけではないのである。

ホメロスによって描かれた敗戦のトロイアは、敗北の結果として成年男子はすべて屠殺され、女子供は奴隷とされている。しかしローマはハンニバルとの戦いにおいてカンネーで大敗を喫したものの（紀元前二一六年）、敗北から学んで再起し、ついにカルタゴを滅亡させた（紀元前一四六年）。日本も第二次世界大戦に敗北することによって、日本人自身が気づいている以上に取りかえしのつかないものがあるのだが（このことに気づきにくくさせたところにアメリカの巧みさがある）、しかし、まだ民族の活力を活用できる機会は残っているものと筆者は考えたい。

必要な地政学的視点

世界史において各民族に与えられた条件（幸不幸）ほど極度に不平等なものはないであろう。虫のようにひねりつぶされる集団もあるし、死力を尽くした激闘によって生き残る民族もある。鳴かず飛ばず生存を続けるグループもあるし、世界的な覇権を振るう民族もあるのである。人類の多数の部族や民族集団への分裂は、約一万数千年前に地球上のほとんどの陸地が人類とそれを構成する諸集団によって占拠されたのち、処女地がなくなることによって結局農業を営むようになってから始まる。この農業の飛躍的発展を土台として文明が地球上のいくつかの地点に成立した。それ以後の人類の分裂した諸集団の歴史は多様を極めた。

文明はそれを生み出し、支えてゆく民族を作り出すばかりでなく、その周辺の人類にも強烈な影響を与えてゆくが、その影響もさまざまである。つまり、その影響を受けるにしても、軍事的に制圧され、政治的に従属する周辺部の民族や、制圧されることも従属させられることもないが、自主的＝選択的に影響を受ける亜周辺部の民族もある。しかも、この中心―周辺―亜周辺という文明内部の三重構造はどの文明にも見られることだが、こうした違いばかりか、文明それ自体にも個性があるのである。地上に成立した主要な文明は、旧大陸においてはユーラシア大陸の西側と東側のそれ、そしてインドのそれ、新大陸ではメキシコのそれとアンデスからペルー海岸地域のそれである。さらに、ユーラシア西側の文明の亜周辺にあたる西ヨーロッパの文明から成立した近代文明によって、二〇世紀の地表面はおおむね支配されてしまっている。

日本人もこのような地球上における人類の諸集団の一つとしてユーラシア大陸の東側の四つの島を占拠しているわけである。文明の面からいえば、日本人は東アジア（中国）文明の亜周辺の民族であるが、その日本人が近代文明を摂取して、その中心部に参入するとき当面しなければならなかった問題こそ、成功すると有頂点になるという幼児性であった。これをいかにして克服したらよいか。

日本人と対極的なユダヤ人との対比

これに応えることが本書の任務であるが、これまでの成功への道を説明するだけなら地政学的な分析のみで大筋は充分であろう。しかし、将来の課題を考えるときには、これだけではいささか不充分なところがありはしないか。つまり、これまでの行動の軌跡についてはともかくとして、空間＝地政学という次元の中で見るだけではこれからの行動のありかたについての示唆を得ることはできないのである。そして、もっと違った見方が必要だとすれば、それは時間という次元ではないかと思われる。

民族が行動するときの選択肢は沢山あるが、それは決して無限ではなく、有限である。この有限の選択肢の組み合わせが状況というものであるが、それには一定のパターンがある。このパターンを作り出したのがそれぞれの民族の歴史であるが、近代化という視点からこのパターンを生み出した条件を考えるときにまず挙げられるのが空間の問題であろう。ひとまとまりの場所に集まって住み、さらに他の人たちと空間的に隔てられるとき、行動のタイプはまとまるし、そもそも選択肢の組み合わせが類似してくる。このことに着目するのが地政学であるが、しかし、地政学は人間の行為の一切を説明しつくすことができるわけではない。場所に関係ない人間の行為もまたあるのである。

その中には習慣といったものもあるが、とりわけ強烈なものは血縁と思想、なかでも宗教であろう。例えば、イスラームは中央アジアからアフリカ北半分の乾燥地帯という風土の上に成立した宗教であるが、単にそれだけで終わるわけではない。それはインド亜大陸の東北にあるベンガルと東インド諸島という熱帯湿潤地帯にも尨大なイスラーム教徒を獲得しているのである。そしてこの空間の囲い込みをはみ出た人間の行為の様式を説明しうるのが時間という条件であろう。（もちろん、このアジアの南部、東南部へのイスラームの伝播はインド洋商業圏によって成立したと説明できるかもしれない。）確かに人間は空間とともに時間の次元で生きているのであるから、いかなる空間に依存する集団も歴史→時間→伝統をもっているのである。ところが、こうした月並みを突き抜けてもっぱら時間に依拠してきた集団があるのである。それがユダヤ人であり、その絆がユダヤ教である。

ユダヤ教はイェルサレムの神殿を中心とする宗教として成立したが、その国は滅亡し、神殿を破壊され、信徒＝ユダヤ人は以後ディアスポラ（離散）の運命の中で二〇〇〇年を生きてきた。空間的基盤を抹殺され、蹴散らされながらも、地球上に散らばる点のような居住地においてシナゴーグを維持し、律法を守って独立した民族として生きてきたのは、その宗教がすぐれて時間意識に尖鋭な、つまり、唯一神ヤーヴェとの歴史的契約によって成立した信仰であったからである。一つの突出した行為を強靱に固守する民族として、彼らは人類の極北に立っているといえるのではなかろうか。

このユダヤ人の対極に立っているのが日本人なのである。ユダヤ人を時間的民族であるとすれば、それは日本人は空間的民族ということになる。文明における日本の空間的な位置は亜周辺であって、それは外側からの作用によって内部を攪乱されることなく、海というフィルターで濾過して、自己中心的に摂取しえたという意味で極めて幸福であった。つまり、文明の手のとどかない辺境で無刺激のまま、まどろみ続けるわけにもいかず、文明の中心が気になって見つめることもできた。したがって、時間もすこぶる漸進的で、文芸に見られるように、その時間は空間化し、春、夏、秋、冬と循環していたとさえ言いうる。この条件の中で、梅棹忠夫教授の表現に従えば、民族は生態学的に順調に遷移してきたのである。

しかし、状況は変わった。その恵まれた育ちから、すなおに近代文明を受け入れることとなり、順調に成長していた文化のおかげでその中心部に入ることができた。このときから日本人の民族的状況は一変する。いまや日本人は文明の中心部にいるのである。世界史の傍観者ではなく、主役なのである。このスターの座に坐っているということは、反感、嫉妬、悪意の標的になることであり、競争者、敵対者、利用しようとする者、ハメようとする者、足をすくう者、いつわりの証言をする者、梯子をはずす者、罠をしかける者などによって取り囲まれているということである。日本はこの状況の中で、おうように、上品に、ニコヤカにかまえて、実力を養い、陰謀には先手を打ち、どのような行為にも後日のために正当化の布石をし、一九八二年のフォークランド（マルビナス）諸島が置き引きされそうになったときにサッチャー首相がやったように、白刃一閃、適切な措置を取ることができるだけの神経をもっていなければならない。もちろん、闘志だけではダメである。大胆な譲歩や気前のいい慈善、思いやりのある行動も必要なのである。日本人はスターにふさわしく振舞う能力を身につけなければならない。

そのためには日本人はまず自らの正体を今までは気づかなかった角度、例えば、背後からも側面からも見なおして、その姿を人類全体の中に位置づけて見る必要があるだろう。しかもその際に使う鏡は、これまでもっぱら使われてきた、地政学的に同じように恵まれてきた欧米人の歴史によるものだけでは不充分である。対極的に不運でありながら欧米人の迫害をも耐えぬいてきた、日本人と同じ立場に立っている人たちの歴史をも鏡としなければならない。こうした考えから、本書では次のことを明らかにしたい。

この本で明らかにすること

（1）日本は東アジア文明の刺激によって文明化し、民族形成を行ったが、中国から軍事的＝政治的な支配を受けることがなかったので、亜周辺として固有の文明を発展させることができた。このことは一九世紀後半に近代文明への積極的な参加を決意することができ、これを実現させたが、そのためには東アジア世界体制（中華朝貢冊封体制）を破壊しなければならなかった。したがって、中国とその周辺の朝鮮半島の社会は震憾させられ、しかも近代化で出しぬかれたので、深い恨みを残すこととなった。

（2）日本は近代文明への参加に成功し、その中心部にすら入ることができた。しかし、近代文明は西ヨーロッパ文明から歴史的に発展してきたのであるから、その中心部の欧米諸国にとって日本は異質であって、違和感は避けがたい。のみならず、強力な日本の成立は油断できない競争者の誕生である。したがって、欧米諸国にとっての日本は、利用できるときには利用し、邪魔になるときには排除する対象となっている。

（3）といって日本が欧米諸国と対抗するために東アジア諸国と結ぶという戦略をとることはこれまで日本にとっての自殺行為であったし、これからもそうだろう。東アジア諸国は自分より低位にあると思っている国（日本）に自分たちの伝統的秩序を破壊されたうえ、近代化で出しぬかれたため、日本の孤立化を絶妙のチャンスととらえ、自分を半植民地化した欧米諸国と同盟して日本を零落させることを深層心理では望んでいる。（第二次世界大戦の敗北ではまだ不充分と思っている。）民族のプライドは自分より高位にあると思っている国の成功よりも低位にあると思っている国の成功によって癒しようもなく傷つけられるのである。

（4）近代日本は本質的に孤立した国なのであるから、近代文明中心部（欧米諸国）との調和を絶対的な前提として、遠い西アジア、南アジアを重視して、あらゆる国との友好を維持しなければならない。その際にもっとも危険なのは東アジアに深入りすることだろう。それは複雑すぎる関係に巻き込まれるおそれを意味するため、いずれとも等しい距離をとらなければならない。このことは難しいかもしれないが、ユダヤ民族の事例と比べれば、日本はまだまだ恵まれていると言わざるをえない。日本人とユダヤ人は二〇世紀末において非キリスト教徒かつ非ヨーロッパ人にして近代文明の中心部に参入しえたたった二つの民族なのである。この意味で、ユダヤ人はセム族であるが他のセム族と違っているし、日本人は東アジア人であるが他の東アジア人と違っているのである。（これは二〇世紀末の厳然たる状況を記述したもので、民族の資質の評価ではない。筆禍を怖れてこの種の記述を避けているかぎり、国際関係史の科学的分析は不可能である。）

（5）ユダヤ人は伝統的文化においては明確にオリエントのセム族に属している。早くから国を失って、ディアスポラ（離散）の生活に入ったが、固有の精神生活は頑なに保守してきた。長い間、客人民族としての屈辱に耐えながら、しかし「選民」としてのプライドを固守して二〇〇〇年近くになろうとしている。この間、イスラーム文明のもとでは、この文明に適応して脱農化し、さらにイスラームが衰退しはじめると、キリスト教国に流れる傾向を見せるが、西ヨーロッパ中世では激しい迫害を受けた。まずフランス、ドイツから追われて、東ヨーロッパに逃れ、最後にスペインからも追放された。

（6）ユダヤ人は近代資本主義の勃興とともに、近代化する西ヨーロッパに帰って新しい経済の流れに合流しはじめる。フランス革命をきっかけとして市民権を獲得することで、その国の社会に平等な市民として融合、同化する展望も生み出した。さらに、一九世紀末にはロシア帝国においてポグロム（集団虐殺）が始まったので、西方へ逃亡する流れが生まれた。しかし、西ヨーロッパでも一八九四年にドレフュス事件が起こり、近代社会の表層の形式的な平等、深層の陰湿な差別という二重構造が明らかになると、ユダヤ人もやはり民族国家をもたなければ救われることはないというシオニズムを成立させた。これをダメ押しするように近代の偽善性をシニカルにあざわらうナチスのホロコースト（大虐殺）が起こったので、ユダヤ人は一九四八年に断固として古代ヘブライ王国の故地にイスラエルを建国した。これはアラブ人との間に極めて困難な衝突を引き起こしている。

（7）日本・東アジア・欧米という三角関係とユダヤ・イスラーム圏・欧米という三角関係はほぼ同じ構造をもっている。日本人とユダヤ人は国際社会におけるコウモリである。ともに哺乳類でありながら、二〇世紀末現在において鳥のように飛ぶことができる二つの民族なのである。彼らは哺乳類よりするならば、裏切り者であって、東アジアならびに中近東の既成の秩序の破壊者であるから恨まれるのは必然である。といって、近代化へ向かって羽ばたいたとはいえ、優雅に翼を広げる欧米諸国よりすれば、気心のよく分からない異教徒であるから、内心の警戒感をとくことはできない。

（8）日本人とユダヤ人は意識の表面ではともかく、心理の深層では二方面から差別されており、国際社会においてはタテマエはともかく、内心ではとげとげしい関係の中にある。日本人は今後、細心かつ果断に、将来を知的に読みきらなければプライドをもった民族として生存することはおぼつかない。この点、ユダヤ人は二〇〇〇年の長い苦難の間に鍛えぬかれた先見性をもって細心に行動するとともに、必要となったら果断に実行する。アラブ人の憤怒を承知のうえでパレスティナに地政的拠点を打ち込み、それを死守しているのである。それにひきかえ日本人は周辺の民族がそれぞれの自国の利害から宣伝する主張に対し無原則に迎合している。しかしこの迎合の心理の深層には凄まじい反発が渦巻いており、しかもそれが意識化されないため、鍛えられて成熟することがない。つまり、いつまでも幼児的なナルシシズム、その一面であるセンティメンタルな（独り善がりの）「愛」を温存しているのである。今日の課題はこの箱入り息子の魂に現実を突きつけて幻想をひっぺがし、アイデンティティを確立させることである。

言うまでもなく、以上の議論は日本人の立場に立ってのものである。このような議論はいかにしたら客観性をもつことができるであろうか。この問いは社会科学に一般的にいえるものである。それは社会科学では問題意識、すなわち立場なくしては認識は成り立たないからである。この問題に対してウェーバーが与えた回答は、認識にあたっては自らの立場そのものにも距離を置かなければならないということである。距離をとることに比例して認識は深まるのである。対象への熱烈な関心と立場との冷静な距離の複合こそが社会科学のエートス（精神）である。なお、本書では対象の概念化にあたって地政学と精神分析を使った。地政学の使い方はすでに説明したが、ここでの精神分析とは民族の大衆心理の成長、成熟をフロイトの性の発展段階の概念を比喩として使うということである。ともに旧来のアカデミズムでは敬遠されてきたものだが、無難を求めて無意識に押しとどめておきたい事柄を意識化するためには役立つ道具なのである。

1 章

東アジア世界体制の解体

ことは一八六八年（明治元年）、明治政府が発足し、近代国家の建設に着手するとともに始まる。すでに幕末、一八五四年に安政和親条約がアメリカ、イギリス、ロシア、続いて五五年にフランス、オランダとの間に結ばれていたが、これらはいわば外国の要求に受身に応じたものであった。したがって、新政府は新しい国家体制の形成の一環として、進んで新しい外交関係の樹立へと向かったのであるが、それはこれまで外交関係ないし通商関係があった東アジア諸国との関係を清算し、再編することとならざるをえなかった。

その最初の動きが一八六八年（明治元年）一二月に、幕府時代に家職として対朝鮮国交を管掌していた対馬藩主宗義達《そうよしあきら》をして、明治天皇の即位にあたり、新政府が今後、国交の衝に当たるので、これまで同様に貴国と修好したいと李氏朝鮮（李朝、一三九二―一九一〇年）の礼曹判書（儀礼大臣）に書簡を送らせることであった。しかし、李朝政府はこの書簡の受け取りを拒否したように、近代的な外交関係の樹立は容易なことではなく、日本政府も清国を中心とする体制に最大の問題があることに気づくのである。その結果として、一八七一年（明治四年）清国との交渉を開始し、日清修好条規に調印したのであるが、この条規は平等条約ではあれ、近代的な国交への道を開いたとは言いがたいものであった。それは同年に、廃藩置県が断行されるとともに、琉球を鹿児島県の管轄下に置いて琉球藩とし、一八七四年（明治七年）の琉球藩民の遭難（一八七一年、台湾南部に漂着した琉球漁民が殺害された事件）に対する報復として台湾出兵をせざるをえなかったこと、さらに一八七四年（明治八年）には、琉球に対し清国への朝貢の停止を命じなければならなかったことによっても明らかである。

その後も朝鮮との間には交渉が続けられたが、李朝政府の内訌《ないこう》に業を煮やして、一八七五年（明治八年）、江華島事件を挑発し（退却勧告を無視した日本の軍艦が朝鮮軍に砲撃され、これに応戦することで永宗城を占領した）、その収拾のため翌年二月には日本側の圧力によって日鮮修好条規が結ばれている。しかし、これでも何の問題解決とはならなかった。この条規は朝鮮を開港させたが、その内容はさきの日清修好条規と同様のものであった。そしてその第一条では清国と朝鮮との間の宗属関係を否定しているが、それを清国が承認するものではなかった。「夷を以って夷を制する」原則に従って、清国は朝鮮に対して、同様の条規を欧米諸国とも結んで日本を牽制するよう勧告するのである。清国は相変わらず、朝鮮に対する宗主権を主張し続けており、これを取り除いて朝鮮を完全な独立国にするためには、なおいく曲折、最終的には一八九四―九五年（明治二七―二八年）の日清戦争を待たなければならなかった。

一　朝貢冊封体制の破壊

清国にみられたこの頑強に自己を主張した体制こそ中華朝貢冊封体制と呼ばれるものであるが、その執拗な生命力は秦漢帝国（紀元前二二一—紀元二二〇年）以来二〇〇〇年にわたって存在してきたもので、今日ですら中国人の心から消え去ってはいないもの（中華思想）である。中国人の心にとってはチャイナこそは中国、つまり、文明の中心部であった。その文明とは一言にすれば、礼と文字であるが、これを知る者が文明人（華人）で、これを知らないものが野蛮人（夷狄《いてき》あるいは胡人《こじん》）ということとなる。しかも、中国人の感化のおかげで周辺地域の人々は野蛮人から文明人になることができたのであるから、チャイナは中国として尊敬され、感謝されるべきであるというわけである。

この思想と体制よりすれば、当然に中国と他の国との国交は対等なるものではありえず、中国の皇帝＝天子の徳を慕って、朝貢する（贈物をもって皇帝のご機嫌うかがいに参上する）か、さらに一段とふみ込んだ関係として冊封を受ける（皇帝によって国王その他王公に任命される）か、いずれかであることになる。もちろん、この原則には例外はある。それが清朝においては一六八九年にツァーリ・ロシアとの間で結ばれたネルチンスク条約であるが、これはモンゴル帝国の後継国家であるロシアと北方民族的に親近感をもつ満州人との間で結ばれた国境画定のための条約であるという特殊事情があったからのことであろう。したがって、一七九三年にイギリスがマカートニ卿を派遣したときも、それが政府との直接の接触を求めるかぎり、あくまでもイギリスを朝貢国として取り扱い、使節に三跪九叩頭《さんききゅうこうとう》の礼を強要した。イギリスはこれを拒否したので、使節は国交樹立の目的を達しなかったのである。

これが朝貢冊封体制であるが、フェアバンクの『中国世界秩序』（一九六八年）によるならば、この秩序を受け入れた民族は清代において次のような権利と義務を与えられることになっていた。

一、非中国人の支配者は、辞令とともに通信文書に使用する公印を与えられた。
二、彼らは清国のヒエラルキーにおける貴族身分を与えられた。
三、彼らは清国の年号と正朔《せいさく》（暦）を使用して通信を行わなければならなかった。
四、彼らは関係する法によって定められた機会に各種の貢進文書を差し出さなければならなかった。
五、彼らあるいは彼らの使節は帝国の駅逓《えきてい》を使って宮廷に参上することができた。
六、彼らは清国の宮廷の定められた儀礼、とりわけ叩頭を行わなければならなかった。
七、彼らは貢物を差し出すとともに、皇帝の贈物を下賜された。
八、彼らは国境や首都における若干の交易の特権を与えられた。

もっとも、交易の機会はこのときだけではなかった。唐宋時代（七―一二世紀頃）にはアラビア商人が多数、中国東南部海岸にやって来て居留地を作り、交易を行っていたように、明清時代（一四―一九世紀頃）にはポルトガル人やイギリス人などがやって来て、同じように居留地を作って交易していた。ただし、その国際関係上の地位はあくまでも目こぼし、恩恵であって、中央政府ではなく、地方当局の所管であったのである。ポルトガル人は早くから明朝と正式の国交を結ぼうと苦心してきたが、なかなか成功しなかった。それ故、福建、広東の海岸の諸地域において居留地をもうけ、事実上の交易活動を行うようになっていたのである。これら居留地の中で結局残ったのがマカオであったが、明代にも清代にもポルトガルの政治的地位は確認されることはなかった。当時ポルトガルは総督と軍隊を置いて活動していたにもかかわらず、中国の中央政府はそこをあくまで自国領土として取り扱った。そしてようやく条約によってポルトガル領として確認されたのは一八八七年のことであった。

この中国の対外関係の中で、日本もその商船(唐船)を長崎で受け入れながら、国交をもたず、欧米諸国と同様に事実上の関係にとどまっていた。ただし、欧米諸国が能動的にこの国との交易を求めたのに対し、受動的な交易を行っていたかに見えたのが日本だったのである。

明治以前の東アジア国際関係

日本は中国と受動的な事実上の交易関係を形づくっていたかに見えたが、しかしそれは決して単純なものではなく、かなり複雑なものであった。交易において日本はまず、長崎ルート以外に朝鮮と正式な国交を結んでおり、朝鮮の言葉ではこれは善隣であるが、朝鮮はこの対等な関係とともに事大と呼ばれる本朝(中国)との従属関係を結んでいた。もう一つは、薩摩藩が一六〇九年に琉球を征服していたが、これを直接統治することはせず、中国に対してはこれを琉球王国として認知させ、朝貢冊封を受け入れて事大の関係を結ばせていた。いわば交易の面で二つもダミーを使っており、もう一つオランダとの関係があるとはいえ、基本的には日本は東アジア文明世界の一国として、近代世界にスムースに入り込めないものをもっていたのである。

江戸幕府のもとにおける対外関係は、ただ単に「鎖国」という言葉だけで説明できるものではなかった。このことは、今日ではほぼ理解されているものと思われる。アメリカの歴史学者ロナルド・トビは、近代日本の国家形成において鎖国の果たした役割は積極的なものであったと評価している。彼によれば、鎖国は幕府の支配の正当性を高揚させようとする将軍たちの目的に沿っていた。鎖国は国際的な正当性を誇示するための、また国内における正当性を構築するためのデモンストレーションとして機能したのである。加えて、鎖国が行われた期間は明清交代の時期に始まり、欧米諸国によって清国が侵略され解体への道を転げ落ちる時期で終わっているだけに、わが国の安全保障にとっては情報収集が貴重な時期であった。それ故、こうした関係のもとでも、長崎に来港した唐人（中国商人）からの第一のルート、琉球から薩摩経由の第二のルート、オランダ商館からの第三のルート、釜山から対馬経由の第四のルート、といった四つのルートが活用されたのである。

これらのルートも決して自然発生的に形成されたものではない。さまざまな事態に対応するたびに慎重に検討され、熟慮のうえ決定されたものである。したがって、単なる事件でぐらぐらと動揺するものではなかった。確かに、一七世紀に盛強を誇ったオランダも一八世紀末にフランスに征服され、バタヴィア共和国と改名されて（一七九五年）、一八〇六年には併合されて消滅し、その国旗は長崎出島にのみ翻っていたし、一八〇八年にはフェートン号事件（イギリス軍艦フェートン号がフランスの支配下に入ったオランダの船を拿捕するために長崎港に侵入した事件）まで起こっている。しかし、幕府があくまでオランダを支持し続けたところに、その外交政策の一貫性を見出すことができる。そしてみだりに変動しなかったことも注目できる。それはすでに外交政策が安定し、外交儀礼が定着していたことを示すもので、李朝末期、高宗時代（一八六三―一九〇七年）の朝鮮外交に見られる眼まぐるしい動揺転変のさまと比べ対照的なものと言わざるをえない。

トビは、日本の近代世界への転換、適応を容易にしたのは幕府のもとで外交がシステム化され、儀礼（言語、行動）が構築されていたからこそだとしている。そして同時に、中国から摂取した華夷思想（中国が夷狄に優越するという思想）を日本型に再編成して、明治政府内部に自主的な意志決定の準備ができていたことを指摘する。それは朱子学から学んだものであるが、決して中国の事大に左袒することなく、「唐人」（中国商人）をむしろ国際的序列の最下位の「蛮夷《ばんい》」（野蛮な異国人）として位置づけ、朝鮮、琉球、オランダには許した江戸における使節の表敬すら許さなかったのである。それのみか、一七一五年（正徳五年）からは新井白石の提案によって、唐船は長崎の唐通事会所の発行する「信牌《しんぱい》」（許可証）がなければ長崎に来港することを許さないと定めた。これはかつて明国が日本船に携行することを求めた「勘合符」とそっくりな割符であって、それをもたない唐船の入港は禁止された。清国政府はこれに抵抗したが、結局これを目こぼしして、以後そのように実行されたのである。日本の思想界におけるこの日本型華夷思想については周知のことなので、言及しないが、イデオロギーの面でも明治政府が中国にいささかも遠慮することがなかったことは充分に承知しておかなければならない。

李氏朝鮮との関係

これらは日本の近代的国際関係への移行に役立った明治以前の国際関係的な諸要素であるが、当然に新体制への移行にあたって破壊されなければならなかった旧体制の諸要素をも含むものであった。

その第一は李氏朝鮮との関係である。この国との関係は一五九二年から九八年までの豊臣秀吉の朝鮮出兵（文禄の役と慶長の役）によって破壊されつくされていた。その修復が徳川家康によって試みられ、一六〇七年（慶長一二年）の朝鮮使節によって日朝の国交は回復されることとなる。この関係の特徴は対馬藩宗氏の家職として担当されていたところにあるだろう。その中心的な役割は、李氏朝鮮が完全に心服する宗主国への事大と、日本がそれを拒否するのみか、自らそれを主張する日本型華夷関係との間の緩衝機関であることであった。それ故、朝鮮人捕虜の送還に努力してみたり、国交回復を促進するために国書を偽造して年号や称号の面で両者が正面衝突するのを避けたりしていたのである。結局、国書の交換においては、朝鮮側は朝鮮国王の名をもってするけれども、日本側は、将軍は当事者ではあるが、これをもって日本国王とすることは結局朝鮮と同じ体制にあることを承認するのと等しいから、それを避けるために、日本には将軍の上に天子がいるというタテマエによってこれを日本国大君とするところに落ち着いている。

このように日朝間の関係を対等とすることについて細心の注意が払われた儀礼のもと、一六〇七年（慶長一二年）を第一回として一八一一年（文化八年）まで一二回にわたり朝鮮国王から江戸の将軍に修好使が送られている。そしてこの間に、先の唐船問題と同様、日朝問題にも関心をもっていた新井白石が両国関係を平等にするために、日本国大君を日本国王としたうえで朝鮮使節を江戸に迎え入れている。このときには、日本の側の使節が漢城（ソウル）に行かないことを不平等とする意見も出されたが、この議論は日本型華夷思想を形で表わすための方法をめぐるものであろう。使節の江戸迎え入れについては単に朝鮮のみでなく、琉球、オランダにも許していたわけだから、いわば朝貢を受け入れるようなものである。また、日本人が長崎の出島を思わせる釜山の倭館までしか行けなかったことの理由は、あくまで対馬藩と朝鮮当局との地域的問題であると理解されていたのである。ただ、朝鮮はこれらの点を自己の優位のしるしとして満足していたが、決して新井白石が黙っていたわけではない。これが東アジア文明に固有な名分論というものであって、白石が気づいたこのごまかしによって日本は東アジア世界体制とつながっていたのである。

尚氏琉球との関係

新体制への移行にあたり破壊されねばならなかった日本の旧体制の諸要素の第二は琉球との関係である。この国が明国に朝貢しはじめたのは一四世紀である。一四〇四年（応永一一年）には琉球国中山王武寧《ぶねい》が明国の永楽帝より正式に冊封を受けたが、一四〇六年（応永一三年）に武寧を倒した尚《しょう》巴志《はし》が、翌年、父の思紹《ししょう》を迎えて中山王とし、かくして第一次尚氏王朝が始まる。この王朝は一四七〇年（文明二年）、クーデターによって第二次尚氏王朝にとって代わられるが、この後も一貫して明治に入るまで、明国、次いで清国の朝貢冊封体制の中に存在し続けるのである。他方では、日本側よりすると、一五世紀から各地の商人が琉球と交易するようになっていた。それによりこの地方の存在が広く関心をもたれるようになるが、一四四一年（嘉吉元年）には足利義教が薩摩の島津氏に恩賞として琉球を与えるということが起こった。さらに一四七一年（文明三年）には、室町幕府が島津氏に日本の商人の琉球への渡航管理に関する権限を与えるということになった。かくして、琉球は日本のものであるという認識が日本側に流布するに至ったのである。

とはいえ、島津氏が琉球を実効的に統治しようとしていたわけではなかった。島津氏は一六〇九年（慶長一四年）、徳川家康の許可を得て琉球を征服したが、これは琉球を幕藩体制の中に組み入れる必要があったためである。しかしながら、幕府と島津氏は琉球を中国の朝貢冊封体制から離脱させることはなかった。しかも一方においては、琉球王は島津氏の家臣とされ、八万三〇〇〇石を拝領するということになった。那覇には薩摩仮屋《かりや》が薩摩の支配機関として置かれ、特産品を中心に貢租が徴集された。そして一六一〇年（慶長一五年）より一八五〇年（嘉永三年）まで二一回、将軍の襲職に対する賀慶と琉球王の襲封（領地を受け継ぐこと）に対する恩謝のため、江戸に使節を送ることになり、他方では、明、清に対して進貢と、冊封を受け入れるよう幕府から命じられた。こうして琉球は明清へ留学生を送り続け、幕府の法令では認められてはいないはずの貿易用の大船を事実上所有し続けることになったのである。

この琉球に対する政策の二重性は、対朝鮮政策での言説上のディレンマが政策としても公然と現れたものである。薩摩としてもこれをやむをえないものとして許容したわけではない。積極的にこの二重性を利用したのである。例えば、大陸から冊封使がやって来て、首里に滞在しているときには、薩摩人は町から去り、ひと目のつかぬところでひっそりと生活していたという。それほど琉球が中華朝貢体制の中にあることによる利益は薩摩にとって、ひいては幕府にとって魅力的だったのである。しかも、琉球の使節が江戸に来るときにはわざわざ唐人（中国人）の髪形服装をさせられ、「公方様のご威光の証し」として利用されたのである。

朝鮮と琉球の中華体制からの切断

破壊されねばならなかった日本の旧体制の諸要素の第三は中国との関係である。中国商人は長崎に来航して、唐人町に居留し、交易することを認められたが、一切の外交上の権利は認められなかった。したがって、長崎における彼らの商業上の役割は巨大であるけれども、外交上の意味はゼロに等しかったのである。しかしながら、朝鮮との関係や琉球との関係を突きつめるとき、中国との関係に行きつかないわけにはいかなかった。それは朝鮮も琉球も、清国へ朝貢し、冊封を受けている国であったからである。したがって、朝鮮と琉球との国交を近代化するためには、中華朝貢冊封体制を処理しなければならないということになる。先にふれたように、一八六八年（明治元年）に朝鮮に送った書簡が受け取りすら拒否されたことは、このことを教えるものである。

このとき朝鮮は高宗（在位一八六三―一九〇七年）の時代だったが、彼は幼年だったので実父の興宣大院君が摂政をしていた。おりから朝鮮は外国からの痛烈な刺戟を次々と与えられており、いわば翻弄されている状態であった。すなわち、一八六五年にはロシアの軍艦が元山《げんざん》に来港、六六年にはアメリカ船シャーマン号が大同江を遡上、フランス軍艦が江華島を攻撃、六七年には焼打ちされたシャーマン号事件の調査のためアメリカ軍艦が来航、七〇年にはアメリカ軍艦が漢江を遡上、七一年にはアメリカ軍艦が江華島を攻撃するという有様である。これらの一つとして、先にふれた七五年の日本軍艦の江華島砲撃も起こったのである。

こうした中での日本からの書簡は冷静に受けとめられようもなく、朝鮮はますます事大主義に固執していった。皇、朝、勅、朕といった中華皇帝以外では使用してはならない文字が書簡中に使われていること、これが受け取り拒否の理由となった。これに対して日本ではその無礼を問おうという征韓論が起こったが、一八七〇年（明治三年）の四月には、外務省が朝鮮政策三案を作成した。その第一案は朝鮮との国交断絶、第二案は武力によって条約を結ばせることであったが、結局、日清両国が対等の条約を結んで、名分論的な有無は言わせぬという第三案の方針が採用された。この交渉は一八七一年（明治四年）に行われ、その結果として日清修好条規を結んだのである。これは、清国がそのときまでに欧米諸国との間で通商条約を結んでいたこともあり、拒否できなかった条約である。しかし、その内容は清国が欧米諸国から押しつけられた不平等な条件、すなわち、領事裁判権と協定関税率を日中間でも相互に認め合うという特殊な内容をもつものであった。

条約自体はついに批准されなかったが、外務大丞《だいじょう》花房義質はこの条約をもって一八七二年（明治五年）に朝鮮に赴いたのである。このとき対応した朝鮮側の東莱府使《とうらいふし》（釜山の日本人に対応する役人）は、日本の使節が洋服を着ているのを見て、いまや日本は衰弱し、制を夷狄に受けるに至ったと軽侮しながら、釜山の倭館の門前に「日本人は西洋人と交り、禽獣と均しきをもって、これと交際すべからず。この禁を犯すものは断頭の刑に処すべし」と掲示する有様であった。これはその前年の一八七一年に、大院君（高宗の父）が八道四郡に「洋夷侵犯、非戦則和、主和賣国」の斥洋碑を建てさせた方針に沿ったものである。したがって、日本の朝鮮への働きかけは欧米式によることとなる。すなわち一八七五年（明治八年）に日本軍艦「雲揚」が江華島付近を航行中に朝鮮軍の砲撃を受けたとして、その収拾のための交渉によって結ばれたのが一八七六年（明治九年）の日朝修好条規なのである。これは欧米が清国に要求して締結した条約をほぼそのまま朝鮮に押しつけたものであった。

この朝鮮政策の推進とならんで、琉球回収の政策も進行した。一八七一年（明治四年）、廃藩置県とともに琉球を鹿児島県の管理下に置いたとはいえ、その五年前の一八六六年（慶応二年）には琉球に清国の冊封使がやって来ていたし、また廃藩置県の翌年、一八七二年（明治五年）にも恒例によって琉球から日本への慶賀使が送られていたからである。これに対して明治政府は文書において「琉球国中山王尚泰《しょうたい》」の名を使うことを許さず、尚泰に対して「琉球藩主となし、華族に列する」と通告し、その外交権を取り上げた。ところで、先に言及したがその前年（一八七一年）に、琉球人が台湾で遭難し、五四人が殺害されるという事件が起こっていた。日本政府はさっそく清国に対して抗議したが、北京政府はこれは化外の民がやったことであるからと責任を否定した。そのため日本は一八七四年（明治七年）に台湾に出兵し、さらに同年、その収拾のため清国と天津条約を結んだのである。しかし、同年なお琉球は清国に進貢船を派遣したので、日本政府は翌七五年（明治八年）七月、琉球藩に対して清国への朝貢と冊封の受領を禁止したのであった。

この禁止に対して琉球の官吏は不満であった。そして清国もまたこの事態を容認することはできなかった。清国の期待するところは、琉球が朝鮮のように王国として清の朝貢国であり続けることであった。そこで清国は何如璋《かじょしょう》を大使として東京に送り、琉球が日本から離反するようにさまざまな工作を行った。その成果として、琉球は一八七六年（明治九年）に密使を北京に送り、清国皇帝に窮状を哀訴し、在東京のフランス、オランダ、アメリカの大使に救済を依頼したのである。もちろん、日本政府はこうした状況を放置することはできなかった。政府は実力によってでも琉球における廃藩置県を行うべく、一八七九年（明治一二年）三月、琉球処分官松田道之を派遣して、首里に乗り込ませ、藩主尚泰の代理である今帰仁《なきじん》王子に琉球藩を廃止して沖縄県を設置すること、首里城を接収すること、尚家は華族として東京に居住すること等を命令したのである。

この日本の強行措置にブレーキをかけるだけの実力は清国にはなかった。それ故、おりからアメリカの前大統領グラントが世界一周旅行中の日本滞在において日清の間の斡旋をしたいとの申し出を受けて、日本と清国は一八八〇年（明治一三年）より交渉を再開し、琉球条約が作成されるまでに至った。この条約は、日本は清国に宮古、八重山の両島を割譲することによって、清国は琉球に対する日本の主権を承認するほか、日本と清国は一八七一年（明治四年）の日清修好条規における欠落点を改訂し、これに最恵国条款を加えるというものであった。当時、明治政府は欧米との不平等条約の改正に執心していた。その不平等条項の改正交渉において障害となっていたのが、欧米諸国が押しつけた不平等条項を相互に承認し合う日清修好条規であったのだが、今回の日清交渉ではその改正に成功したということであった。

朝鮮政界の党派闘争

このように日清間では交渉が重ねられ、ともかく合意に到着したかに見えたが、しかし、清国のホンネにおいては、伝統的な中華帝国の優位をとりわけ日本との関連において放棄するつもりはなかった。したがって、朝鮮を欧米式のやり方で開国させた一八七六年（明治九年）の日鮮修好条規第一条によって、朝鮮が独立自主国であるとうたったとしても、清国は朝鮮が朝貢冊封体制から離脱したと認めるつもりはなかったのである。確かにこの条規が結ばれた当時、特に清国はこれに抗議しなかったし、異論を唱えたわけではなかったけれども、いささかも既得権を手離すつもりがなかったことは次のことからもわかる。すなわち清国の軍機処（清朝の最高政治機関）は一八七九年になると、日本の大陸進出を阻むために、伝来の「夷をもって夷を制す」政策を使い、朝鮮に対して日本一国に利益を与えるのではなく、欧米諸国とも通商条約を結んで日本を牽制するよう勧告したのである。

朝鮮はこの勧告に従って、全面的開国を決定し、李朝政府は一八八二年にアメリカと清国、一八八三年にイギリスとドイツ、一八八四年にロシアとイタリア、一八八六年にはフランスとの間でそれぞれ修好通商条約を結んだのである。こうして朝鮮にさまざまな外国勢力が入り込むようになると、これら外国勢力の間で衝突が起こるようになってくる。すでに先駆的にロシア、イギリスの影がちらついてはいるが、一八九四―九五年（明治二七年―二八年）の日清戦争のときまで軋轢を繰り返していたのは、やはり日本と清国の勢力であった。その様相は、一八七六年（明治九年）の日清修好条規の締結から一八八五年（明治一八年）の天津条約（日清両国の朝鮮駐留軍の撤退等）の調印までが第一段階であり、天津条約から一八九四年（明治二七年）の朝鮮の東学党の乱までが第二段階である。

第一段階においては、まず漢城（ソウル）に日本公使館が設置され、元山《げんざん》、仁川《じんせん》などが開港した。初代の花房公使が努力したことは、まず朝鮮の人たちの日本理解を深めるために、朝鮮の青年を日本に留学させることであった。その狙いは中国に対する事大主義的崇拝にこりかたまった両班《ヤンバン》（文官〔東班〕と武官〔西班〕。科挙を受験できる階層）たちの子弟に、日本の近代化の努力を知らしめようというものである。この花房の文化政策に当時もっとも協力したのが福沢諭吉であった。彼は慶応義塾に留学生を受け入れた。さらに朝鮮の政客金玉均とあい知り、親交を深めた。彼が考えていたことは、欧米の圧力に対して東アジア諸国が同盟して、その盟主に日本が当たるということであり、そのために日本が朝鮮の文明開化を援助することは日本自身の安全をも保証するということであった。こうした考えから彼は金玉均、朴泳孝らと提携するとともに、門下生を朝鮮に送り、漢城（ソウル）で朝鮮における最初の新聞「漢城旬報」の創刊にもタッチするのである。

　こうした動きに対して危機感をつのらせたのが、大院君一派である。ただし、大院君（高宗の父）は一八七三年に摂政をしりぞき、高宗による親政が始まっていたため、実権を握ったのは外戚の閔《びん》氏一派であった。このときにあたり、日本も関与している軍隊改革で失業した兵卒や給与の遅滞に憤激した兵卒らが一八八二年（明治一五年）に反乱を起こし、閔氏邸や日本公使館を襲撃して放火したため、花房公使は仁川に避難した。この事態に大院君一派は喜び、暗に煽動したため、反乱は宮廷を襲撃するまでに拡大し、宰相も殺害された。これがいわゆる壬午《じんご》の変だが、結局、清国がこれに介入して大院君を清国に保護すること、そして日本も大使を軍隊の護衛のもと漢城（ソウル）に入城させることで収拾された。

　この反日派の攻撃によって、政界において明確に形作られていくのが親日派である。前者は事大党とも呼ばれていたが、もともと朝鮮には一六三六年に清朝の第二代皇帝、太宗《たいそう》（ホンタイジ）が侵入し、仁祖（第一六代李朝国王）に臣従の礼を強制した三田渡の屈辱（丙子《へいし》の胡乱）という歴史がある。以来朝鮮は、表面では清を本朝として朝貢し、冊封を受け、清の年号を用いてきたのだが、裏面では違っていた。朝鮮の人びとにとって女真人《じょしん》＝満州人は蛮族であって、清は決して尊敬すべき国ではなく、一六四四年に崇禎帝《すうていてい》が自殺し、明朝が滅亡してからも、密かに「崇禎後何年」といった言い方がされてきたのである。しかし、日本の脅威はこの二〇〇余年のわだかまりを忘れさせ、廷臣《ていしん》の多数派をして心から清国を尊崇させたのである。これに対して日本の近代化に追従しようという朴泳孝、金玉均らは壬午の変のとき日本に避難していたが、帰国して独立党と称し、公然と活動を開始し、おりから清国がフランスとの戦争に手をとられている機会にクーデターを企てた。これが一八八四年（明治一七年）の甲申《こうしん》の変であるが、漢城（ソウル）に駐在する清国軍によって鎮圧され、政変は失敗に終わったのであった。

この事件は朝鮮の改革を期待していた日本の朝野をすっかり失望させた。相変わらず朝貢冊封体制の枠内において朝鮮の運命は決定され続けているのである。朝鮮の近代化に協力をおしまなかった福沢諭吉はその絶望の思いを一八八五年（明治十八年）三月、『時事新報』紙上に発表した論文で次のごとく吐露した。

「今日の謀をなすに、我国は隣国の開明を待ちて共に亜細亜を興すの猶予あるべからず。寧ろその伍を脱して西洋の文明国と進退を共にし、その支那朝鮮に接するの法も、隣国なるが故にとて特別の会釈に及ばず、正に西洋人が之に接するの風に従って処分するのみ。」

これは東アジア世界体制ときっぱりと離脱しなければ日本の近代化はありえないという現実を洞察

したものであるが、これをあえて喝破しえたところに第二次世界大戦後の日本のアカデミズムに欠如している創業者の知性のたくましさが感じられるのである。

国際社会の中の朝鮮

一八八五年(明治一八年)の天津条約は、日清両国の朝鮮からの駐留軍の撤退と将来この国に出兵するときは事前に通知し合うことを定めたものであるが、このときから日清関係における軋轢の第二段階に入ったといえよう。この時期、漢城(ソウル)は比較的静穏であったが、朝鮮半島周辺での欧米諸国の行動は活発であった。宗主国清国がアヘン戦争(一八四〇―四二年)によって香港を失ったのをきっかけとして、ロシアも一八五八年に外興安嶺《そとこうあんれい》以南のアムール(黒竜江)州を、そして六〇年には沿海州を奪取していた。また、一八八三年には清仏戦争の結果として清国は朝貢国であった安南(現ヴェトナム)をも失っている。さらに一八八五年にはイギリスにこれまた朝貢国であったビルマ(現ミャンマー)を奪われ、その間に日本には上述のように琉球を奪われている。こうして朝鮮は最後の朝貢国となったのであるが、ここにも世界の風が吹きつけはじめることになる。

天津条約と同じ一八八五年(明治一八年)、突如としてイギリス東洋艦隊が全羅南道の沖の小島、巨文島を占領し、これをポート・ハミルトンと称して基地化したのである。これは、日本海の入口を扼する位置にあることから、明らかに極東におけるロシアの動きを牽制するのが目的であった。一八五四―五六年のクリミア戦争以後、イギリスとロシアはペルシア、アフガニスタン、チベットと角逐を続けてきたが、それが極東にも及びはじめたのである。この年にはアフガニスタンで英露の衝突があり、横浜港でロシアの軍艦が砲口をイギリス艦に向けたという事件もあった。したがって、日本は直ちにイギリスに抗議し、ロシアも清国も同様に行動した。結局、イギリスはロシア側から朝鮮国土不侵の保障を得て一八八七年に巨文島から撤退するのである。

しかし、このことはロシアが朝鮮への関心を自制するということではなかった。北京駐劄のロシア大使であったウェーベルが漢城（ソウル）にやって来て、ロシアの積極政策において大活躍するのである。その一つとして一八八八年（明治二一年）、ロシアは朝鮮との間に陸路通商条約を結び、翌年より咸鏡北道の慶興の国境を開かせている。もっとも、原案では図們江《とまんこう》沿岸百里を開放することになっていたが、清国の干渉によって慶興のみに限定されたのである。この段階においては、清国はロシアの朝鮮宮廷に対する勢力扶植に危機感をもっており、一八九一年には李鴻章《りこうしょう》は高宗に対して世子に譲位するよう勧告する書簡を送ったりもしている。

このように清国は欧米諸国にはなすすべを知らない状態であったが、相変わらず朝鮮と日本に対しては中心国としてことさらに構えていたのである。すでに一八八六年（明治一九年）、丁汝昌《ていじょしょう》率いる清国北洋艦隊は日本に回遊して、大デモンストレーションを行っている。この艦隊は定遠、鎮遠、成遠、済遠の四隻からなり、欧州より購入したばかりの、日本艦隊よりはるかに優れた性能をもっていた。回遊は日本の官民を威圧することを目的としたものであるが、同年八月、艦隊が長崎に入港したとき、清国水兵は住民に暴行すらはたらいた。これを取り締まるために出動した日本の警察とも激突して、市街戦にまで発展し、双方八〇余名の死傷者を出すまでに至っている。この事件は日本を海軍増強に発奮させたが、当時の識者は清国が誇る巨砲で洗濯物が乾かされているのを目撃して、水兵の士気がどの程度のものであるかを冷静に観察していたといわれている。

この清国の態度に朝鮮も順応していた。一八八九年（明治二二年）、李朝政府とその出兵機関は防穀令を発して、日本への大豆輸出を禁止した。この損害に対しては、日本が抗議し、結局賠償金を得て解決している。しかし、交渉は清国弁務官の袁世凱《えんせいがい》と行わなければラチがあかなかったように、清国の影響力にはなお強力なものがあり、イギリスもロシアも朝鮮問題では第一に清国と交渉しなければならないのが実状であった。こうした中で金玉均謀殺梟示《きょうじ》事件が起こったのである。甲申の変以後、金玉均、朴泳孝らの親日派は日本に亡命していたが、李朝政府は執拗に彼らの暗殺を企てていた。朴泳孝はからくも難を逃れたが、金玉均は一八九四年（明治二七年）、上海に誘い出されて殺されたのである。

彼の死体と暗殺者は清国軍艦威遠号によって朝鮮に輸送され、暗殺者は兵曹判書（軍務大臣）となり、死体はバラバラにされた。そして頭と胴を漢江楊花津《ようかしん》に梟したうえ、そこに「大逆無道金玉均之屍」と榜示し、四肢は各道に分梟《ぶんきょう》した。これは世界政治史に有名な李朝の政争に見られる一場面であるが、この場合、清国と朝鮮の意思が日本を侮蔑するところにあったことは間違いない。

この金玉均事件と重なって起こったのが朝鮮内部における東学党の乱である。東学とは西教を排斥するという意味で、国際関係に揺れる朝鮮の現状に反発する民族的宗教であった。一八九四年二月に起こったこの反乱では李朝政府がこれを平定できず、結局清国に出兵を要請した。これに応えて清国は牙山《がさん》に軍隊を上陸させ、天津条約に従ってこれを日本に通知してきたので、日本も出兵し、ようやく乱を鎮圧することができた。しかし、日本政府はこれで満足せず、この際、日清両国で朝鮮の政治の積年の腐敗を改革することを提案した。しかし清国としては、日本と対等な立場でそのような活動をすることに関心をもつはずはなく、両国の緊張は高まり、ついに一八九四年（明治二七年）に日清戦争が勃発することになる。この戦いで清国軍は虎の児の北洋艦隊を威海衛《いかいえい》で全滅させられ、陸戦でも占領地の平壌から鴨緑江《おうりょくこう》のかなたに撃退され、逆に遼東半島や山東の威海衛を占領されて、戦いは一八九五年（明治二八年）四月の下関条約（日清講和条約）で終結したのであった。

この下関条約の第一条は清国が朝鮮の独立を承認する内容となっており、これで清国の宗主権は完全に放棄されることとなった。なお、その後の朝鮮半島は諸国の勢力が角逐を続け、外交問題の一つの焦点であり続けることになるが、その次元は東アジアからユーラシアのそれへと、より大きな場に移ったし、琉球問題もこの条約によって最終的に決着することになる。東アジア世界体制はこれによって完全に解体されたのである。

二　東アジア文明の中の日本

アヘン戦争（一八四〇―四二年）から日清戦争（一八九四―九五年）に至る半世紀余りの歴史を通観するとき、東アジア世界体制の抵抗はかなりのものだったといえよう。西ヨーロッパ文明から生長した近代文明は一六世紀以来、多くの伝統文明を政治的に屈服させてきた。二〇世紀においてこそインド、イスラームなどの諸文明は政治的に自己を主張しはじめるが、はじめ彼らが征服されたときの抵抗は弱々しいものでしかなかった。これはユーラシア大陸の東側に成立した文明（中国文明）が、西側のそれと同様に特に政治文化を重要視する文明であったこともあるが、この文明はその世界体制を構成し、一九世紀までともかく存続してきたのである。

日本もまたほんの一五〇年前に「尊皇攘夷」のスローガンで熱にうかされたことがあったではなかったか。文明とは単に芸術や学問といった花の面だけではない。その核心は思想である。思想こそは人間の尨大なエネルギーを引き出すことができるものである。とりわけ華夷（文明人と野蛮人）の峻別の思想こそは東アジアで人間を活性化させたものであった。その主要なイデオロギーである儒教は一言にすれば礼の教えである。礼とは分であり、人間は秩序によって段階づけられ、その分にふさわしく行動しなければならないとされているのである。その分の中でももっとも人の琴線にふれるものは華夷の分であり、それは君臣の分とともに精髄をなすものであって、朝貢冊封体制はその具体化として安易に手離すことなどできるものではなかった。

そこで、どうしても説明されなければならないことは、いかなる理由で日本が東アジア世界から完全に断絶することになったのか、そしてそればかりか何故に進んでその解体の尖兵となることができたのか、ということである。「攘夷」、「攘夷」とうかされながらどうしてあっという間に「文明開化」へと反転されることができたのか。極めて気になるところである。つまり日本は東アジア世界体制によって文明化され、その後、この文明と不即不離の関係にあって、中国、朝鮮から儒教を学び、幕末当時は清国、李氏朝鮮とひとしく華夷の分を強調する朱子学を官学としながらも、何故にその文明圏より脱出して、さらに近代国家として自己を確立するために近代的世界システムの積極分子となりえたかということである。

亜周辺とはどういうことか

これに対する回答は、本書序章ですでにふれたように、日本が東アジア文明圏の亜周辺に位置していたことが、まず挙げられなければならないだろう。言い換えれば、日本がついに「中国」の軍事的=政治的支配下に落ちることなく、東アジア文明の成果を摂取することができ、それによって文明化、国家形成が可能になったということである。とりわけこのこと（日本の亜周辺化）がその後の歴史の中で日本を単一中心社会でなく、多数中心社会にしたのである。具体的には、東アジアにおいてただ一つ、日本においてのみ本質的に西ヨーロッパのフューダリズムに類似した封建制度が成立し、その群雄割拠に統一的なメタ秩序（秩序をなり立たせる隠れた秩序）を与える天皇制が成立したのである。（天皇制は支配でも秩序でもなく、メタ支配であり、メタ秩序なのである。）

この亜周辺という言葉はK・A・ウィットフォーゲルの農業史のそれを準用したものであるが、この考え方はすでにM・ウェーバーにあり、それを紹介した方が、内容をよりよく理解しやすいであろう。すなわち、ウェーバーはその『古代ユダヤ教』のちょうど中頃あたりで、歴史に突破口を開く新しい思想が生まれるのはバビロン、アテナイ、アレクサンドリア、ローマ、あるいはパリ、ロンドン、ウィーンではなくて、文化圏の周辺地帯であると言っている。彼によれば、文化の中心地帯にいると何事にも慣れて、既成の概念=ヒキダシの中に収納すればそれで一件落着ということになる。つまり、悪戦苦闘して何とか解決しなければならないものが無くされてしまうのである。しかし、文化の辺境地帯ではそうはいかない。既成の概念に収まらないものがゴロゴロ出てくる。収まらないものは中心地帯なら抹殺すれば済むのであるが、中央の武力が及ばない辺境地帯（亜周辺）ではそうはいかない。そうさせない社会勢力が存在しているのである。知識人もそこではこれまで勉強したこともないことに当面させられて「驚嘆する能力」を失わずに済んだのである。

この現象が文明のあらゆる分野において、死に物狂いの発想の展開をもたらすことになる。つまり、文明には開明化の機能とともに蒙昧化の機能があるということである。この二つの機能は裏表の関係にあり、その一方のみが作用することはありえないのであるが、その機能の仕方は事情によってさまざまにありうる。その一つは、外的な強制とそれにともなう内的な強迫によって開明化が極限にまで押し進められるとともに、皮肉なことに蒙昧化も強く作用するということである。もう一つは、文明の威力によって開明化は進むが徹底したものとはなりえず、したがって蒙昧化もほどほどで、固有の創造力が触発され、蠢動する余地が残されるということである。東アジアについていえば、前者が朝鮮の場合であり、後者が日本の場合ということになる。

この両者の事情の違いは、次のようにまとめられよう。東アジアに対する中国文明の影響はおそらく半島・列島ともに戦国期末（紀元前三世紀頃）に燕《えん》の商人が出没することによって始まったと思われる。そして各地の特産物（例えば、倭では水銀など）の集積地や積出港に華人のコロニーか作られていたことは、燕銭が瀬戸内海沿岸で出土していることによっても知ることができる。おりから江南からも大陸の混乱から脱出した弥生人が朝鮮半島や日本列島の西側に稲を持って渡来、定着することによって、その地域の生業が農耕化しはじめていたのと結びつき、東アジアは文明化していったのであろう。そして紀元一〇八—九年にかけて、漢帝国の統一の余勢をかって朝鮮は植民地化され、楽浪《らくろう》、玄菟《げんと》、真番《しんばん》、臨屯《りんとん》の四郡の設立となり、他の地域も漢帝国の統制下に入ることとなる。これが中華帝国と東アジアの関係の基本的パターンとなって、以後二〇〇〇余年の歴史を制約するのである。

まず、二世紀に入って、漢帝国の政情が動揺してくると、北方の遊牧狩猟民の高句麗（夫餘《ふよ》族）が朝鮮半島を南下してくるとともに、半島南部や日本においても国家形成が大いに進行し、三世紀にはこれら諸国の魏《ぎ》への朝貢が行われる。四世紀から大陸は大混乱に陥り、五世紀からは高句麗、百済、新羅、倭の四カ国がからみ合い、あい争って、各国は漢族が江南に建てた南朝、とりわけ宋に朝貢して、より高位の冊封を受けようと努力する。しかし、六世紀には隋が大陸の南北を統一し、再び外向しはじめるとともに情勢は変わってくる。風雲は急をつげ、各国が受け身に変わっている状況の中で、『隋書』東夷伝によれば倭王は六〇七年に「日出ずる処の天子、書を日没する処の天子に致す。つつがなきや」という対等の書簡を隋の煬帝《ようだい》に送るのである。（中国にとっては驚天動地の〝暴挙〟。日本の亜周辺性の発露。）さらに六六二年には隋に代わった唐と新羅によって倭は半島より排除されるとともに百済は滅亡、六六八年には同じ同盟軍によって高句麗は抹殺されることとなる。

周辺と亜周辺

この統一の方式に現れた地政学的特徴は、その後ずっと朝鮮半島の歴史を統一新羅から高句麗をへて李氏朝鮮まで呪縛した。例えば、自国固有の年号をもつことは東アジア世界においては独立国である証しである。はじめは高句麗も年号を立てているし、新羅も法興王の在位二三年（五三六年）の時代から『三国史記』によれば、建元《けんげん》、開国《かいこく》、大昌《たいしょう》、鴻済《こうさい》、建福《けんぷく》、仁平《にんへい》、太和《たいわ》と一〇〇年余り年号が続いたとされている。しかし、朝鮮半島をめぐる外交戦で活躍した新羅の金春秋（のちの武烈王）が唐の援助を引き出すために唐の衣冠を採用するとしたのに対し、唐の太宗《たいそう》はなお新羅が自国の年号を立てているのを叱責したのである。かくして、六五〇年、新羅は自国の年号をやめ、唐に従ってこの年を永徽《えいき》元年としたのである。

正朔を奉ずる、という言葉があるが、これは天子が下賜する暦を臣下が従うということで、支配者による時間の管理に服従することを意味する。年号はその正朔の流れのひと区切りであって、支配者の意向を反映したものである。それに従うということは臣下にとっての最大の義務であるというのが東アジア文明の特徴であった。したがって、新羅の次の王氏高麗（九一八―一三九一年）においても全く同様であった。太祖《たいそ》が即位した九一八年を天授元年としたが、一六年後に冊封を受けて、後唐の清泰元年とし、五代のあわただしい時期（九〇七―九六〇年）にも、このルールを守っている。李氏朝鮮はその王朝を立てるにあたって、明朝の承認を重要な支えとしており、国号すら案として和寧と朝鮮の二つを出し、これを明に選んでもらっている。冊封も必死に求めたが、明朝は李朝成立の過程の暗黒面を指摘して李王朝をさんざんじらしたあげくに、ようやく冊封を授けている。

朝鮮のこの事大主義をますます深刻なものにしたのは、朝鮮が本朝として臣事する中国が北方遊牧＝狩猟民によって征服されたとき、夷狄が皇帝になりすましたことである。これは高麗の時代にも李氏朝鮮の時代にもあり、朝鮮にとっては強烈な体験であった。高麗の時代にはすっかり朝鮮はモンゴル化し、太子はカンバリク（大都、のちの北京）に拉致されたうえ、モンゴルの公主をあてがわれて、帰国してからもモンゴル名をもち、モンゴルの風習が宮廷で続行する有様であった。また、李氏朝鮮のときには、まだ明朝が存在している時代でありながら女真人＝満州人（後金、のちの清）に国土を蹂躙され、国王は女真の王ホンタイジ（のちの清の二代皇帝）の壇下に引きすえられて、臣従の誓いをさせられている。このように、強制的に断絶させられた明朝との関係は、日本の侵略（秀吉の朝鮮出兵）の際に援助された恩義のある国であるだけに断腸の思いだったのである。それだけに、特に李氏朝鮮の中華への思いは、現実の中華＝清国に対してよりも、夢想の中での中華への思いと言った方がよかった。すでに見たように、東アジア世界秩序の断末魔にあたっての李氏朝鮮の事大主義は、いささか自虐、倒錯の域にまで達していたと言うことができるだろう。

そこまで行かずとも、李朝がもっとも活気に富んでいた時期に編纂された『高麗史』（一四五一年）の編纂をもって、すでにこの国の公式的立場が明快に表明されている。すなわち、東アジア文明においては、その王朝の正統性の証しの一つは前王朝の正史を紀伝体（本紀、列伝、志、表など）で編纂することであった。その一例が鄭麟趾《ていりんし》らの撰述した『高麗史』一三九巻であるが、それは世家四六巻、列伝五〇巻、志三九巻、表二巻、目録二巻よりなっており、そこには国の主権者の事績を記述する本紀は存在しなかった。高麗史でありながら、高麗国王の事績は司馬遷の『史記』において皇帝を取り扱った本紀ではなく、諸侯を取り扱った世家の部類のもとで記述されているのである。

朝鮮が中国の羈絆から脱するのは日清戦争（一八九四―九五年）以後のことで、しかも、それは新しい従属関係に引きずり込まれることによってであった。この国が自らの年号を立てるのは一八九六年の建陽元年が最初であり、また、明に決めてもらった朝鮮の国号に代えて自ら選んだ大韓を号し、国王の称号を皇帝と格上げしたのも、その翌年の一八九七年のことであった。しかし、外圧にぐらぐら突き動かされることはこれで終わったわけではない。二〇世紀末においてなおそれは続いている。

日本の最初の年号は六四五年の大化であり、しばらく断続しているが、七〇一年の大宝元年からは連綿として続いている。天皇の称号も推古天皇時代（五九三―六二八年）より使われているが、中国の皇帝と対等の意味をもたせているように思われる。もちろん、遣唐使による国交は、唐としては対等の関係を認めることができなかったから、唐の側からは朝貢という形式をとったのであろうが、いささか手をやいたと見えて、『旧唐書《くとうじょ》』（九四五年）倭国日本伝にも「多く自ら矜《きょう》大、実を以て対えず、故に中国これを疑う」と書かれている。その後も足利義満が明国から日本国王と冊封されているが（一四〇一年）、これは当時から異論のあるところで、おおむね日本と中国との関係は実務者レヴェルの事実上の関係にとどまったことは、すでに江戸時代のそれで見たとおりである。

文字における原理転換

外交関係におけるこうした不即不離の間柄は、文明のさまざまな分野についても当てはまる。特に文明の中の基礎要素である文字について、日本は全面的に漢字から学びながら、自らの当面する現実に合わせて文字の原理そのものの転換をやりぬいてしまったのである。もともと漢字はシナ＝チベット語族に属する漢語を記述するために創造された文字である。漢語の単語は単音節で、それだけで意味をもつ孤立語である。したがって、漢字もそれ自体で意味をもち、それを組み合わせて作る文によって意味を展開してゆくのである。しかし、朝鮮語や日本語はとりあえずウラル＝アルタイ語族に分類しておくが、単語は必ずしも単音節ではないばかりか、文を組み立てて意味を展開するには助辞をつけなければならない。

明らかにシナ＝チベット語族とウラル＝アルタイ語族とは違った構造をもっているのである。したがって、単音節＝孤立語のタイ系の語の言葉の場合、若干の音の違いは無視しても、漢字の意味をそのまま使って、言葉を表現することができる。いわゆる漢語の中には官話（中国の国語）である北京語のほか、上海語や広東語、あるいは福建語といった多くの言葉が含まれているが、ヨーロッパ語の常識をもってすればこれらの違った言葉も、ともかく漢字で表現できるから、一つの言語のごとく取り扱うことが許容できる便利さがある。また、タイ語の影響を強く受けたと思われるヴェトナム語は今ではローマ字（コックグー）で表記されているが、かつては漢字そのものの字儒《チュニョ》と字喃《チュノム》という漢字の原理を使ったヴェトナム独特の文字で表記されていた。しかし、朝鮮語や日本語についてはそうはいかない。これらの言葉になくてはならない助辞に相当する字を漢字はもっていなかったからである。

ウラル＝アルタイ語族は一般に漢族の周辺に存在していたが、文明の影響を避けることはできないにしても、文字については西アジアに発生したアラム文字に起源をもつウイグル文字（トルコ語）、契丹《きったん》文字（キタイ語）、モンゴル文字（モンゴル語）、満州文字（満州語）を使用していた。そしてアラム文字を知らなかった朝鮮語と日本語は当初は漢字を訓と音に分解し、その音とは関係なく等しい意味の単語を表記することに使ったり（訓）、意味を切り捨てて漢字をもっぱら音標文字として使ったり（音）して、からくもそれぞれの言語を表記したのである。いかにもそれは窮屈な使い方だった。朝鮮語においては、わずかに助辞が漢字の音によって表記されるにとどまり（吏読《りと》）、パスパ文字

（チベット仏教の高僧パスパがモンゴル帝国のために発明した文字）に触発されて一五世紀にハングル文字が発明されるまでは、朝鮮語が明快な形で表記されることはなかった。しかし、日本語においては漢字を訓と音において使ったばかりでなく、音としての使い方を徹底させ、仮名という音標文字の創造にまでつきすすみ、万葉時代の苦闘（万葉仮名）はあったにせよ、日本語を純粋に表記することに成功したのである。

一つの民族が自らの言葉を表記するために自らの文字を獲得することの意義は大きい。文字を手に入れることによって民族はその思考を論理化し、情念を練磨することができるのである。しかもその際、その文字が同じ構造をもつ言語の文字による単なる借用ではなく、違った構造をもつ言語の文字による創作的変造であるとき、その文字は面白い展開を見せるのである。このことは単に東アジアにおいてのみ起こったことではない。ユーラシア大陸の西側、ヨーロッパの文字も西アジア＝オリエントの文字の影響下に形成されたのであるが、この場合にも同様な化けが見られたのである。

西アジア＝オリエントの文字もメソポタミアの楔形《せっけい》文字やエジプトの象形《しょうけい》文字から出発するのであるから、東アジアの漢字とその起源の発想は同じであったといえる。しかし、オリエントの歴史の深さはそれを音標文字にまで洗練することを許すのであるが、その到達は一つがフェニキア文字（セム語族の西北セム語派の文字）であった。それは明らかにアルファベットの原型であるが、それでヨーロッパのインド＝ヨーロッパ語族の言語を表記するためにはやはり原理的な飛躍をしなければならなかった。それはフェニキア文字がセム語を表記するためのものであったからである。セム語の特徴は子音が意味を担っており、それを活用するときに母音を法則に従い、付加する。したがって、その文字は後代には便宜的に母音記号を付けることもあったが、本来は子音字だけなのである。しかしこれではヨーロッパのインド＝ヨーロッパ語族の言語を表記することは不可能であるから、結局、母音字を創作して付け加え、書き方も右から左へ書くのでなく、左から右へ書くことでギリシア文字、さらにローマ文字を成立させたのである。

この漢字から仮名への道とフェニキア文字からギリシア文字への道とは単に言葉と文字の歴史に関わるだけにとどまるものではない。そこには文明の展開＝創造におけるあらゆる人間的能力の領域において進行するメカニズムを、その核心において象徴的に表現する何ものかがあるのではなかろうか。朝鮮のハングルは今でこそ「偉大なる文字」とされているけれども、ほんのこの間まで諺文《オンムン》と呼ばれ、士人の使うべきものではないとされてきた。したがって、朝鮮史においては公文書は一貫して漢文で書かれ、勅語にハングルが使われたのは日清戦争後の甲午改革においてであったのである。このことは文字の問題も社会体制や政治体制と深く連動していることを示唆しているものであろう。

東アジア大陸部の政治体制

文字の歴史においてすら、文明の中心・周辺・亜周辺の相違が反映しているのであるから、文明の影響に直接的に関わる政治の面においては言うまでもあるまい。中国文明の政治の領域における特質は中央集権的な専制支配を一段また一段と貫徹していくところにあった。しかしながら、この特質はその亜周辺において現れることはできなかった。

中華帝国の歴史は紀元前二二一年の秦の始皇帝による中国統一から始まっている。それ以前の八〇〇年余りはいわば都市国家の連合の状態であって、政治、文化、学術、その他文明の各領域で多様な傾向を絢爛と開花させていた。しかし、このときをもって中国文明の青春は終わり、中央集権的専制支配、地方の郡県組織、思想統制、度量衡（長さ、容積、重さ）や貨幣制度の統一などが始まるのである。言うまでもなく、それは専制官僚制の発足であるが、当初から完璧に仕上がっていたわけではない。漢帝国（前漢〔紀元前二〇二―紀元八年〕、後漢〔紀元二五―二二〇年〕）においては、官人の採用は地方の父老による推薦によっており、南北朝時代（四三九―五八九年）においては地方の名族、豪族が官職を独占し、いわゆる九品《くひん》官人法が行われていた。科挙と呼ばれる全国一律の統一試験が始まったのは隋朝（五八九―六一八年）からである。しかし、隋朝そして唐朝（六一八―九〇七年）のもとではなお名族の勢力が大きく、彼らが官職の任免を左右していたといえよう。ただし、重要なことは、科挙の施行とともに回避の制（本籍回避）が行われて、官人はその出身地の官となることが禁止され、以後在地の胥吏《しょり》に依存する浮草のような存在になったことである。

かくして、衙門《がもん》（役所）は官人が二、三年ずつ宿泊する旅館のようなものとなったが、彼らには胥吏が万事取りしきってくれる税金請負制によって尨大な蓄財のチャンスが提供された。専制支配のもと私的所有権が不安定なために、権力の端末につらなる官人の利得の口実は豊富にあったのである。それだけに官職を求める競争は激しかったが、唐末から五代の間に名族がほとんど没落したため、それ以後の任用はもっぱら科挙のみによるようになり、北宋の真宗《しんそう》（在位九九七―一〇二二年）の「勧学歌」で述べられているところにまでくる。（かね、美人、従者、豪邸などが欲しかったら勉強して科挙に合格せよ。）しかし、この宋代（北宋〔九六〇―一一二六年〕、南宋〔一一二七―一二七九年〕）が官人＝士大夫《したいふ》（科挙により官の資格を得た者）の地位・名誉のもっとも高かった時代であった。宋朝では皇帝は官人を統括する宰相と椅子に対座して彼らと会話したのである。しかし、ハーン（皇帝）の露骨な独裁政治が行われていた元朝（モンゴル帝国、一二七一―一三六八年）を経て、明朝（一三六八―一六六二年）からは宰相も廃止され、個々の官人には皇帝が命令を与えるのみならず、椅子も与えられなくなり、官人の魅力は蓄財の方にしぼられてゆくのである。

この中国文明の政治の進化にもっとも強烈に影響を受けたのが「周辺」にあたる朝鮮半島である。朝鮮半島は新羅によって七世紀に統一されるが、新羅は唐の忠実な朝貢冊封国であるとともに社会的にも中華化を推進した。その第一は同じ周辺のヴェトナムと同じく、固有の姓名のつけ方を棄てて漢姓を採用したことである。今日の韓国・朝鮮人の姓は金、李、朴、崔、鄭を五姓と呼び、特に多いが、これに姜、趙、尹、張、林、韓、呉を加えて一二大姓としている。これは単に名前だけのことではない。それとともに父系外婚制による宗族制を導入したのである。日本の儒教が言葉だけのものにすぎないのに対して、朝鮮の儒教が内実をもったものであることは中国人のエートス、すなわち儒教倫理の前提である宗族制を身につけたことをもって言うことができるだろう。

科挙については、統一新羅（半島統一は六六八―九三五年）においてはまだ実施に至らなかった。唐制にならって律令と官制はしかれたが、この段階においては名族、豪族の勢力がなお強力で、骨品制とよばれる特権的身分制が存在したからである。しかし、次の高麗（半島統一は九三六―一三九二年）においては、九五八年より科挙が実施された。ただし、その目的は建国の功臣の国政への関与を排し、地方の豪族から官人を登用するところにあった。ここに朝鮮における官人制の特徴があるのであって、次の李氏朝鮮においては高麗のそれをより整備させながら、身分の面でも両班《ヤンバン》といういっそう厳格な階級を作り上げたのである。これは中国と朝鮮の社会構造の違いが現れたものと思われるが、しかし、官人の支配、その特権の面はほぼ同じであったと言えよう。

中国におけるように、朝鮮においても、科挙は知識人のエネルギーのほとんどを吸い取ってしまった。知識人の理想は科挙にパスして官人となり、出世して大官となることにある。一族の名誉はどこまで出世した大官を出したかにかけられ、その人の到達した官職は位牌や族譜に麗々しく掲げられて、いつまでも記憶されるわけである。特に中国と違っていたところは、官人を祖先にもつ家系の子弟だけが科挙を受験する資格を与えられたことである。彼らは両班と呼ばれて、中人と呼ばれる技術吏や一般の常民、そして賤民を睥睨していたのであるが、しかし、その生活は日々漢詩文を玩弄するだけで済む優雅なものではなかった。現役の官人のみならず、両班一般をも巻き込んで激しい党争が行われたのである。それは専制支配の反面である薄弱な私的所有権の故に、自らの経済的基盤を維持拡大するためにも官職＝権力への参与を必要としたからである。しかもその官職の数は限られていたから、競争は不可避的に激烈となり、しばしば流血の惨を見るに至ったのである。

日本における政治体制

同じ東アジア世界にありながら、日本の政治事情は中国、朝鮮と全く違ったものがあった。朝鮮と同じように日本も唐制による律令、官制の摂取に努めたとはいえ、ついに科挙に基づく官人制に到達することはなかった。天皇も貴族制を打破することができなかったのみならず、政治の実権を奪われながらも不可侵の権威は保持して、中国、朝鮮の単一中心社会に対して、西ヨーロッパを思わせる多数中心社会を生み出したのである。

七世紀から日本が東アジアの中で独自の道を行きはじめたことは、すでに見たとおりである。唐との国交は不即不離のきわどい境界線にあったことも見たとおりである。律令や官制を学んだが、日本は大政官の上に、これに併列して神祇官を置き、固有の祭政一致のスタイルを保存した。その官人制も科挙のような一律の登用試験に及ぶことさえ一度もなかった。官人は名族の間から選抜され、大化の改新以後平安初期に至るまでの歴史は有力な名族の間の闘争と交代であって、結局、藤原氏によって独占されてしまうのである。この独占も一時、源氏によって破られるが、天皇家の実力者（治天の君）による院政を経て、一一九二年（建久三年）には京都に宮廷、鎌倉に幕府という世界史にも類例のない、珍しい体制を生んだのである。

それは形式的な君主と実質的な権力者との一時的な共存といったものではない。この種の二重権力は高麗末期の崔氏の武人政権のごとく珍しいものではない。ヴェトナムにおいても一六世紀にレ（黎）王朝のもとでチン（鄭）氏、グエン（阮）氏がチュア（主）という立場で支配した事実がある。しかし、日本の幕府は基盤における社会構造の変化に即応したものであった。すなわち、律令制は公地公民制をタテマエとしているのであるが、これに私的権力が投影されて荘園が生まれてくる。荘園とは初期においては社寺や貴族といった権門による開墾をきっかけとして成立するものが主であったが、後期には小経営主がその土地の占有を保全するために権力者に寄進して、若干の年貢を支払うものであった。いずれにせよ、これら荘園は律令制のもとでは法律的ではなく、事実的な関係であったので不安定であった。しかし平安中期以後になると、これら荘園の現地の経営者や管理者が成長し、自己の占有対象を権利としてより確実にしようとするのである。そのため彼らは武装し、集団を組織した。そして試行錯誤ののち貴種である指導者として推戴したのが源頼朝であり、彼らの統制機関としてもうけたのが幕府だったのである。

いわば幕府は律令制には組み込れることができない新しい権利を擁護するための機関であった。それは匪賊や海賊が握って、人びとに支払いをさせるような仕組みとは違ったものである。それは貞永式目（一二三二年、貞永元年）から始まる式目という独自の法体系をもつ体制だったのである。これに類似したものは中世ヨーロッパに成立したレーン封建制（双務的な主従関係）のみであろう。これはゲルマンの従士制とローマの恩貸地制とが結合したものであるといわれるが、それと日本における御家人制と本領安堵の御恩を対比して考えることができるだろう。いずれも双務的な契約関係で、古代的な人間関係を破ったものだが、東アジアのいずれの国にも存在しないものであった。端的にいえば、それは中国流の科挙官人制の展開を阻止して中央集権的な政治を不可能とするもので、日本では封建契約でつながっている多数の支配者の封建割拠による地方分権制が展開したのである。

この幕府もそれ自体の歴史をもち、鎌倉、室町、江戸と三つの段階をたどるのであるが、その間、一貫していえることは、日本にはそれぞれ別個の法をもつ公家（律令）と武家（式目）という二つのシステムが併存していたということである。もちろん、変化もある。例えば、荘園制は室町時代の下剋上の内乱の中で完全に崩壊したが、このときには公家と武家との力関係は圧倒的に後者に有利になっていたといえよう。しかしながら、公家の政治的、経済的実力は失われたとはいえ、権威の面では武家に匹敵するものがあったのである。そして、江戸幕府が新しい国際情勢に充分に対応しえないことが明らかになると、公家勢力が息をふきかえし、日本の近代化における媒体となったことは極めて興味深い。

この幕府の存在ひとつを見ても、東アジアの他の国とはいかに異質であったかは明らかであろう。しかも、この時代に日本は東アジアの他の国から乖離するのに比例して、西ヨーロッパの諸国に近接しているが、それは決して偶然とは思われない。なぜなら、第一に、権威と権力の分離は東アジアの専制主義にとってはとんでもないことであったが、日本にとってのそれは西ヨーロッパにおける教皇と皇帝＝国王の併存と極めて類似したものであったからである。この併存はだれきった関係ではなく、緊張をはらんだ対立である。この緊張があったればこそ、チェックされることのない専制権力による野放図な展開が防止され、生産者の中にはらまれる可能性はつみとられることなく、歴史は停滞をまぬがれたのである。

第二に、政権の担い手が武人であり、文人でなかったことである。これは西ヨーロッパ中世の支配者が騎士であり、戦闘者であったことと同様である。武人はまず肉体と兵器によって敵を倒すことを任務とする。そのため、常に肉体を練磨し、物的戦闘力の改良を心がけなければならなかった。それは観念の世界に閉じこもることが許されず、常に実務的に現実に対応せねばならないということであった。しかし、文人にとっては何よりもまず詩文である。詩はともかく、文はそれが書かれた時点のためにあるというより、後日それが読まれた時点のことをまず考えさせるのである。それは常に理念の立場から対象に向かってゆかざるをえなくし、現実を見えなくするおそれをともなうものである。

したがって、文人よりすれば、武人は状況にとらわれているのである。それは文人をして武人を卑賤なものとして蔑視させるもので、朝鮮の知識人をして日本の士は士ではない、兵《ピン》であると言わせたものだったのである。

第三に、封建的支配者とその支配する領地とが密着していたことである。江戸時代初期には大名を統制する武器として国替えがある程度行われていたが、全体とすれば限られたものであった。中国の官人にとって衙門《がもん》が一時の仮の宿、後は野となれ山となれの出稼ぎの場であったのとは全く違った事情のもとにあった。もちろん、財政的必要から領民を収奪せざるをえないこともしばしばであったが、それが度すぎた場合の幕府の監視の眼は油断できないものがあった。それにまた、封建支配者とその藩の経済的状況が領民の経済によって決定されていることも充分に理解されていた。「汝の封録は民の膏血なり」は士の教訓の柱であった。初期においては彼らのイニシアティブによって開墾が進められたし、後期においては商品製産の奨励を内容とする殖産興業によって近代化への助走が行われたのである。

東アジアの商品貨幣経済

西ヨーロッパ以外でマルクス主義者が使う封建制の用語は官僚の収奪を隠蔽するためのものであるが、正確な意味での封建制の成立こそは、近代のプロローグであった。東アジア文明が科挙官人制に固執し続けるかぎり、それは封建制への道をふさぎ、民間における資本の先行的蓄積の可能性をふみにじることであった。例えば、明代からの手工業の発展は、明確に特産物生産として農業から分離し、工業化への道を歩みはじめていたことを示すものである。そしてそれは、各所でいくたびか飛躍のチャンスをもたらしはしたが、いずれもつぼみのうちに摘みとられてしまった。その理由は、私有財産権が確立しておらず、権力による収奪＝タカリが避けられなかったためである。

この問題は商品貨幣経済の成熟度とはいささかも関わりがないということが重要である。もともと東アジア文明はタイ系の南方農耕民とアルタイ系の北方遊牧＝狩猟民との接触にその起源をもつ。そこに両者が取り引きする市場が生まれ、この市場を城壁で取り囲んで管理する者が国家へと発展したのである。この国家、すなわち、都市国家があちこちにでき、そのネットワークが中国となってゆくのであり、このかつての都市国家の末端が中国の県城となって、東アジア文明は展開してゆく。したがって、中国を商業ぬきに理解することはできない。朝鮮も日本もこの商業ネットワークに組み入れられることによって文明化していったのである。最古の段階（縄文末期）において完成したルートは、燕（北京）を出発して遼河流域に入り、鴨緑江《おうりょくこう》を越えて黄海沿岸を南下し、平壌付近から漢江沿岸へ抜けて、山を越えて洛東江を下り、朝鮮海峡、対馬海峡を渡って、九州北岸に上陸、さらに瀬戸内海を通って大阪湾に入るというものであった。

これが東アジアの商業路の幹線であるが、朝鮮と日本の国家形成とともにそれぞれの固有のルートが開かれることになる。そしてそれは、その国の風土と地政的位置によって大きく左右されるルートとなる。とりわけ一〇世紀半ばからの宋代以後については、中国の商業は官人制に密着したものとなり、この中央集権的な専制官人制そのものも、商人の活動なくしては存在不可能であったと言いきることができるだろう。それは中国の官人制が胥吏《しょり》なくしては不可能であったことと同様な意味においてであって、性格的に商人は胥吏の一種であったとした方がよいかもしれない。これは金融についてもいえることであって、例えば、清代には山西商人（中国北部山岳地帯の出身者だが、全国を股にかけて活躍）のネットワークなくして皇帝を頂点とする統一帝国の維持は不可能であったろう。このことは中国のタテマエの重農主義＝卑商主義が誤解であったことにはならない。なぜなら士大夫（官僚知識層）にとって胥吏が不可欠のものであったと同様に商人も不可欠だったにすぎなかったからである。

商人の営む商品貨幣経済がこのようなものであったことは、その性格が近代の商品貨幣経済と全く異質なものであったことを意味している。それは貨幣＝資本が政治寄生型であったということである。もちろん、単に政治に寄生するという傾向は近代以前のほとんどの文明の資本にも見出すことができるものであって、単に中国のみのことではない。しかし、中国についてはそれが貨幣についても言える点に現れているように、一つのタイプとして明確に区別することが許されるように思われる。あえてそれを東アジアのタイプとすることができないのは、朝鮮においては商品貨幣経済そのものが発育不全であったし、日本においては中国のそれとは違うタイプの商品貨幣経済が展開されていたからである。

中国の場合、大陸国家であるから、そこでの交通運輸は陸路とともに河川や運河に依存することとなり、権力がそれを捕捉するのは容易である。いくつかの要所に関所をもうければ、商品および貨幣（重い銅銭）の流れを押えることができるわけである。しかしながら、海洋国家である日本においては、物流は河川のみならず、海洋によることが多い。列島であるこの国においては海運が多大な役割を果たし、江戸時代には外国貿易が禁止されていたとはいえ、国内の沿岸海運は空前の繁栄を見た。

大阪を出発し、瀬戸内海の沿岸や島々の港を通り、下関から日本海を北上して、山陰、北陸、東北西岸を経て北前（北海道南部）に行き、帰りはこれらの港を逆に進んで大阪にたどりつく、というのが北前船の一つの幹線であった。また、江戸時代前期に開発された上方《かみがた》と江戸を結ぶ航路、さらに銚子から仙台、石巻をつなぐ航路など、危険な三陸沖は避けられたものの、海運は四通八達した。基本的に海洋は自由な通路であるが、それぱかりでなく、船は重く嵩張る商品、つまり奢侈贅沢品はともかく、大衆消費材の流通にふさわしい運搬手段であったため、商品生産をも促進しうるものとなっていたのである。このことが日本の経済の方向を決定したといえる。

日本のタル（樽）とコイン

東アジアの名において中国、朝鮮、日本の経済、ひいてはその文明をひとくくりにすることは、形式的には誤りではないが、内容的には誤りの根源である。このことは近代における歴史の流れ、世界の中での地位の違いに明快に表現されているわけだが、これが単に皮相的な現象ではなく、社会の本質に由来するものであることを、抽象的にではなく、実物的に説明するために、ここでは液体の容器とコインの例を取り上げておこう。

伝統的社会における酒や醬《チャン》、油《あぶら》などの容れ物として、中国、朝鮮そして琉球の場合は陶製のカメが用いられたが、日本の場合、とりわけ室町時代以後は木製のタルが使われるに至った。この違いの理由の一つとして、日本には木材、とりわけ杉の木が豊富にあることが挙げられる。また、杉の木の場合、柾目が通っていて、縦に割りやすく、柔らかいので加工しやすいことも挙げられる。しかしこうした供給面よりも、歴史にとって重要なのは需要面である。それは酒や醤油が大量生産され、大量輸送される場合は船による輸送がふさわしいが、この船が大洋をゆくとき、波浪による衝撃には木製品がもっとも適していたということである。したがって、タルが手近に大量に入手できることは、酒や醤油という嵩張った初期のマニュファクチュア的=資本主義商品の販売にとっては好都合であり、その生産を促進する要因となりえたのである。

これに似た事情は西ヨーロッパにおいても同様に見出すことができる。イギリスの商船隊が成立(一三世紀)したのは、フランスのガロンヌ河流域で生産されるワインの輸送によってであるが、ビスケイ湾の波濤を乗り切ってそれを可能としたのはワインがタルに詰められていたからである。ケルト人はすでに三世紀からワインをタルに入れていたのであった。

しかし、これをよりよく理解するために付言しなければならないことは、古典古代のギリシアやシリアにおいても、農耕をワインやオリーヴ油の生産=販売で補助し、自らの経済生活を成り立たせていたということである。荒地にも成育するブドウの木やオリーヴの木によって生産するワイン、オリーヴ油は、アンフォラと呼ばれる陶器のカメに入れられ輸出されていたのであるが、それが可能であったのは地中海が波静かで、アンフォラでも破損するおそれがなかったからである。逆にいえば、ジブラルタルから外には出られなかったわけである。しかもタル用の木材は地中海沿岸では不足していたが、アルプスの北側ではその材料となるオークその他が豊富にあったのである。このことは近代資本主義の成立の風土について一つの示唆を与えてくれるものだろう。(例えば、森林のある風土は近代資本主義の温床の一つの条件である。)

もう一つコインについてであるが、極めて興味深いことに、紀元前七世紀にはユーラシア大陸の東西でほぼ同時にコインが発明されている。そして、さらに注目すべきは、この同時期のコインの発明において、すでに大陸の西側と東側とのコインのタイプの違いがはっきりと打ち出されていたということである。すなわち、西側のリュディア（小アジア西南部。ギリシア人の世界と接触）におけるそれが貴金属打刻貨幣の誕生であり、東側の中華諸国におけるそれが卑金属鋳造貨幣の誕生だったのである。貴金属貨幣とは、リュディアにおいては金と銀との合金であるエレクトロンを素材としたもので、のちに金貨と銀貨、それに補助貨としての銅貨となり、いずれも金型をハンマーで打撃して刻印をつけたものである。これに対し、卑金属貨幣とは銅か青銅、まれに真鍮であって、いずれも鋳型による鋳造によって大量生産したものである。やがて、どちらのコインも紙幣にとって代わられるのであるが、その年代は東アジアの方が早い。しかし、それは官吏登用の試験制度の面で東アジア（科挙）が進んでいたというわけではないのと同様に、意味を全く異にするタイプの違いによるものだったのである。

この二つのタイプの間で、日本はいずれに属するか。起源的には東アジアの型に属するが、貴金属貨幣を大量に使用した点では性格的にユーラシアの西側のそれに近似していたといえよう。つまり日本は、中国型の銅貨（方孔円形、四角い孔のある円銭）を発行した点で朝鮮と同様であったが、しかし、東アジア型の鋳造という製法ながら尨大な金貨と銀貨を発行した点においては西方的なのである。中国も漢代に金餅と呼ばれる金貨を発行したことは知られている。したがって、漢代のさまざまな可能性をも考慮しなければならないが、それでもやはり中国の貴金属はコインというよりインゴット

（鋳塊）とすべきものであろう。日本では最初のものと記録されている貨幣「和同開珎《わどうかいほう》」（七〇八年、和銅元年）においてすでに銅貨以外に銀貨を鋳造しており、また天平期には最初の金貨「開基勝宝」と銀貨「大平元宝」が共に七六〇年（天平宝字四年）に鋳造されている。これは中国、朝鮮と比較すると異常なことである。いわゆる皇朝十二銭（八―一〇世紀）以後しばらく日本ではいかなるコインも正式には発行されなかったが、室町末期から金貨、次いで銀貨、銅貨が出現しはじめる。そして江戸時代の経済は主に金貨（小判など）、銀貨（丁銀など）によって営まれ、王朝以来ひさびさに出現した銅貨（慶長通宝など）は補助貨幣の役割を果たすにすぎなくなるのである。

これは何を意味するか。これを理解するには、コインの世界史的な二大タイプ――卑金属鋳造貨幣と貴金属打刻貨幣――の意味を座標軸として明らかにしておかなければなるまい。私見によれば、秦帝国から清末の間に西洋式コインが打刻されるまで、中国では一貫して銅ないし青銅銭が制銭（法定貨幣）として機能し続けたが、それは貨幣の意味が官人に対する胥吏、商人の位置にあったからではなかろうか。この国に金や銀がなかったわけではない。特に一六世紀からは一万トンを越える銀が明や清に流入していたし、それはさまざまな形態のインゴット（鋳塊）として蓄蔵されるのみならず、支払い手段、決済手段としても使用されていたのである。こうしてインゴットは馬蹄銀と呼ばれるコインすれすれの形にまで進化するのであるが、しかし最後まで銀、そして（銀ほど好まれなかった）金は商品であり、財宝であった。一方、貨幣として名も知れぬ連中の手から手へと渡り、手膏《てあぶら》にまみれるものは銅銭がふさわしかった。民はこの銅銭で銀＝財宝を買い、それを官に納付したのである。

これに対し、貴金属打刻貨幣は西アジアの多くの民族的、国家的接触の中で成立した。その起源については、傭兵に対する支払いないし入港税取り立て用など、さまざまな説があるが、国家や共同体によって保証が得られなくても、記号としての貨幣にも商品としての価値が認められなければならなかったのであろう。このタイプのコインは、東はインドから西はヨーロッパまで広くひろがり、各所で打刻されたが、その主要なもの、例えば、アテナイの四ドラクマ銀貨、ローマのアウレウス金貨、イスラームのディナール金貨、ヴェネチアのドゥカート金貨、フィレンツェのフィオリーノ(フローリン)金貨などは、国際通貨として流通したのである。

東アジアのコインでも、明の永楽通宝(青銅銭、一四〇八年―)などは日本からアフリカ東岸まで発見されてはいるが、それは国際通貨として流通したのではなく、銅銭が商品として日本に輸入され、そこで貨幣として使われたにすぎない。日本における渡来銭の流通は、中央集権的国家体制不在の封建的割拠の中で、商業の発展に手っ取り早く利用された。そして戦国大名の成長とともに、自然発生的に貴金属、とりわけ金のコインの鋳造が始まり、それもはじめは方孔円形の中国様式にこだわっていたが、ついに大判小判という、叩きによって成形した日本独特の鋳造コインが創造されるに至るのである。その後江戸幕府の成立とともに、王朝初期以来ひさかたぶりの慶長通宝を一六〇六年(慶長一一年)に伝統様式で鋳造し、金銀銅の三貨がととのったのである。しかも江戸は金遣い、大阪は銀遣いといわれるように、国の東西で流通のアクセントが違っていた。これは、白糸を通じて中国と、また、銅を通じてオランダと関係をもち、それだけ世界貿易に組み入れられていた上方《かみがた》が銀貨を慣用し、江戸は政治的支払いから始まった金貨を慣用したということであろう。しかしことのポイントは、東アジア文明の中で育ちながら、日本には一六世紀より小判をはじめとする貴金属コインが成立し、経済の発展ももっぱらこれによって行われていたところにある。

ジョナサン・ウィリアムズの『図説お金《マネー》の歴史全書』(拙訳、一九九八年、東洋書林)は、世界各地の貨幣を網羅し、写真付きで解説している点で今日の研究の到達点といえるが、日本については和同開珎ただ一つが記述されているにすぎない。大判小判から始まる絢爛たる日本のコイン文化については一言もふれられていないのである。このことは、日本文明の独自性について現代なお(日本人も含めて)、肝心な点が理解されていない象徴的な事柄であると思われる。

三　近代国際社会と当面させられる日本

日本の東アジアの中でのこの立場が東アジアの他の国にとって理解しがたいものであることには客観的な理由があった。中国にとっても朝鮮にとっても、日本は自分たちのおかげで野蛮から文明へ引き上げられた蛮夷であった。もっとも、彼らも初めて日本の現実にふれるとき、それまで学校で日本鬼子《リーベンクイズ》(日本人は鬼だ)と教えられたことがあるだけに、その近代性に魅了されることは否定できない。しかし、最初の驚きがおさまると、一切が陳腐なものに見えてくるのである。彼らから見れば、一切の伝統的なものは自分たちが教えてやったものであり、一切の近代的なものは欧米人の真似をしたものである。それ以外の部分は、文明化しきれていない野蛮時代の遺物なのである。(フンドシをした裸体。)

この野蛮人のシッポを残している日本人が欧米人のように、明治の人の言葉を使えば「一等国」人のように振舞うことは、何とも我慢できないことであった。上海で人力車に乗った日本人が、イギリス人やアメリカ人のように靴で車夫の頭を蹴って方向を指示するなど許しがたいことであった。あるいはまた、一九一四年に第一次世界大戦が勃発すると、日英同盟に従い直ちに日本はドイツに参戦し、青島《チンタオ》を占領、山東省のドイツの権益を接収したが、それは彼らにとってとんでもないことであった。そして、まだ中華民国が様子をうかがって参戦していない段階なので、日本は翌一五年、いわゆる二一カ条の要求を中国に出し、その第一号で日本単独で占領した山東省の権益の処理について確認を求めるのだが、一九年のヴェルサイユ会議では正式に山東省の利権の日本への委譲が決定された。これがいわゆる「五・四運動」と呼ばれる排日運動の大爆発を引き起こしたのである。それは国際会議の決定よりも、帝国主義に対する反対という大義が優先するという論理の世界史的な誕生であって、日本はその標的第一号にされてしまったということであった。

この日本の東アジアの中における孤立は、近代的国際社会において必ずしも癒されるといったものではなかった。近代文明を作り出した欧米人、すなわちキリスト教徒である白人たちにとっては日本人は決して信頼できる仲間ではなかった。この国の開国そのものがペリーの艦隊による威嚇（一八五三年、嘉永五年）を背景としたものであったし、その結果として結んだ条約も中国や朝鮮とのそれと同じように、領事裁判権すら与えている不平等条約であった。横浜の外人居留地にはイギリス軍とフランス軍が駐屯していた。（幕末の俗謡ノウエ節は、野毛の山から見た彼らの教練の様子をうたっている。）イギリス船ノルマントン号が一八八六年（明治一九年）に熊野灘（和歌山）で遭難したとき、船長ドレーク以下船員二六名はボートで脱出して救助されたにもかかわらず、日本人乗客二三名は一名も救助されなかった。この事件に対して神戸イギリス領事館での海難審判は、ドレークに全く責任なしと判決を下したのである。これに対して日本の世論は激昂した。そして「岸打つ波の音高く」で始まる「ノルマントン号沈没の歌」が津々浦々で歌われた。

近代の正義は公正（フェア）であることであるが、ちょっと角度を変えると偽善となるばかりでなく、背景に暴力すら隠しもっているものである。とはいえ、近代の正義は形式的ではあるが、人心の実質的正義の琴線にふれるとき、衡平の原理が作用して、良識が働く可能性をもつ。ノルマントン号事件においても、日本政府は兵庫県知事をしてドレークを海難審判ではなく、刑事事件としての殺人の罪で横浜イギリス領事館に告訴させたので、ドレークは有罪となり、禁錮三カ月に処せられた。これが近代の微妙なフィードバック・システムというものであるが、ここにアジア的正義の恣意性（機会主義）と比べて近代的正義がより合理的でもあるゆえんがある。したがって、もしオピニオン・リーダーがこの正義のニュアンスを理解できずにシニシズム（犬儒主義）におちいって、その判断のちょっとした偏りの結果である情勢が累積するとき、ついにはヒトラーや一九三〇年代以後の日本の軍部のように、にっちもさっちもゆかない袋小路に入り込んでしまうのである。

しかしながら、日露戦争までは日本の統治者と世論のバランス感覚は失われていなかった。それを可能としたものが、安政以来の不平等条約を改正するという悲願であったことは言うまでもない。この頃の日本の識者は、ことを成就させるのは日本という国の実力と成熟であって、心情をいたずらに爆発させる暴力行為はむしろ逆効果を生み出すことを知っていたのである。それは何もしないということではなかった。明治政府が最初にぶつかった大事業の一つがそれで、一八七一年（明治四年）、岩倉具視、大久保利通、木戸孝允、伊藤博文といった政府首脳の大半がヨーロッパに向かっている。もちろん、簡単に片づく問題ではなく、このときには全く相手にされず、一八八三年（明治一六年）には鹿鳴館を開館して、ソフトなパーティー戦術をとったりしたが、一八八六年（明治一九年）のノルマントン号事件と清国水兵暴行事件（長崎）でムードはふっとび、一八八九年（明治二二年）には時の外相、大隈重信が文字通りの失脚をしている。かくしていく曲折ののち、ようやくイギリスが交渉に同意したのは、日清戦争の直前の一八九四年（明治二七年）ことであり、すべてが完了したのは一九一一年（明治四四年）のことであった（第三次日英同盟協約）。

日清戦争から義和団事件へ

この条約改正、すなわち、国際社会における一人前の近代国家として承認をかちとり、さらに「一等国」、列強の一つに出世するという課題があるため、日清戦争（一八九四―五年、明治二七―二八年）後、日本は東洋の最強国となったとはいえ、恭謙、己れを持していた。下関条約（日清講和条約、一八九五年、明治二八年）が調印された六日後に、ロシア、フランス、ドイツの三国が、講和条約中の「遼東半島の割譲」に反対し、返還を要求してきたということが起こった（三国干渉）。当時の国際社会はジャングルだったのである。しかし、日本政府の対応は冷静であった。このとき、イギリスとアメリカは中立的態度をとっていたが、政府がやった努力は、この両国がロシアの清国東部進出に対して、どの程度まで許容するかを探知することであった。決して「臥薪嘗胆」といった言葉に自分は酔うことなく、欧米五大強国の中にクサビを打ち込む頃あいを探っていたのである。

この頃、凡愚のドイツ皇帝ウィルヘルム二世はロシア皇帝ニコライ二世に白人の深層心理を露わにした次のような手紙を送っている（一八九五年四月二三日）。

「親愛なるニッキー

ぼくは君が日本に対抗してヨーロッパの利益を守るためにヨーロッパが連合して行動を取るようイニシアティブを取った、その見事なやり方に対して心から感謝している。エネルギッシュな措置が取られてしかるべき時期だったのだ。ぼくは間違いなくぼくの力でできる限りのことをしてヨーロッパの平静を保ち、かつロシアの背後を守るだろう。そうすれば、誰も君の極東方面への活動の邪魔はできないはずだ。というのもアジア大陸を開拓し、大黄色人種の侵入からヨーロッパを守るのが、ロシアにとっての将来の大きな任務であることは明らかだからだ。このことについて、君にはわかると思うが、ぼくはいつでも君の側に立って、できるだけの力をつくして君を助けるつもりなのだ。君はよく神のあのお召しを理解し、すばやくその機をつかんだ。それは政治的・歴史的に非常に価値のあることだ。そしてそこから多くの善が生じるだろう。ぼくは興味ぶかくぼくたちの行為〔三国干渉〕のこれから先の展開を見まもってゆくつもりだ。そして次のように希望している。すなわち、ぼくとしては〔中国の〕領土の幾つかの部分を将来ロシアに併合するという問題を君が片付けるのを喜んで手伝うつもりだから、それと同じように、君もドイツがどこか君の邪魔にならぬところで港を一つ手に入れることができるように好意的に配慮してくれたまえ。」（平川祐弘『西欧の衝撃』講談社、一九七四年、二四二―三ページより引用。

〔 〕は引用者＝以下同）

この手紙にあけすけに語られているように、黄色人種の日本人は白色人種のヨーロッパの共通の敵だったのである。したがって、もはや自己を守りえなくなった中国は白色人種によって分割されなければならないのであり、黄色人種の手に渡してはならないというのである。これは単なる考え方ではなく、日清戦争直後、一八九六年から九九年にかけて起こる中国ならびに朝鮮における欧米各国の具体的な利権獲得競争の始まりでもあった。まず一八九六年には李鴻章とロバノフとの間に清国―ロシアの密約が結ばれ、東清鉄道（マンチュリ↓ハルピン↓ウラディウォストーク）の敷設の利権がロシアに譲渡され、一九〇一年に開通するのである。

一八九八年はまさに利権譲渡ラッシュである。二月にドイツに膠州湾《こうしゅう》（山東半島南岸）が与えられ、ロシアに旅順大連が与えられる。中国にとって日本人にやるよりもロシア人に与える方が心情的に我慢できるのは、日本はこの国の朝貢冊封体制を破壊した野蛮人であるからであろう。三月にはフランスが広州湾を占領、翌年、正式に租借地とする。五月にはイギリスに旅順大連の対岸の威海衛と九龍半島を与えている。調子に乗ってイタリアまでが一八九九年に三門湾（東シナ海の湾入）を要求する始末で、さすがに清国政府もこれを拒否している。アメリカも福建の一港を租借地として要求したのであるが、日本の抗議を受け、要求をとりさげ、一八九九年、ズタズタに切りきざまれた中国においてアメリカ人が不利益な取り扱いを受けないよう対中門戸開放宣言を発したのである。

この間、清国政府は打つべき手も打てなかったが、海岸から大陸内部に白人たちがずかずかと入り込むとき、トラブルが起きないわけにはいかなかった。場所はまさに幇《パン》（秘密結社）の本場、山東においてであった。すでに一八九六年頃から、山東省では、キリスト教会の打ちこわし、焼き打ち、宣教師の殺害など相次いでいたのであるが、その背後にあって、勢力を増大させていたのが義和拳会である。そのメンバーは失業した船頭・兵士、敗残兵、私塩《ヤミ》の販売者、夜の女、役所の下級役人と使用人、道士（道教の僧侶）、和尚（仏教の僧侶）、乞食、農民であり、教義的には白蓮教の一派で、義和拳と呼ばれる拳法を護身の術としたので西洋人にボクサーと呼ばれた。彼らが大きくクローズアップされたのは一八九九年一〇月に平原で政府軍を敗走させた事件で、当局から公認され、「扶清滅洋《ふしんめつよう》」という旗を授けられてからである。この事件以後、彼らは勢力を爆発的に増大させ、山東省から溢れ出ていくのである。

この反乱の特長は反政府というより、外国人、特に白人排斥にあった点にある。もともとこの国の秘密結社によって指導される反乱は何よりもまず反政府であり、反体制であったが、ここに漢族が世界の華人であるという誇りを失い、はじめて排外主義的性格をおびることになったのである。それとともに、彼らの決起は漢族固有の呪術的思考の総決算のチャンスともなった。呪文を唱えれば銃弾が当たらないとか、呪術によって決して殺されることがないといった非合理的思考は、中華帝国における秘密結社の反乱に一貫して流れていた特質であるが、事実上この反乱をもってこの伝統は終わることになる。それだけに最後の華を咲かせたといえようか、運動は猖獗を極めた。清国宮廷も二つに割れ、結局、運動を支持する側にまわった。運動は山東から北京をおそい、また各地の義和団もこれに呼応したので、一八九〇年六月には天津—北京間の連絡が切断されている。

彼らが北京の外交団を襲撃しようとしていることは明らかだったので、六月、各国陸戦隊二〇〇〇名が天津から北京に急行している。旅順大連のロシア兵四〇〇〇名も天津に向かった。この頃になると義和団の大群が北京に入り込み、市内への放火、殺人が始まり、ドイツ公使や日本の書記官が殺害されている。そして、ついに各国外交官とその家族八〇〇名および漢族キリスト教徒数千名が北京の一角に包囲されてしまうのである。特筆されるのは、包囲軍の中に義和団とともに清国正規軍が加わっていたことである。これに対して各国外交団の護衛兵と居留民の義勇兵計四〇〇名が猟銃から手製の槍まで動員して、不眠不休で戦った。漢族キリスト教徒も捕獲兵器や石や瓦でもって戦ったが、食糧が欠乏し、疫病が流行して、防御線はじりじりとせばめられたのである。

二カ月続くこの戦闘の中でも、各国外交当局のかけ引きはデリケートに行われた。イギリスはおりからのボーア戦争（八九頁参照）で兵力が不足していたため、はじめ派兵に反対していたが、ロシアの出兵に対抗するために日本軍の増援に賛成するのみか督促までした。かくして、七月、日本の第五師団一万名が到着し、八月、日本軍とロシア軍を主力とする二万の連合軍が北京に進撃、八月一四日、北京を占領し、ようやく外交団は救出されたのである。このとき、日本はたびたび列国から軍隊派遣を要請されたが、三国干渉の際の列国の行為に対する不信感から出兵に応じなかった。しかしイギリスから三次にわたり、大量出兵の要請を受け、しぶしぶ出兵した。このときの日本軍の態度がイギリスをして安心して同盟関係に入らせることになるのである。

日露の朝鮮での葛藤

東アジア世界の頂点から転げ落ちた中国はいまや近代世界の中でのアイデンティティを探求しなければならない立場に立たされていたのである。したがって、光緒帝（清国第一一代皇帝）は康有為《こうゆうい》らを使ってかなり大胆な改革を試みたりしたのであるが、西大后（光緒帝の伯母）らの守旧派のまき返しにあって、改革派は弾圧され、一切は水泡に帰した。結局、はけ口のないうっぷんを晴らすことは単なる排外主義的の盲動に委ねられて、傷はより深くするだけに終わったのである。

この情況に対する冷徹な洞察を不巧の作品に結晶させたのが魯迅である。彼は『狂人日記』（一九一八年）、『孔乙己《コンイチ》』（一九一九年）、『阿Q正伝』（一九二一年）などを次々と発表したが、これらはそれまでのどの中国社会分析よりも群を抜く優れた作品であった。しかし多くの知識人は彼を学ばなかった。その高いプライドゆえに、口にすることも拒否することによって恨みは深く内攻して、いつまでも温存される。そして裏切り蛮夷である日本が国際的に孤立するや、自らを植民地＝半植民地化した元兇である欧米諸国と嬉々として結び、国際共産党の誘導（一九三六年の西安事件がその公然化）もあって反帝国主義を反日本に収斂させていったのである。

日本の大衆はこのメカニズムを全く理解できず、義和団事件の際には優等生ぶりながら、この頃すでにボロを出しはじめていた。それは長い間の日本の存立の条件であった国際的に傍観者的な立場（いわゆる鎖国）ゆえに、人づきあいの不慣れからくる大衆の未成熟によるものであった。そのため、日本の軍部は国際的に仕組まれたヤナの中に自らずかずかと大言壮語しながら入り込んでゆくのである。すなわち、一方で、日清戦争から日露戦争にかけて日本人は中国ではお行儀よく振舞ったが、他方ですでに朝鮮では列強のつかみどりの鉄火場の雰囲気に巻き込まれていた。朝鮮は日清戦争によって中国の朝貢冊封国の立場から独立国となったにもかかわらず、その宮廷や官人は相変わらず政争を繰り返して、ぐらぐらと大きく揺れ続けたばかりでなく、政争に外国勢力を引き込んで、自らの力ではどうにもならないところまできていたのである。そして、そこに入り込んでいた各国の大陸浪人にとっても面白い稼ぎ場となっていたわけである。

日清戦争の最初の影響は、様子をうかがっていた漢城の宮廷が日本寄りにぐらりと揺れたことであった。早くも李氏朝鮮は一八九四年に日本が清国北洋艦隊を撃破したのち、同年一一月には親日的な開化党の金宏集が内閣総理大臣となって改革を開始した。ところが、翌九五年（明治二八年）四月、下関条約が調印され、李氏朝鮮は独立国となったが、直ちに三国干渉があり、日本が遼東半島を放棄するや、朝鮮宮廷はまたぐらりと揺れる。同年七月には、ロシア公使ウェーベルの大活躍が始まり、いまやロシア派となった閔妃《びんひ》（李朝国王第二六代高宗の妃）一派が抬頭して、親日派を駆逐し、親露派の李範晋《りはんしん》が正面に出てくる。この状勢に反対派はもういちど大院君（高宗の父）をかつぎ出すことを画策し、これに日本も加担させようとクーデターを準備する。しかし、親露派に先手を打たれ、日本は浪人ゴロツキを表面に出して、まるはだかの暴力行為をあえてせざるをえなくなったのである（一〇月、閔妃殺害）。

それは、朝鮮宮廷に乱入して、王妃（閔妃）を斬殺するというあまりにも乱暴かつ稚拙な行動であった。これをあえてした三浦梧楼駐朝公使は召還されて逮捕され、日本政府はその事後処理に忙殺される。欧米列国の非難は激しかったが、ともかく、この暴行が東京から司令したものではないことを納得させた。しかし朝鮮の人びとの対日不信はいかんともしがたいものがあったのである。形式的には大院君は親日派や開化党を重用し、再び金宏集が起用されたものの、宮廷の不安恐慌は凄まじいものがあった。国内情勢に著しい不安を抱いた国王（高宗）は眠ることができなくなり、アメリカ人の軍事顧問のダイ将軍やアメリカ人宣教師が不寝番をし、食事もロシア公使館かアメリカ公使館で調理したものしか食べられない有様であった。常侍するのは閔妃の侍医であったアメリカ人アンダーウッド夫人と、ドイツ人ながら宮中に自由出入を許されていたゾンタグ嬢であり、政治的にもっとも影響を与えたのはロシア公使ウェーベル夫妻とアメリカ代理公使シルであった。そして一八九六年（明治二九年）、独立国の証しとして、建国以来初めて年号を建陽と立てるなど、政府が表面的な改革で油断しているとき、機会を狙っていた国王は二月一一日の払暁《ふつぎょう》、王太子とともに女官に変装して王宮を脱走、ロシア公使館に逃亡したのである。

直ちに反動が始まる。親露派の李範晋は総理大臣金宏集、農商工部大臣鄭秉夏《ていじょうか》、司法大臣魚允中《ぎょいんちゅう》を殺害梟首《きょうしゅ》し、開化党や親日派は殺害されるか、亡命を余儀なくされた。日本人も三十数名が殺された。いまやロシア公使館が朝鮮の宮廷となり、内閣もロシア公使館の一棟にもうけられ、政令はすべてここから発せられることとなった。実質的に朝鮮はロシアの保護国となったのである。二人のロシア人顧問によって財政と軍事は掌握された。朝鮮軍は二〇名のロシア士官によって訓練され、武器弾薬はウラディウォストークより輸送された。そして国王はロシアの国権と兵士に保護されて丸一年、一八九七年二月二〇日までここに身を寄せていたが、この間にロシアに朝鮮の利権を独占させまいとする列強、なかんずくアメリカの公使の画策によって、朝鮮の利権はむしり取られていた。例えば、咸鏡北道茂山《もさん》地方と欝陵島の森林伐採権はロシア人に、平安北道の雲山金鉱の採掘権はアメリカ人に、京義間《けいぎ》（漢城―新義州）の鉄道敷設権はフランス人に与えられることになったのである。

これが豪傑ぶって情況に流された日本公使、三浦梧楼の暴走の始末だった。彼は前任者、井上馨が苦心して作った朝鮮宮廷とのコネクションをメチャクチャにしたばかりでなく、はやる浪人ゴロツキを管理できなかったのである。（遺伝とは恐ろしいもので、この型の日本の出先機関の暴走は一九三〇年代まで続くことになる。）このときも、急いで小村寿太郎が漢城（ソウル）に駆けつけ、事態の収拾にあたったが、手の下しようもなく、いちおうロシア公使ヴェーベルとの間に「小村＝ウェーベル覚書」を交し、妥協の道を探るのが精いっぱいであった。同年六月にはロシア皇帝ニコライ二世の載冠式で山県有朋がモスクワ入りし、このときロバノフ外相と折衝して「議定書」を交換した。七月には、原敬が小村の後任として漢城に着任、九月にようやく日露協商が成立し、日露の勢力均衡点が見出されて、そのうえで国王は王宮に帰還したのである。

これで朝鮮半島の情勢はいっけん安定したかに見える。一八九七年（明治三〇年）一〇月、朝鮮国王は皇帝即位式を挙げ、年号を光武と改元し、国号を大韓帝国（韓国）と改めた。とはいえ、日露の闘争は相変わらず進行していたのである。その年の四月には、ひそかに露韓密約が結ばれており、それに従ってロシアは着々と地歩を固めていた。辣腕だったウェーベルは転任し、新公使としてスペールが着任したが、彼もまたやり手で、いっきょに韓国の軍事と財政の実権を掌握したので、ロシアに対する風当たりが強くなる。代わって出てきたのがアメリカで、米韓親善が宮廷のスローガンとなり、漢城の水道、電灯、電車、それに京仁《けいじん》鉄道（漢城―仁川《じんせん》間）の利権がアメリカ人に与えられた。

日本は朝鮮を独立国とするために奮闘努力してきたが、結局これを欧米諸国にさらわれた形となったのである。それでも日本は、一八九八年（明治三一年）に京釜《けいふ》鉄道の敷設権を獲得し、アメリカから京仁鉄道の利権を買収して工事に着手している。またロシアが釜山港の入口の絶影島《ぜつえい》を租借して、旅順とウラディウォストーク間の仲継基地にしようと企てたとき、これをからくも阻止することができた。一八九九年（明治三二年）には同じくロシアが馬山に軍港を設置しようとしたが、これまた挫折させることができた。このように日本はロシアの進出を受け身で阻止することしかできなかったが、ロシアとしては日本のみならず、欧米諸国からの牽制もあって、とりあえず工作の重点を清国に移すのである。そして、ロシアが再度朝鮮半島に関与するのは、一九〇三年（明治三六年）八月で、日露戦争の前夜、鴨緑江下流の唯一の港、龍岩浦《りゅうがんぽ》を租借し要塞を建設するとともに、龍岩浦とその周辺の九連城《きゅうれんじょう》、鳳凰城に一個旅団を駐屯させたのであるが、これは明らかに朝鮮半島占領の第一歩であった。

日露の中国での葛藤

中国においては、義和団事件以後、各国が撤兵したにもかかわらず、ロシアはひとり駐兵させたのみならず、兵力を増強していた。李鴻章が親露派であったので、かずかずの便宜を得て、一九〇〇年にはチチハルや吉林のみならず、遼河河口の牛荘《ニューチャン》を占領し、一九〇一年にはハルピンから旅順までの鉄道を建設していた。これらは李鴻章との間に結ばれた露清密約によるものであるが、李は一九〇一年に死亡した。このロシアの満州（中国東北部）占領は日本の安全にとって最高の危機であった。それ故、外務大臣小村寿太郎は李の後任の慶親王奕劻《えいきょう》と連絡をとって、ロシアをして満州から撤兵させる交渉を続けさせたのである。

しかしながら、ロシアには満州から手を引くつもりは全くなかったのである。一九〇二年一月にはシベリア鉄道が全通していて、ロシアが極東において大規模な作戦をする可能性が生まれていた。ロシアの狙いは満州の次は朝鮮半島であり、朝鮮半島の次は日本であることは明らかである。それはようやく開国後三〇年をへたばかりの日本にとって国家存亡のときだったのである。はじめて東アジアだけではなく、世界全体の中において自国の戦略を決定しなければならないときだったのである。進路、それは迫りくる強国ロシアと同盟を結ぶか、あるいは七つの海を制する覇建国と結ぶか、そのいずれかである。いつか日本がこの選択をしなければならないであろうことは、早くから日本人に意識されていたことである。天保年間（一八三〇―四四年）の渡辺華山も安政年間（一八五四―六〇年）の橋本左内も国際情勢が英露の二極に分化していることを充分に知っていた。

日本人の感情よりすれば、不信感は英露いずれに対しても甲乙つけがたいというのが実情であった。ロシアにとっては朝鮮半島において日本と衝突し、中国に手を延ばして、事実上、満州を占領して、次は日本を手に入れようとするだろう。それは大陸国家がいちおうの戦略目標を達成したとき、次のステップとして考えることは海洋世界への進出だからである。モンゴル帝国によるジャワ遠征（一二九二―九三年）や今回と同じような日本征服の野心（一二七四年の文永の役と一二八一年の弘安の役）を思い出してほしいし、事実インド洋はモンゴルが掌握したのである。（マルコ・ポーロはこのルートを使ったのである。）しかしながら、今回のロシアは、大西洋への出口は扼せられ、地中海への進出はクリミア戦争（一八五四―五六年）で西ヨーロッパ諸国によって挫折させられた。ペルシア湾、インド洋への道はイギリスが頑張っている。残された道は日本を占領して、戦略的に価値のある不凍港を確保することだったのである。

他方、イギリスは無法なアヘン戦争（一八四〇―四二年）によって欧米諸国の東アジア侵略の口火を切った国である。イギリス紳士風の慇懃無礼によって、抵抗しないかぎり自己の利益を押し通すし、その民族的エゴイズムはノルマントン号事件（一八八六年、明治一九年）におけるように日本人のみならず、同じ白人で同じプロテスタントのボーア人（南アフリカに移住したオランダ人）に対しても、この頃（一八九九―一九〇二年）、ダイアモンドに眼がくらんで、その国を強引に奪っているのである（ボーア戦争）。だからこそ、幕末において吉田松蔭にとってもっとも警戒しなければならないのはイギリスであった。それにまた、あの三国干渉において、幻想をいささかも持たない陸奥宗光もイギリスに決して期待することはなかったが、その通りこの国は何もしてくれることはなかったのである。したがって、英露いずれかの傘下に入らなければ身がもたない状況に置かれたとき、日本政府の意見が分かれたのは当然のことであった。このとき、それまで明治の建設に責任をもってきた伊藤博文や井上馨は日露協商に傾き、新世代の桂太郎や小村寿太郎は日英同盟を主張したのである。

一九〇二年（明治三五年）一月、シベリア鉄道の全通と時を同じくして、日英同盟が成立したが、それは両国の利害が一致したからであった。イギリス外交の伝統が名誉ある孤立であったにもかかわらず、この伝統を破ってまで日本と、しかもこの極東の黄色人種の小国と同盟を結んだのは、その必要があったからである。それはイギリスは予想以上のボーア人の抵抗に手をやいて、軍事力を消耗させたばかりでなく、ロシア人が太平洋艦隊を増強して、日露戦争前夜には最新型の戦艦七隻を擁するようになっていたので、各地に勢力を分散しなければならないイギリスの海軍はこれに単独で当たることができなくなっていたからである。（イギリスのシナ艦隊には戦艦五隻。）また日英同盟成立直前の義和団事件における日本軍の優等生ぶりは、安心してこれと組む決心をさせたこともあった。

一九〇二年（明治三五年）二月の日英同盟の締結を受けて、三月にはロシアとフランスは露仏同盟の枠を極東にまで拡大することを宣言し、四月には、露清両国の間でロシア軍の満州還付協定が結ばれた。その内容は（1）六カ月以内に盛京省（今日の遼寧省）の西南部からロシア軍を撤退させ、その地の鉄道を返還すること、（2）次の六カ月以内に盛京省の残りの地域と吉林省から撤退し、（3）その次の六カ月以内に黒龍江省から撤退し、（4）清国はこの地の鉄道とその職員を保護する義務を負うことであった。ロシアはこのうち第一次の撤兵は実行したが、第二次（一九〇三年五月）以後の撤兵は実行しなかった。それのみか、再びロシア軍は満州南部まで南下してきたのである。おりから旅順の要塞が完成した。その労働力一万五〇〇〇は山東苦力（クーリー）であった。そしてそのうち一万二〇〇〇を汽船に乗せて山東に送還したが、山東半島の沖で汽船は沈没させられ、そのほとんどが溺死し、残り三〇〇〇は密殺されて要塞の秘密が漏洩しないように処理された。朝鮮半島においても、八月に龍岩浦を租借し、要塞が建設されたことはすでにふれた。

ロシアは開戦を決意していたのである。一九〇三年（明治三六年）七月、ロシアの第二次撤兵不履行に外務大臣小村は抗議し、さらに極東問題に関する根本的な解決について提議した。これに対し、ロシア側は商議を東京で行うことを回答してきたので、九月、小村外相とロシア公使ローゼンとの第一回会談が行われた。しかし、両者の主張の隔たりは大きく、会議は回を重ねても議論は紛糾して、解決に向かうどころか、風雲は暗澹として袋小路へ入り込んでしまったのである。さらにこれと並行してロシアの陸軍大臣クロパトキンは極東視察を行っていたが、その途上、六月に東京入りして、滞京中に桂首相と小村外相と会見している。寺内陸相とも雑談しているが、そのとき、「戦争が始まれば、ロシアは三〇〇万の常備兵でもって直ちに日本を攻撃し、一きょに東京を占領することができるが、自分としては日本との開戦を決して望んではいない」（『公爵桂太郎伝』）と豪語していたという。

この間の交渉における日本の主張は、まずロシア軍の満州からの撤兵であるが、根本的な争点は両国の緩衝地帯を朝鮮半島に置くか満州に置くかにあったといえよう。日本の主張はそれは満州であるべきだとし、日本はロシアの満州における特殊権益を承認はするが、将来、朝鮮半島の鉄道を満州南部に延長する可能性を認めてほしいということであった。これに対し、ロシアは満州に対して日本が発言権をもつことを拒否し、朝鮮半島には有事に出兵する権利を日本に認めたが、この地に日本の軍事基地をもうけることを禁止して、北緯三九度線以北を中立地帯とすることを要求したのである。結局、会議はまとまらず、ついに一九〇四年（明治三七年）二月六日、日露の国交は断絶し、同月一〇日、宣戦が布告されたのである。

帝国であることの難しさ

日露戦争（一九〇四―〇五年、明治三七―三八年）は日本の勝利に終わったが、日本の勝因は英米の世界戦略と日本の戦略とが一致したところにあった。ロシアの露骨な極東への野心は、この帝国をユーラシア大陸内部に閉じ込めようとするアングロ・サクソン系海洋国家にとっては許しがたいことで、そのための日英同盟でもあった。この点、日本政府は充分に理解しており、早くから有為の人材を英米に派遣して工作にあたらせている。したがって、軍費の調達においてウォール街でもシティでも好感をもって迎えられ、容易に起債に成功している。バルト海艦隊の極東への遠征にあたっても英米の情報網に助けられて情勢をつかむことができた。かくして、戦争には勝利したが、しかし、その後の国家の舵取りにおいては全く凡庸になるのである。そこには二つの問題があった。

第一の問題は、朝鮮半島政策である。李朝政府がその末期に自己管理能力と自己防衛能力を喪失していたことは、この国の人びととしても否定することができないであろう。もし日本その他が介入しなかった場合、アムール州（一八五八年）、沿海州（一八六〇年）に続いて、マンチュリア州、コリア州という順にロシアの領土になることは不可避であったろう。一九〇三年の時点でロシアは朝鮮半島占領を決意していたのである。したがって、日露戦争は主権国家としての日本の当然の行為であって、当時もその後も非難されるべきものは何らなかった。しかし、韓国をその勢力下に確保してからの政策は稚拙の一語に尽きるだろう。

日本は日露戦争直後、一九〇六年（明治三九年）に漢城（ソウル）に総監府を置き、外交権を掌握してしまう。その翌年、一九〇七年（明治四〇年）には韓国の軍隊を解散させ、その二年後、一九〇九年（明治四二年）には司法権を、その翌年の一九一〇年（明治四三年）には警察権をも接収してこの国を併合してしまうのである。（このとき韓国を再び朝鮮に、また漢城を京城に改める。）言うまでもなく、これらに対する韓国の人士の怒りは激しいものがあった。第一代前韓国統監の伊藤博文は一九〇九年（明治四二年）にハルピン駅頭で暗殺されてしまう。その後も一貫して日本に対する反抗、独立のための戦いは激化の一途をたどるのである。そしてこれに対する苛烈な鎮圧も、いささかもこの国の人たちの独立への意欲をひるませることはできなかった。結局、第二次世界大戦を集結させたポツダム宣言に従って日本はその統治を放棄したが、今なお「日帝三六年」の恨みをぶつけられているわけである。

植民地支配とは大変にむつかしいものである。ローマ帝国の昔から、植民地をもつものは苦心に苦心を重ねて支配してきたのである。それにしては日本人はのんびりしたものだった。個人的友人関係は別として、民族間では双方の心はまず通じないのが原則であるし、支配＝被支配の関係が入ると単に通じないどころか、複雑を極めた障害が後から後から現れるものである。美辞麗句はもとより、単なる言葉すらその通り理解されない関係であると承知されたい。日本人も欧米との不平等条約のもとであれだけ激した思い出があるではないか。しかし、それは擦り傷程度のもので、日本はそれまでまるごと他民族に征服、支配されたり、他民族を征服、支配したりする経験はなかっただけに、ウブといえばウブ、バカといえばバカな民族であって、敗戦で五〇年経ってもまだまともに総括もできず、おりにふれてつけ入れられている始末である。

欧米諸国は政治文化のほとんど成熟していなかった南北アメリカや黒色アフリカでは直接そこを統治したが、インド文明が基層にある東南アジアでは政治文化が弱かったにしても、ジャワやマレーシア半島ではスルタン制（現地の王侯）をクッションに使っていた。インド自体も、インド民族主義がイギリスの植民地支配に対する反動として生まれたくらいの地域であるから、イギリスはこれを統治するにあたって、ベンガル、マドラス、ボンベイなどの管区は直接支配したが、その他は無数のヒンドゥー教系の藩王国（カシミール、ラジプターナ、マイソールなど）とイスラーム系藩王国（ハイデラバードなど）を通じての間接支配を採用するという芸の細かさである。また、ロシア帝国を包囲する西アジアにおいては、トルコ、イラン、アフガニスタンと勢力はがっちり扶植しながら、独立を維持させたが、オリエントから北アフリカにかけては、いずこも強烈なイスラーム意識のあるところだけに英仏ともいろいろ苦心している。第一次世界大戦後のオスマン・トルコ帝国の処分については、イラク、シリア、パレスティナ、トランスヨルダンは信任統治、エジプトは独立国、モロッコは保護国で、アルジェリア、チュニジアはフランスの、リビアはイタリアの直接統治であった。

　また直接統治の場合でも多くの場合、部族長を通じての民衆の掌握がなされたが、ヴィクトリア女皇を皇帝とするインド帝国の場合、その広大な領域を管理するために「インド文官制度」をしいた。これはイギリス人であれ、インド人であれ、受験者が高度な試験に合格するならば、エリートとしてまったく同等に任用し、待遇するというものである。これは西ヨーロッパにおける騎士道から始まるエリートの国際的な友情と連帯のエートスを取り入れたもので、イギリスのインド統治の重要な武器となったのである。このエリート掌握はフランスについても同じように行われている。皮膚の色が白かろうが、黒かろうが、黄色であろうが、典雅なフランス語を正確に駆使し、フランスの学校制度の難関をパスしえたものは、自国民中の庶民以上に立派なフランス知識人として処遇されるのである。（唐における阿部仲麻呂のようなものである。）

　欧米であれ、日本であれ、どの国の植民地支配も本来乱暴なものであって、いかにスマートに見えようともその底に暴力を隠しもっている。しかし、それだけではない。非日常的な事件を支えているものは退屈な日常生活である。住民の大多数を占める庶民の日常を統治することは、なかなか面倒であり、厄介であり、労多くして功少ないものである。欧米人のやり方は、この部分は被植民地の人びとに委ねている。軍事、外交の管制高地だけはがっちり押え、被植民地の上層部エリートの同僚らと人間らしいスマートな社交生活をやっていれば、精神衛生にも良いし、支配は安定して帝国主義国家の戦略目標を実現しうるのである。

ところが、これらの植民地管理のノーハウを日本は全くもっていなかった。同じ東アジア世界におけるヴェトナムをフランスが支配する場合、まずコーチシナ（ヴェトナム南部）のサイゴン（現ホーチミン）の周辺を押えたのが一八六二年のことであった。続いて残りのコーチシナは一八六七年に占領し、ここを直轄の植民地とするのである。そして一八八二年に安南王国（ヴェトナムの旧称）に戦争をしかけ、ハノイを占領する。さらに一八八四年から八五年にかけて清仏戦争によって清国の安南王国に対する宗主権を放棄させる。これによってフランスは実質的にヴェトナムを完全に征服したのであるが、安南王国を抹殺することなく、第二次世界大戦以後まで保護国の身分で阮《グエン》王朝を利用し続ける。こうして最後の王、保大帝《バオダイ》がもはや用がないと棄てられるのは、ヴェトナムの事実上の支配権がフランスからアメリカに渡って、ゴ・ディン・ジェムが大統領となった一九五五年のことだったのである。一方、ロシアの脅威といった外圧があったとはいえ、その問題が解決した日露戦争以後の日本の朝鮮半島政策は全く性急かつ稚拙であったといわざるをえない。

村の巡査から小学校の訓導に至るまで、日本人をこの地に送り込むなど愚劣の極致である。日本がこの国の諸制度の近代化をはかろうとするなど、とんでもないことであった。禿山に樹を植えたなどという人がいるが、こういうのを余計なお世話というのである。イギリスは、インドでは自分の地租収奪のための土地所有権の整理はやったが、カースト制度以下インドの伝統的習慣に、サティー（寡婦の自焚《じふん》死）以外は手をつけなかった。ところが日本人は、朝鮮をにっちもさっちも行かなくさせていたエリート層、両班《ヤンバン》を日本で廃藩置県の際に取った手心（士族に金禄公債を支給等）すら加えることなく、無権利のまま放り出した。おかげで強烈な反日活動家、そして共産主義者の多くが両班階級の中から生まれることになったのである。日本は自国の防衛のために必要な措置以外の朝鮮半島のことはコリア人に委ねるのがもっとも賢明であった。被支配民族にとっては、自らに対する支配民族のいかなる言葉、行為でも屈辱、それが善意から出たものであるほど屈辱となるのである。

　ましてやコリア人は伝統的に日本人を文明的に下等な民族として蔑視してきただけに、この野蛮人に支配されるということは我慢ならない。彼らは旧い文明人である中国人や新しい文明人である白人（ロシア人を含む）はまだしも、同じ東アジアの、しかも周辺ですらない亜周辺（文明果つるところ）の日本人には我慢できないのである。しかしながら彼らは同時に被征服経験が豊富であることも事実である。コリア人は漢族の諸王朝の支配のみならず、モンゴル人や契丹《きったん》人（ロシア語の中国を意味する言葉キタイは契丹からきている）、満州人、そして秀吉の日本軍に征服され惨々な目にあっている。したがって、日本人のようなウブでバカな支配民族によって決してコリア人としての魂を失うことはなかったのである。

2 章

日米の宿命の関係

日露戦争以後、日本が当面させられた第二の問題は、戦争において支援してくれた英米との関係である。老朽した東アジア世界のしがらみは日清戦争によって見事にきり捨てることができ、一人前の近代国家として認められた。英米親分に対する新入りの子分のようなもので、義和団事件においてはいわば犬馬の労を取ったのである。また日露戦争にしても、西ヨーロッパ列強の間のトーナメント戦争（その最後のラウンドが一八七一年の普仏戦争）とはいささか異質な戦争であった。ロシアの帝室は通婚関係ではヨーロッパ入りを許されていたにせよ、ロシア人は白人の皮をかぶった東洋人と見られていたことは事実である。不運のツァーリ、ニコライ二世の祖母はドイツ皇帝ウィルヘルム一世の妹のシャルロッテであるし、母はデンマーク王の娘のダグマールだったが、ロシア人には金髪碧眼のゲルマン系とともにレーニンやエリツィンのようなトルコ系というもう一つの類型があった。したがって日露戦争には、ヨーロッパ人の顔をした専制国家に、せっせと近代国家になろうとしているアジア人を使って一撃するといった側面があったのである。

ところが、日本人が日露戦争によって「一等国」になったと舞い上がっているとき、日本は頼りになる友の全くいない孤立国となっていたのである。インド以西の西アジア諸国においては、北方の白態を打ちのめしたばかりでなく、有色人種が白色人種に勝利した正規戦として、彼らを歓喜させ、民族的自信を取り戻させるという偉大な効果を及ぼしたけれども、当面の国際政治には直接的にあてにはならなかった。それどころか、近隣のコリアと中国については、すでにしばしば言及したように、理由はともあれ日本の近代化の過程でさんざん痛めつけられているだけに、憎悪以外の感情をもちえないのが自然であった。いささかでも冷静な頭脳の持主であるならば、この日本の置かれた状況について認識せざるをえなかったであろう。そしてこの認識があるならば、国際社会において苦渋に満ちた選択すら、甘んじて受け入れざるをえなかったであろう。しかし、日本の民衆はなかなか納得しなかったであろう。にもかかわらず、状況が指し示す道以外の道は破局への道であることを大久保利通のような政治家なら知っており、使命感があれば、死力を尽くして民衆をそこへ誘導したであろう。

このことを透明に認識すべきであったが、これを妨げたイデオロギーがアジア主義である。アジアは一つであるというのは虚妄である。実体は西アジア、南アジア、東南アジア、北アジア、東アジアであって、そのうち東アジアにも中心、周辺、亜周辺の違和があることはすでに明らかにしたとおりである。しかし、実体のないアジア主義という幻影に将来を託したのが二〇世紀前半の日本だったのである。歴史を直視してもらいたい。日本を亡国の崖っぷちまで追いつめるのは、ルーズヴェルトのアメリカと蔣介石のチャイナの同盟だったのである。いや、正確には、いつか利用できるときがあるかもしれないと、崖から突き落とされる瞬間にトドメをひかえたのはトルーマンのアメリカであり、彼がロシアと中国の軍隊の日本占領がもたらす日本の東洋的専制国家への従属化をからくも防いでくれたのである。台湾出身の学者、黄昭堂が指摘しているように、アジア人は誰一人、内心では日本人を仲間であるとは思っていない。毛色の変わった外国人でしかない。（もっとも、これは永遠に仲間にならないということではない。ただしそれは、中国やコリアより、美麗島（台湾）を含めて東南アジア諸国の方が日本に対する恨《はん》の感情がないだけずっと早いだろう。）

アジア主義とは、日本国内で志を遂げられなかった東洋式豪傑のセンティメンタリズムであり、単に東アジアだけでなく、世界を相手に生きなければならない日本人の知性を麻痺させる魔語だったのである。もとより、このことはアメリカが「足長おじさん」であると言おうとしているのでは毛頭ない。アメリカはアメリカで、自らの国益のためならば、核兵器による爆撃を含めて何事にもちゅうちょすることのない国だったのである。

一　同盟国から仮想敵国へ

一六世紀から一九世紀にかけて、ヨーロッパ人がアメリカ大陸全体を占拠し、先住のインディアン＝インディオと呼ばれる民族を抹殺、排除、抑圧した過程こそ、人類史においてもっとも仮借ない、もっとも大規模な残虐行為だった。この歴史にはアフリカ人もまた巻き込まれ、奴隷として新大陸に運ばれている。その最後の過程が一九世紀末におけるアメリカの西部開拓の終了であるが、しかし、それに先立ってアメリカ人は太平洋に眼をつけ、進出を始めていたのである。すでに一八世紀から鯨を追ってニューイングランドの捕鯨船がこの海に出没していたが、日本に開国を迫り最初に成功したのはアメリカ人であった。ペリーが浦賀にやって来たのは一八五三年（嘉永六年）のことであり、一八六七年にはアラスカ、アリューシャン列島をロシアから買収し、ミッドウェーを獲得している。

彼らは自らを文明の最先端にあると考えていた。いわば使命感によって前へ前へと進出したのである。当時は、太平洋に出るには南米の南端マゼラン海峡を通らなければならなかったが、一八三〇年代には宣教師がハワイに到着していた。一八四〇年にハワイが統一され、王国が建設されたが、アメリカ人は最初からこれに介入しており、結局、王国は滅ぼされ、一八九八年にアメリカ領土としている。続いて、同年のハバナ港におけるアメリカ船の不可解な爆沈事件をきっかけとして強引に米西戦争を引き起こし、その結果としてフィリピン、グアム島、プエトリコを獲得、キューバを独立させている。そして、中国に取りかかったのであるが、他の西ヨーロッパ諸国や日本と比べて出足が遅れたこともあって、進出のスローガンは「門戸開放」であり、一八九九年の中国進出宣言もこの大義名分をふりかざして行われたのである。

日露の仲介をしてポーツマス条約（一九〇五年）を結ばせたのも、アメリカが満州（中国東北部）に登場するための手がかりを得るためであったといえよう。シアドア・ルーズヴェルトとしては日本が敗れて、ロシアが太平洋への出口を手に入れることは許しがたいが、戦争の獲物を日本に独占させるつもりもなかったのである。これは憶測ではなく、彼自身が明確に述べていることである。ルーズヴェルトと会談した駐米ドイツ大使シュテルンベルクは、彼の考え、発言をこう記している。（『ドイツ外交文書集』）

「ルーズヴェルトは、両交戦国がほぼ同じ程度の犠牲を払えばよいと述べた。というのは、彼はロシアが極東であまりいちじるしく衰退することを望まなかったからである。……平和回復後も紛争の要因が戦前同様に残るよう努めなければならない。」（一九〇四年三月二一日）
「朝鮮は日本に属することになっても、アメリカは反対しないだろう。だが、ただしアメリカが朝鮮で獲得した利権を日本が尊重するよう要求するだろう。日本が中国において永久的に基礎を固めることはまったく望ましくないことである。ロシアは満州にとどまるべきだが、要塞としての旅順は引き渡すべきである。……アメリカは満州におけるロシアの優越した地位を認めるであろうが、そこでの自由な通商についてのみ主張するであろう。」（一九〇四年五月九日）

一九〇五年一月から五月にかけての旅順開城、奉天会戦、日本海海戦がまだ起こっていない初期の段階におけるルーズヴェルトの考えは明らかである。彼は戦局を注視しながら、リングにタオルを投げる機会をうかがっていたし、日本も開戦にあたって金子健太郎を通じて講和の仲介をあらかじめ依頼していた。それで日本は内心で、一九〇五年一月の旅順陥落、三月の奉天会戦の直後に休戦を期待していたのであるが、実らず、ようやくルーズヴェルトが動いたのは五月二七日、日本の連合艦隊がロシアのバルチック艦隊をほぼ全滅させることに成功してからの六月九日のことだったのである。

アメリカの排日運動

日本に対するアメリカの戦略が日本海海戦を画期にがらりと変わったというのが地政学上の常識というものであろう。欧米人にとって、日清戦争（一八九四―九五年）から義和団事件（一八九九―一九〇一年）をへて日露戦争（一九〇四―一九〇五年）にかけての日本は実にこまめに働いてくれる使用人だった。西ヨーロッパ文明にとって地球上でもっとも手ごわい相手は西アジア文明のエジプトからイランまでと東アジア文明の中国から朝鮮半島をへて日本までであるが、東アジアの場合は日本が進んで忠勤をはげんでくれ、豪華な（？）宴会の下準備をしてくれた。（西アジアの場合は、ユダヤ人のイスラエルを使っている。）しかし、日本はいつまでも欧米人のサーヴァントでおさまってはいなかった。近代文明の中心部にしかるべき座席を要求するのである。それは下僕がいっちょ前の主人ずらをしはじめ、主人なみの分け前をかっさらったということであった。

欧米人にとって、それは我慢しがたいことであった。日本人は他のアジア人と比べるといささか目端がきき、悪がしこいが、顔かたちは他の東アジア人とどこが違っているのか。いや、中国人と比べると日本人はずっとちんちくりんの小人でしかない。その日本人が中国、朝鮮半島を自分の勢力圏にすることは、一八四〇年以来欧米人が東アジアで試みてきた「文明化」（マルクスの『共産党宣言』の中の言葉）の努力を東アジア人同士の勢力関係再編の問題にすり替えてしまうことなのである。彼らにとって、彼ら以外の人びとは下等な民族であって、教化されるべきもの、文明化されるべきものなのであり、日本人もまた例外ではないのである。

ただ不安なことがある。東アジアにおける一九世紀の社会は動脈硬化を起こし、とりわけ政治はピントが狂っていた。しかし、そこに住む民族は文化的には欧米人と異質ではあるが、決して未開ではなく、いくつかの点では彼らよりも優れたものをもっている。まず勤勉で、向学心、向上心はものすごい。なかんずく政治文化は方向的に全く違っており、現在でこそトンチンカンで、ものの役には立たないが、天下国家の概念をしみ込ませているなど、他のアジア＝アフリカの民族には見られない貴重で強固な伝統をもっている。ところが今（当時）は、経済力とそれに裏づけられた軍事力によって中華帝国を押えつけているが、その分派の日本によって横取りされそうなのだ。いかにも無気味である。正確には恐怖といってよいだろう。そこから移民の国アメリカの移民制限、禁止の問題が中国人、日本人をめぐって始まるのである。

人類の移住は太古からある。近代においても西ヨーロッパ人は大挙して新大陸、オーストラリア、ニュージランド、南アフリカへと移住している。それどころか、欧米人は必要な労働力を始めは奴隷として新大陸に大量に運び、イギリスが一八三三年に奴隷を廃止すると、インド人と中国人（猪子＝豚の子と呼ばれる）をアフリカ、東南アジア、新大陸のプランテーションに送っていた。いわば、自由に労働力を右から左へ動かしていたのであり、この段階では欧米人は近代の原則を高らかに謳っていた。一八六八年七月の米支追加条約第五条には次のような一節がある。「米国および清国皇帝は住居および民籍を変更するの自由は人間固有不可離の権利なることを欣然承認する。」

またこの条約の第六条においては中国においてアメリカ人が、そしてアメリカ合衆国において中国人が、旅行および住居に関して相互に最恵国民待遇を享受することを規定していたのである。しかしながら、それから一二年後の一八八〇年において、中国人労働者の不断の増加はアメリカに迷惑をもたらしたが故に、旧条約の精神を否定するものではないが、新条約を結ぶこととした。そしてその第一条において、中国人労働者の渡米がアメリカの国家利益に影響を及ぼし、また地方の秩序を害するときは、アメリカ政府は彼ら労働者の入国と居住を制限または禁止することがありうる、また清国はこれに同意する、という条約を結んだのである。この変化は、一八六九年に大陸横断鉄道がほぼ完成したことで、主に鉄道建設に導入された中国人労働者が不用となり、かつ一八七〇年代の不況の中でアメリカ人労働者の失業問題が生まれて、労働組合が主張する外国人労働者排斥の世論が高まったからである。

特に注目すべきは、この場合の外国人とはもっぱら非白人を指したことである。アメリカへの移民数は一八六〇年代に二三一万、七〇年代に二八一万、八〇年代に五二五万と増大し、九〇年代には三六九万に減少してはいるが、二〇世紀の最初の一〇年では再び八八〇万という勢いである。この時期の移民の民族別内容は数的には圧倒的にドイツ人とアイルランド人であり、九〇年代からイギリス人と中央ヨーロッパと東ヨーロッパの諸民族が増加してくる。このうちアイルランド人はカトリック教徒であり、ユダヤ人は人種的には非ヨーロッパ人であるが、この時期には許容されていた。しかしながら、中国人と日本人は拒否されたのである。中国人は一八八二年まで三四万人移住しているが、この条約で阻止され、彼らに代わって日本人が増加するが、やがてこれまた阻止されるのである。

日本人移民は一八九〇年代には二万八〇〇〇人であったが、一九〇一年から一九〇七年（明治三四—四〇年）の間には一〇万八〇〇〇人が渡米している。この日本人に対する排斥も早くから始まっているが、特に激化したのは日露戦争以後のことである。それはまず一九〇六年（明治三九年）、サンフランシスコ市の学務局がわずか九十余名の日本人学童を公立学校から排斥し、特殊学校に隔離しようとした事件で爆発した。これには当時、ハワイの日本人が賃金のより高いアメリカ本土に移航する傾向があったという背景もあるが、日本政府の抗議によって、連邦政府はカリフォルニア州との間で板ばさみとなり、結局、一九〇七年にハワイから本土への日系人の移航を禁止することによって、日本も取り引きに応ぜざるをえなくなった。それが一九〇八年（明治四一年）のいわゆる紳士協定で、これにより自発的に移民を制限することを日本に認めさせたのである。

しかしこれで問題が終わったわけではない。それどころか排日運動はますます激化してゆくのである。当時、日本人移民の多くが農業に従事していたので、彼らの農場主への上昇を阻害するためにカリフォルニアの州議会は一九一三年、ついに日本人の土地所有権の入手を禁止し、その後、借地権の入手まで禁止した。そのうえ一九二〇年には、日本人はアメリカ市民権をもつ自分の子供の親権者になることを禁止され、その子供がアメリカ人であるが故に所有することができる土地を利用できなくするという執念深さである。しかもこれらの法律はカリフォルニアばかりでなく、他の州にも拡がっていき、中央の連邦議会までが一九一五年から日本人移民の受け入れ禁止法案を提出し続けた。一九二四年にはついに、主に日本人を目標とした帰化不能外国人の入国禁止条項を含んだ移民条例修正案を通過させ、ここに中国人（一八八二年から）とともに日本人移民は絶対的に入国不可能となったのである。

「門戸開放」を名とする極東獲得

これが機会均等、自由の女神の国、アメリカ合衆国で起こったことである。アメリカは日本人から機会を奪い、東アジアにおいては「門戸開放、機会均等」を雄弁に謳いながら、日本の特殊権益を掘り崩そうとあらゆる機会を活用していた。むかし「門戸開放」、いま「市場開放」で、閉鎖社会のドアをこじ開け、ずかずかと入り込んで、そこを占拠するというのが、アメリカ先住民の追放から始まるアメリカ人の行動様式である。それは背後をモンロー主義（欧米列強間の相互不干渉主義）の垣根によって固めているのであるから、これらのスローガンの内容は東アジアに進出するための関《とき》の声なのである。

「門戸開放」が宣言されたのは一八九九年、すなわち、米西戦争によってこの国がスペインからフィリピン、グアムを奪った翌年、国務長官、ジョン・ヘイによってである。その当時は中国に存在するイギリス、フランス、ドイツ、ロシア、その他の無数の特殊権益を否定しようと企図するものではなく、各国の勢力範囲、利益範囲におけるすべての国民の平等待遇、機会均等を意味するものとして説明された。事実、イギリスその他の国も、このスローガンをこの意味合いで理解していた。一九〇五年（明治三八年）八月に、ポーツマス条約に先立って更新された日英同盟においても、中国の独立、領土保全および各国民の商工業の機会均等、そしてその上で東アジアとインドにおける日英両国の領土上の権利と特殊権益の維持防衛を目的とする、と述べられていたのである。しかしながら、アメリカが日露戦争後に中国でやったことは、他の国の特殊権益、事実上は日本の特殊権益を破壊することであった。いろいろ画策したあげくアメリカから出てきたのは、このスローガンを中国における各国の特殊権益、つまり、日本の特殊権益を否定する意味のものとすり替えることであった。そしてそのすり替えの一歩は一九〇九年（ノックスの満鉄中立化案）で、一九二一年のワシントン条約で完成するのである。

日露戦争の結果として日本が得ることになる南満州鉄道を横取りしようとしたハリマンの計画につ

いては有名である。ハリマンは当時の鉄道王で、いわゆる百万長者である。当時、鉄道は経済を牽引する産業であって、その覇権をめぐって彼はモルガン商会（アメリカの一大商社）と大闘争を演じていたのである。彼はシアドア・ルーズヴェルトの大統領選挙（一九〇四年末）において実質的な選挙事務長をしていたと自任するほど大統領と親密であった。（後に仲たがいする。）その彼が世界漫遊の途次、一九〇五年（明治三八年）八月に日本に立ち寄って、近く日本のものになるはずの南満州鉄道の日米合弁を提案したのであるが、日本はポーツマス条約のため渡米中の小村寿太郎の電報によってからくもこれを避けることができた。しかし、アメリカの満州に対する関心はおとろえず、一九〇七年から一九〇八年にかけては奉天駐在総領事ストレートの活躍によってアメリカ資本の満州銀行を設立し、さまざまなプロジェクトを企てた。例えば愛琿新民屯《あいぐんしんみんとん》鉄道の敷設権入手やロシアの東清鉄道と日本の南満州鉄道の買収などがそれである。

そのいずれの企図も挫折すると、一九〇九年、国務長官ノックスはこの地域のすべての鉄道の中立化を提議した。それは各国が一緒に国際シンディケートを組織し、清国に借款を供与して、東清鉄道と南満州鉄道を買収して永久中立とし、各国の機会均等を実現しようというものである。このノックス提案は一八八九年のヘイ宣言とは全く違った「門戸開放」概念に基づくものである。といって、東アジアへの割り込みという基本戦略をアメリカが捨てたわけでは毛頭ない。それは、一九一〇年にアメリカが南満州鉄道と東清鉄道の経済的価値を奪うことを目的とした錦州愛琿鉄道という路線の敷設権を獲得していることによって明らかである。このことは一九一一年に成立した米英独仏四国幣制改革借款によってもますます念の入ったものになっている。

この借款は、名は幣制借款ではあるが、その内容が満州開発借款であることは、その担保として満州のタバコ、酒類、その他の税金をあて、将来この借款で起こした事業についてさらに起債するときはこの四国借款団に優先応募権を与えるという内容からもわかる。さらに翌一九一二年、この四国借款団が北京政府に対する軍事費その他の政治借款に応じようとしたときには、辛亥革命（一九一一年）において頂点に達していた軍隊の暴動が北京で始まり、外国人の生命財産が危殆に瀕することとなった。そこで義和団事件のこともあり、いざというときにもっとも役立つ日露を外しておくことは危険であると判断して、この二国を加える必要を感じ、日露もこれに応じたので、いわゆる六国借款団が成立したのである。

もちろん、現実の力関係が日本を必要とすることになったぐらいで、アメリカは得意の正義のレトリックをあきらめるはずもない。一九一三年、「理想主義者」ウッドロー・ウィルソンが大統領に就任すると、あざやかな一打を放つのである。それは六国借款団は中国の政治的独立を危くするものだから、アメリカは自国の銀行団を保護することはできないという宣言であった。これはアメリカの戦略がさらに一歩前進したということである。それは「満州人の中国」の崩壊後の新中国（一九一二年、中華民国の成立）の大衆、とりわけ知識人の心をとらえ、その力を利用するという新手法で、時代の流れをつかんだものであった。ウィルソンは自国の議会が否決した国際連盟という、知識人好みの時流に乗ることにかけての天才で、彼自身プリンストン大学長出身であった。清朝崩壊でわき立つ人心、その中で喝采を博するアメリカ。こうした情勢に不安を感じたのが日本である。

いわゆる「二一カ条」要求

成立したばかりの中華民国の大統領は直隷軍閥（北京周辺＝河北省の総督）の大親分で、朝鮮半島問題で日本人の交渉相手として旧知の袁世凱《えんせいがい》であるが、まだまだ政局は混沌として、どこへ行くのか判らない情勢であった。おりから一九一四年、第一次世界大戦が勃発して、欧米人の眼はヨーロッパに向かっている。この「絶好」（？）のチャンスをつかんで、これまでアメリカに押されっぱなしであった日本が打った手が、いわゆる「二一カ条要求」だったのである。これはのちに大いに喧伝されて、中国の反日運動の導火線となったものであるが、内容は日本の中国侵略の「一歩前進」というよりも、民衆の間での民族主義とそれを鼓舞するアメリカの一手一手にあおられた日本が、防衛的な保証、将来が心配なので取っておいた証文であった。しかし、この証文がいつの間にか白髪三千丈式に膨らまされて、兇悪な日本による中国侵略の攻撃的要求とされ、一九一九年の最初の反日運動の大爆発、五・四運動の目標となったのである。

この「要求」は五つの部分からなっている。第一の部分は、第一次世界大戦でまだ中国がドイツに宣戦していない段階に、日本が独力で接収した山東のドイツの権益に対する請求権を講和条約に先立って確認する内容である。これは、ポーツマス条約の際には中国におけるロシアの権益の継承が日露両国により決定され、清国によって事後承認される形をとったが、そのときの経験から今回は事前の承認を求めたものである。第二の部分は旅順大連の租借期間と南満州鉄道や安東鉄道の利権期間の九九年カ年の延長、南満州、内蒙古東部における日本人の土地所有権、居住往来営業権、また鉄道建設や顧問招聘における日本の優先権を要求したものである。この日本の旅順大連の租借はロシアの権益を継承したので、一八九八年より二五カ年を期限とし、相互の協定によって延長することができるとなっていた。したがって、一九二二年で切れるのであるが、日本はその時点で延長の合意がなされるかどうか自信がなく、一九一五年の時点でイギリスの香港なみの九九年カ年の期限を要求したわけである。その他の満蒙条項については、租借すらあやうくなる情況ゆえに、ロシアがすでに外蒙で獲得している同様な権益についてもついでに一札とっておきたかったということであろう。

第三の部分は漢冶萍《かんやひょう》公司に関するものである。この会社が所有する漢陽製鉄所、大冶《たいや》鉄山、萍郷《ひゅうきょう》炭鉱は長いあいだ日本の八幡製鉄所に鉄鉱石を供給していた。そのため日本は資本を投入し、その担保として向こう六〇年間は他国に売却しないことが契約されていたのである。しかし、辛亥革命後、革命軍による没収の動きがあり、そのため所有者の盛宣懐《せいせんかい》が没収を免れるために必要とした二〇〇万元を日本が調達し、公司の日支合弁の仮契約が結ばれていた。しかし、なお国有化の動きが止まらないので、今回はそれを阻止するために外交ルートで合弁を要求したわけである。第四の部分は中国沿岸の港湾や島嶼を他国に割譲せぬことを求めるもの。そして問題になる第五の部分は、七カ条の要望であって、要求ではない。先の第一から第四の部分は、多くが不安のために一札とっておきたいことを要求しているのに対し、この第五の部分では日本人を政治・軍事顧問として傭聘することとか、日本の病院・寺院・学校に土地所有権を認めることなど、とここに至ってはどうでもよいことを要望している。しかも、要望と一ランク下げているため気がゆるんだか、南支での鉄道敷設権を与えよなどと、いささか勇み足すらしている。

当然このときの北京政府ですら第五の部分は反対したので、削除され、残りの部分もかなり修正されて、ほぼ一六カ条にまとめたものが日華条約として一九一五年五月に調印された。しかし調印に先立ちアメリカの国務長官ブライアンは東京、北京双方に、「中国の政治的領土的保全および門戸開放主義に反するいかなる協定をも承認せず」と、日本のびくついている心理を見すかしているが故に、本条約がおおむね既定の事項の再確認にもかかわらず、あたかも攻撃的要求であるかのごとく大げさに牽制してきたのである。したがって、北京政府も条約を実行する気はさらさらなかった。条約調印の翌六月には「懲弁国賊条令」を公布して、日本人に土地を貸した者は公開裁判なしに国賊として死刑にするとしたのである。もはやこの段階における北京政府はアメリカの支援に確信をもち、欧米諸国に対してはともかくとして、日本に反撃する決意を固めつつあったのである。

日本が（おそらく気づきながらも）その重要性を正しく評価できなかったこと、それは中国が変わりつつあったことである。特に一九〇〇年前後から始まる、科挙用知識人とは異なる新しい知識人の形成がこの頃実を結んで、政権はともかくとして、世論をリードするようになっていたのである。この新潮流にアメリカは献身的な宣教師を送り込んだり、義和団事件の賠償金で作った燕京大学などを通じて地道な活動を行い、その影響を拡大深化させ、先端を行く青年たちの心を着実につかんでいた。なにしろアメリカは中国を侵略したことはないし、各国の特殊権益の排除を狙う「門戸開放」のスローガンのもと、中国側に立ち闘ってくれている。特に小心《シャオチ》（けち）なくせに強欲な東洋鬼子《トンヤンクイズ》（日本人）をやっつけてくれているのだ。また一方では、もっと先端的なファッションとして、一九一七年からマルクス主義というものが入ってきていた。一九一八年一一月には早くも北京大学でマルクス主義研究会が設立されていたのである。

一九一九年の五・四運動は、かくして起こるべくして起こったのである。このニュースを聞いて喜んだのは、まずレーニン、トロツキーであろう。一九一九年一月、ドイツ・ベルリンにおけるスパルタクス団（ドイツ共産党の前身の一つ）の暴動は失敗していたが、三月には国際共産党《コミンテルン》が発足していた。しかし、最もうれしがったのはアメリカ大統領ウィルソンであったことは間違いない。アメリカは一九一七年にドイツに対して宣戦し、東アジアからしばらく手を引かなければならないので、同年一一月の石井・ランシング協定によるちょっとしたリップ・サーヴィス（中国における日本の特殊権益の保証とアメリカの「門戸開放」のセット）で日本をひと安心させたが、すぐに一八年、時流に乗って、かっこいい、いわゆる平和網領「一四カ条」を提案して世界を上から見おろしたのである。やがて戦争が終わり、一九年、パリ講和会議がウィルソンのペースで進行中とび込んできたのが、五・四事件のニュースだったのである。彼が内心狂喜していなかったはずはない。

日米戦争論

日本を翻弄するアメリカの手並みは大したものであった。いわゆるシベリア出兵についても、一九一九年（大正八年）八月、アメリカの提案によって日米は共同出兵したが、二〇年一月、突如としてアメリカは単独撤兵したりしている。彼らは日本の政治が元老を中心とした慎重派と若手を中心とした積極派とに分裂しているのを知っており、闘牛の赤い布をひらひらさせて動き出させ、屋根に上ったら、今度は梯子をはずし、引っ込みがつかなくし、日本を国際非難の標的に仕立てあげている。こうした策略の到達点が、一九二一年（大正一〇年）一一月から始まり二二年（大正一一年）二月まで続くワシントン会議で、このとき締結されたのが軍縮条約と九カ国条約である。これによって、日本はがっちりと枠にはめられ、日英同盟という最後の命綱を失ってしまったのである。

ついに構造はできあがったのである。あとは日本の中の盲動分子がもがいてくれるならば、網はじわじわと締まってゆく仕組みである。アメリカが次の戦争の敵国として日本を想定したのは早くも一九〇四年の「オレンジ計画」(将来戦計画)で、いまだ日露戦争が終了していない時点においてであるが、これに対し、日本も一九〇七年の「帝国国防方針」でアメリカを仮想敵国とするに至っていた。しかし、「オレンジ計画」からわずか一五年にしてアメリカの戦略配置は完成するのであるが、それは何によってであろうか。帝国主義による世界の再分割などといった陳腐で貧寒なテーゼを越えて、この問題を考える必要がある。それは日米戦争論をジャーナリズムが売り出して大成功を収めた、この間における〈空気〉にあったと思われる。

猪瀬直樹氏の『黒船の世紀――ガイアツと日米未来戦記』に注目しよう。この本は『此の一戦』(一九一一年)、『次の一戦』(一九一四年)、『日米興亡の一戦』(一九三二年)を書いた水野広徳を軸として、当時発表された日米の未来戦争記を検討して両国の宿命的関係を分析したものだが、この〈空気〉を実証的に詳細かつ見事に明らかにしている。すなわち、日露戦争以後、アメリカで『太平洋戦争』『空中戦争』『バンザイ』『無知の勇気』などぞくぞく出版されたのに続いて、日本では一九一〇年頃から『日米戦争論』『日本開戦夢物語』『次の一戦』などといったものが発表されたのである。その内容はそれぞれの立場からのシュミレーションであるが、おおむねどちらも自国の敗北ないし危機を予測したうえで、その対策を立てることを提言するものであった。

この〈空気〉作りは明らかにアメリカによって着手されたものであり、その挑発に日本が乗せられたものである。言うまでもなく、日露戦争後における日本の欲望の対象はすでに見てきたように満蒙であって、太平洋全体ではなかった。これに対して、アメリカは太平洋の全体をアメリカのものとし、この課題を完成するためには対等に自己を主張する日本を排除しなければならなかった。しかし、何故に排除されなければならないのか。英仏はどうなのか。イギリスは香港を奪い、上海租界を拠点に揚子江流域を勢力範囲としている。フランスは清の朝貢冊封国ヴェトナムを奪い、広州湾を租借し、それらの隣接地帯を勢力範囲としている。同様に日本も清の朝貢冊封国である朝鮮を奪い、旅順大連を租借して満州南部を勢力範囲としているだけではないか。それにもかかわらず、なぜ、その中で特に日本が選び出されて仮想敵国とならなければならないのか。

この疑問に対して猪瀬直樹氏が与えた回答は次のようなものであった。氏は『バンザイ』の内容を要約して次のように結論する。


「意外なところに正解があった。

そうなのだ。日本脅威論は、日本がロシアを打ち破ったとき産まれたのである。

だから二月九日〔『バンザイ』におけるアメリカ勝利の日〕とは……。

日本がロシアに宣戦布告したのは一九〇四年二月十日だった。

アメリカ時間では二月九日である。

なるほどそれならば、〔『バンザイ』の〕末尾の一行のキーワードに、突如、黄禍の二文字が出てきた謎が解ける。黄色人種が正面から白人国家に戦いを挑んだ日が、黄禍の始まりなのである。では黄禍の終焉をもたらす主役は誰か。

『バンザイ』がいいたかったことは、この一点につきる。」(『黒船の世紀』一一九ページ)

このミモフタモナイ回答を生み出すものが欧米人の心の深層に潜んでいることは、第一次世界大戦で英米に敗北したドイツ、しかもヒトラー以前のドイツでこの日米戦争論が盛んに論じられ、基本的に同じような思想が議論されていることによって確認される。その一例を、猪瀬氏の尨大な参考文献リストには見えない文献から紹介しよう。榎本秋村の『欧米外交秘史』(一九二九年、昭和四年)によると、ウェンケルの『日米間の不可避の戦争』は次のような内容だったようである。それはいっけん第三者的な立場に立っているかのような言い方で、欧米人の見方を正確に伝えてくれる。

「極東における日本の敵はロシアであったが、欧州大戦の結果としてこのロシアの危険は除かれたけれども、日本はその国力伸展上さらに第二の相手に備えなければならないこととなった。この第二の相手とはアメリカである。この両国の闘争目標は太平洋の覇権を握ることである。ルーズヴェルトはすでに一九一三年において太平洋に対する将来の覇権はアメリカに属すると言ったが、そのとき日本の加藤〔寛治〕大将はその成否は別として日本は太平洋の主人となるために、あくまでも努力すると答えた。功名心の強い日本の目的とするのはすこぶる広大で、単に太平洋の一半のみではなく、オーストラリア、ニュージーランドおよびジャワよりベーリング海峡までのアジアの東岸に接する太平洋全体の尨大な領域を得んとするもので、言いかえれば、地球の表面の半分をその国旗のもとに置こうとするものである。しかもアメリカはこれと同一の目的を持っているから、この両国の衝突を避けることはできないだろう。日本はこの目的貫徹のために朝野こぞって奮励努力しつつある。日本の少年子弟の教育もこの目標に応じて行なわれており、自ら黄色人種の指導者、ならびに覇者となることをこいねがっている。」

まったく当時の欧米人の日本人観、黄禍主義を図式化してはいないだろうか。しかもこの考え方は、単に考え方だけでは終わらなかったのである。アメリカへの日本人移民は完全にシャットアウトされたし、軍縮会議によって防衛戦略には枠をはめられるし、日本を取り巻く〈空気〉はますます息苦しいものとなっていったのである。

二　幻想のアジア

東からは巨大な圧力がタイタニック号にじりじりと浸水してくるように迫ってくる、それならば西に身をそらし、よけることができるという道はあったであろうか。しかし、日本が陥っていたのはそのような定石的な立場ではなかったのである。アメリカの圧迫はそもそもが日本がハワイやカリフォルニアに手を出したというのでは毛頭なく、日本が文明的には同系統である東アジアにおいてアメリカの進出を妨げる邪魔者であることを理由とするものであるから、そこには解決の手がかりはありようはずはないのである。かくして日本は、東アジア世界秩序を清算して近代国際社会にデビューしたその日から、複雑な片思い的な立場に置かれてしまったのである。

一つには、日本はペリーの強請をきっかけに開国したからには、腹をくくって近代文明への帰依を心に誓ったのである。国内的に万難を排し、国としてのバランスをとるために、同志すら犠牲にしながら（この犠牲は後述の西南の役のように悲劇になるものである）、近代日本を建設するために邁進してきたのである。したがって近代文明を破壊しようといった意図はいささかもなかった。日本が「近代の超克」などと言い出すのは、袋小路に入ってにっちもさっちもいかなくなってしまってからである。したがって、当初は欧米諸国の領土や権益を侵害する意図は全くなかった。にもかかわらず、日本人は日露戦争の際にすでに、有色人種の反白人闘争（黄禍）のリーダーとして見なされてしまっていたのである。それは日本人にとって心外極まることであった。

もう一つには、日本人と東アジアとの関係には切っても切れぬものがあることは言うまでもない。ちょうど二〇世紀の日本がアメリカの圧力のもとにあったように、七世紀の日本は隋唐の圧力を受け、これを巧妙に処理することによって日本が成立したという歴史があるのである。もちろん、すでに説明したように、日本は中国文明の影響を受けながら、中国文明べったりではなかった。その結果として、一九世紀後半にすばやく東アジア世界秩序を抜け出し、近代文明に適応することができたわけであるが、それでも東アジアとは古典文化、伝統文化でつながっているし、何よりも地理的に東アジアに属している。したがって一九世紀後半の日本と東アジアは、地政的には以前とは違って極度に密接的に関係づけられ、迫りくる共通の運命に対する心情的なつながりで見れば、七世紀以来再び強められたとさえいえる。しかし同時に、日本は事態の切迫さと自国の突出した力量によって東アジア諸国に課題を強制し、思い通りにいかなければ自ら彼らの領土を占拠、つまり侵略するところにまで行き、当然、その国民の憎悪をあびることとなったのである。

このように一人よがりの愛が二重に裏切られた日本の立場という理解は、今日のアカデミズムでは少数派である。多数派の考え方は、日本の近代化はそもそもの発端からアジア侵略がその不可分の一要素であったというものである。こうした立場よりするならば、アメリカの対日圧迫は、結果のところ日本の大陸侵略にその責任があったということになる。しかし、史実を見るならば、この考え方の間違いが明らかとなるだろう。それが見えないのは、一つの色眼鏡でものを見ているからである。彼らは言うだろう。明治政府部内で最初に激論した問題は「征韓論」ではなかったか、西郷隆盛は敗死したが、政府部内での対立は単にそれを実行する時期の問題だったにすぎないのではないか、と。しかし、こう言いきるとき、多くの史実がこぼれ落ちてしまうのではなかろうか。

アジアとの連帯

西南の役を士族の反革命とする理解をもってするならば、西郷隆盛は発足した明治政府の中の極反動派の指導者ということになるが、政府内で彼のやったことはこの性格づけに反している。明治政府が行った日本社会近代化のための措置はいずれも彼の同意によって成功したのみならず、その威信によって無事に目的を達成したのである。例えば、一八七一年（明治四年）の版籍奉還は封建体制の枠組を破壊したものであり、一八七三年（明治六年）の徴兵令公布と地租改正着手は根本的な社会改革であるが、これらを熱心に推進したのが西郷である。とはいえ彼の根拠地である鹿児島で起こっていたことはどうなのだ、という意見がありうる。確かに、そこに形成されていたものは士族軍政国家と呼ぶことができるものであろう。しかし、その強力な武力が明治政府の政策を貫徹する保証でもあったし、さらにいえば、それは封建的支配者の特権を護持するものにはなりえないものだったのである。

この鹿児島の士族集団は西郷を取り巻くカリスマ集団だったのである。西郷はこのカリスマによって反幕勢力を統一させ、政権移行をスムースに遂行したのであるが、新政権の内部において権力が分泌する特権を享有する分子に対してはきびしく批判的であった。彼は政府内の高官でありながら、清貧の生活に甘んじ、いささかも権力にともなう誘惑にまどわされることなく、いわば維新の永久革命化を身をもって実践した。これがさらに一段と彼のカリスマの光をまばゆいものとした。したがって、彼が一八七三年(明治六年)に「征韓論」に敗れて下野したとき、彼を首領とあおぐ人士は彼に殉じて辞職し、彼とともに鹿児島に帰ったのである。そして故郷では私学校を設立し、もっぱら教育に専念するのであるが、彼を中心に結集してくるエネルギーが一つの運動となるとき、それは運動固有のメカニズムによって動かざるをえない。かくして西南の役が勃発することになるのである。

西郷の「征韓論」は、こうした彼の人格を中心に理解しなければなるまい。もちろん、西南の役で西郷軍に投じた人たちの中には、名実ともに士族反動派というべき分子が多数含まれていたように、「征韓論」にくみする人たちの中にも多くの単純な対外膨張論者が含まれていたに違いない。すでに見たように、明治政府の発足に対する李朝政府の対応はまさに中華朝貢冊封体制に依拠した玄関ばらい、日本を夷狄《いてき》視してケンもホロロに国書を突き返すという応待であっただけに、これに対する反発が大きかったことも理解しておかなければならない。しかし、西郷の立場は武力征服が目的ではなかった。彼は自ら特命全権大使となって単身漢城（ソウル）に乗り込み、朝鮮宮廷と話し合い、開国を説得するというのである。それは危険な使命である。しかし、このように主張させた背景には、かつて薩摩藩の斉彬派と久光派を統一し、薩長連合を成立させ、勝海舟との交渉によって江戸城を無血開城させたという実績があるのである。

もちろん、西郷の計画は著しく空想的であり、結局は日本の武力行使のきっかけ作りと解釈されかねないものをもっている。このことを西郷自身も知っていただろう。しかし、あえて彼の単身漢城（ソウル）行きを志させたものは、このようなマキアヴェリズムでは毛頭ないであろう。彼は失敗の可能性よりも成功の可能性に賭けたのである。そしてそれを支えたものは儒教的な思想と教養であったと思われる。彼我ともに朱子学を官学とする儒教国であり、当時の東アジア諸国の知識人はほぼ共通の教養をもち、達意の漢文をもって意見交換をすることができたのである。筆談こそは東アジア文明圏の知識人のユニークなコミュニケーションの手段であって、中国内部ですら口語による理解困難な諸地方の人びとの会談はこれによって行われた。日本の知識人の多くも明治まではこの能力をもっていた。今日、眼に一丁字なき輩が愛用する「同種同文」とはこのことを指している。この事情が生み出す幻想（文字が通じれば心も通じる）は明治人には広く見られるものであった。

この幻想は西郷の空想のみならず明治人のアジア主義の一つの条件であった。しかしこれはあくまでも幻想だったのである。すでに西郷の同志、大久保利通のリアリズムはそのあやうさを知りきっており、その他の鹿児島人ですら西郷に同調しないものは数多くいた。弟の従道《つぐみち》がそうであり、大山巌、副島種臣、黒田清隆、樺山資紀《すけのり》など、いずれもさまざまな事情はあれ、西郷に殉じなかったのである。すでに見たように、福沢諭吉も朝鮮の革新に期待した時期があった。しかし、一八八四年の独立党の挫折によって絶望し、その翌年、今の流行よりすれば悪名高い「脱亜論」を発表することになる。このように明治における日本人の心の中にはアジアに対する連帯と絶望とが共存していたのである。竹内好によれば、東京裁判によって日本のアジア侵略の尖兵とされた玄洋社や黒竜会にせよ、その出発点においては日本人のアジア連帯の気持の表現であった。

玄洋社が福岡藩士、頭山満、内田良平らによって設立されたのは一八八一年（明治一四年）のことである。その当初の目標は国会開設運動であったが、共通の運命のもとにあるアジアとの連帯論は当然その課題として含まれていたのである。時は、朝鮮においては事大党と独立党の烈しい党争が闘わされている時期である。玄海灘の彼方で行われていることに彼らが無関心でいられるわけがない。多くの志士や浪人ゴロツキが大陸へ流入してゆく。日本人を追放した一八八二年（明治一五年）の壬午の変や、金玉均、朴泳孝らの独立党のクーデター計画が挫折した一八八四年（明治一七年）の甲申の変は、彼らの参与なしにはありえない。その後一八八九年（明治二二年）には大日本帝国憲法が発布され、翌一八九〇年（明治二三年）には国会（帝国議会）が開設されて一応の目標が達成されただけに、視線はもっぱら外側に向けられていた。しかも、朝鮮では、日本が介入する手がかりを失っていたそのときに、東学党の活動が活発化するのである。

東学党の東学とは西学（欧米の宗教、具体的にはカトリック）に反対する朝鮮の民族宗教で、儒、仏、道などを朝鮮伝統のシャーマニズムによって統合したものであるが、李朝政府を批判し、下層の民衆に同情を寄せていた。東学党は一八六〇年に創立されたが、六四年に政府により弾圧されている。しかし再度勢力をもり返し、一八九二年から九三年には大集合を呼びかけている。その際の文書に「同力誓死、掃破倭洋」とあり、日本の勢力の排除を主張するものであったが、彼らの運動によって触発された農民の反乱に玄洋社が天佑侠という秘密結社を組織して参加したのである。周知ように、東学党は清国軍のみならず日本軍からも攻撃を受け、天佑侠も日本の官憲に追及されることとなった。しかし、この経験によって玄洋社と朝鮮の農民闘争の指導者の間には鉄火の間に結ばれた同志関係が生まれる。この朝鮮の指導者の代表が李容九であり、その流れが日韓合併を請願する一進会となってゆくのである。

　李容九が日本と協力した条件は、日本と韓国とが対等に合邦して大東国を建設する、という東洋社会党の樽井藤吉が発案し内田良平が継承した大東合邦論であった。李容九はのちに日本政府に裏切られたと知り、授爵を断って病気療養していた須磨（神戸市内）で憤死している。内田良平も韓国併合には反対で、あくまで「日韓合邦」を主張し、後に「日韓合邦記念碑」を立てたが、その碑に併合時の総理、李完用の名を削って、李容九の名を加え、うっぷんを晴らしている。韓国併合の元兇として安重根に暗殺された伊藤博文ですら、韓国に対する日本の関与は外交権と防衛権のみを日本が獲得するだけで充分だと考えていたようである。むしろ逆に、彼の暗殺が併合（一九一〇年、明治四三年）を促したといえよう。日本政府ならびに在野の人士が明治維新以来、東アジア侵略の戦略に従ってひた走ってきた、と言いきるほど事実は単純ではないのである。

　日本の朝鮮侵略史におけるもっとも暴虐的な事件は閔妃殺害（一八九五年）である。その犯人の日本人大陸浪人の主体は玄洋社のメンバーであったが、彼らにとっての王妃殺害は朝鮮攻撃ではなかった。閔妃こそは二十余年にわたって右往左往して朝鮮政界を混乱のドロ沼とした妖狐《ようこ》（張本人）であった。玄洋社の彼女に対する憎しみは日本人としての憎しみであると同時に、東学党に代表される朝鮮の農民たちの「宮廷の妖妃」に対する憎しみでもあったのである。このように朝鮮における大陸浪人がかりそめにであれ農民の立場に立っていたことは、日本の朝鮮政策史の一つの見落してはならぬ要点である。日本政府と玄洋社は決して一体ではなかったが、不即不離であったことは間違いない。そこから両班《ヤンバン》を怠惰無能な腐敗集団とする見方が日本の政策を方向づけることとなり、このエリート集団を統治の支柱として獲得しえないものとしてしまったのである。

アメリカの圧力とアジア主義

もちろん、両班を敵にまわすということは、歴史のエピソードの結果というには根が深く、すでに説明した日本と朝鮮の文明的な断層によるというのが基本である。両班にとっては日本の士族＝サムライは兵《ピン》であって、偽物の士である。朝鮮の人たちの武人に対する蔑視は容易にぬぐえるものではない。この文明の違いとかみ合わせの欠如を横軸とし、さらに国際情勢、すなわちアメリカの東アジアに対する働きかけが縦軸となって、日本と朝鮮、ひいては中国との関係は展開してゆくことになるのである。つまり、アメリカは日本を東アジア進出の走狗と考えていた。しかし、この期待を裏切ったので、アメリカはあからさまに東アジアに手を出した。これに恐怖した日本が自国の安全を確保するに必要な権益を踏み越えて、あわてて大韓帝国（韓国）を併合したのである。

この日米の息づまるようなカケヒキの中で、現代の国際関係論におけるもっとも重要なキーワード、「侵略」も姿を現してくるのである。そして、このキーワードのあるなしによって、一七九二年から一八一五年までのフランスの国家の行動と、一九〇六年（明治三九年）から一九四五年（昭和二〇年）までの日本の国家の行動という二つの歴史的事件の歴史的評価が変わってくるのである。もともとフランス革命と明治維新とは極めて類似した事件だった。一般的に見ても、一国にとって隣国の革新、強国化は脅威であるが、この二つの事件はそれまでの国際関係を一変させるだけのインパクトを及ぼすものであった。

フランス革命も隣国イギリスの産業革命の圧力が第一の原因であった。これに対応するブルボン王朝の近代化の試みが民衆の反撃を受け、闘争はエスカレートして多くを破壊し、ナポレオンによって収拾されたのである。一八世紀末のヨーロッパ諸国は複雑にからみ合い、あえて比較すれば中国の各省のごとき関係とした方が近かったから、フランスの変革は周辺諸国に直接の影響を及ぼし、特に婚姻関係で結ばれた王族貴族への衝撃は大きかった。ルイ一六世の王妃マリー・アントワネットはオーストリア皇帝の娘だった。したがって、フランス国王の立場が危くなると各国の干渉が始まり、一七九二年にはフランスはオーストリアに宣戦、これに対して一七九三年に第一回欧州大同盟（反仏包囲網）が成立するのである。かくして、ヨーロッパは戦乱の巷となるが、ナポレオンはその間を雄飛して、スペイン、オランダ、イタリア北部、スロヴェニア、クロアティアを領有し、ポーランドやライン連邦（今日のドイツ西部）を勢力圏としたが、結局一八一五年のパリ条約でフランスはその一切を放棄させられたのである。

このように西ヨーロッパと東アジアとでは、その国際＝国内構造を異にしている点はあるにせよ、フランスと日本の行動の規模と意義は極めて類似している。にもかかわらず、両者の歴史的評価に格段の違いがあるのは何故であろうか。それはやはりキーワード、機軸的概念としての「侵略」が日本に対して適用されたからであろうと思われる。確かに、侵略という言葉は新しい言葉ではない。（侵掠として『孫子』からある。）おそらく、古代より政治的論戦においてはおびただしく乱舞したことであろう。しかし、戦争は国際法上、合法的な行動であったにもかかわらず、ニュルンベルク裁判、東京裁判において行きついた「侵略」概念の法概念化は、日露戦争以後の日本を目標として陶冶されたのである。

一九世紀においては、一国が自らの安全のために他国に対し領土や権益を要求し、獲得し、保全することは正当な国家主権の発動であった。すでに見たとおり、一八九九年のジョン・ヘイの「門戸開放」宣言は、当時の中国をめぐる各国の既得権益を前提としてアメリカの交易交通の機会均等を要求したものであって、各国の既存の権益を否認するものではなかった。この国際常識の転換の第一の画期が日露戦争なのである。以後、徐々に日本の対中国政策を掣肘する理論としてこのスローガンが既得権益を否認する意味合いて活用され、ついにこれを体系化したのが一九一八年に出されたウィルソンの「一四カ条」であった。このときすでにドイツ皇帝ウィルヘルム二世を裁判にかけるという案がイギリスから提案されていたが、日米は反対し、実際には何の措置もとられなかった。彼はオランダに亡命し、そこで死んだ。しかし、着々と新しい「侵略」概念は世論を獲得して、一九二八年の米国務長官ケロッグ＝ブリアンによるパリ不戦条約、一九三二年のリットン報告書（国際連盟イギリス代表による満州事変後の実態調査書)、その翌年の国際連盟による日本・イタリア制裁、という形で積み上げられ、第二次世界大戦における連合国(国際連合)によって完成されたのである。

すでに「オレンジ計画」からアメリカは日本を敵視していた。しかし欧州諸国の方は外交上、当初よりアメリカに追従していたわけではない。何となれば、植民地帝国を所有しているのは欧州自身なのであるから、ストレートにこの概念を振りまわすとき、傷つくのはまず彼らだからである。したがって、アメリカ外交も攻勢と後退を繰り返しながらじわじわと日本を道徳的に追いつめてゆくことになる。それに欧米の思想状況が二〇世紀の最初の一〇年前後に大きく旋回しており(例えば、ロイド・ジョージの人民予算)、彼らの情報宣伝の力量は圧倒的で、世界的なネットワークをもっていた。日本においても、一九〇七年(明治四〇年)に「平民新聞」の創刊があり、それは一九一〇年(明治四三年)の幸徳事件に至っている。これにより日本の外交政策は、とりわけ知識人の新しい思潮の中で逆風にさらされ、それに抵抗する形で同じ一九一〇年に韓国併合が起こるのである。

竹内好は、玄洋社、黒竜会のイデオロギーが明確に侵略的なものとして確立されるのは明治末期のことであると言っているが、この点、同感である。結局、言いうることは、アジア主義とは究極的に日本人のセンティメンタリズムであったのである。それは実体的な基盤がないところから、外部からの圧力によって変貌しないわけにはゆかない。このことは、一八八七年(明治二〇年)頃とされているアジア主義の民権論から国権論への回転が、一八八六年(明治一九年)の東洋一を誇る清国北洋艦隊の日本における大デモストレーションをきっかけとしていることにすでに現れている。同じように、明治末には、アメリカの執拗な満州利権への割り込み工作と、盛り上がる日米戦争論があったのである。結局、外部からの圧力によって形成され、さらに変化させられていく思想なるものの正体、それは「共通に防衛すべきものの不在」であろう。

「共通に防衛すべきものの不在」とは、すなわち、日本は東アジア諸国とは統一された戦線において戦った経験がないということである。日本が東アジアの国とともに戦った最後の機会は六六三年（中大兄称制三年）の白村江《はくすきのえ》の戦い（百済に援軍を送り唐と戦う）であった。この敗戦（百済滅亡）による朝鮮半島との切断がいわば日本の誕生であり、六七五年に百済を併合して朝鮮を統一した新羅は日本の敵国となる。七二七年（神亀四年）に新羅の背後の渤海と日本との友好的国交が始まるが、七五九年（天平宝字二年）には両国の間で新羅攻撃が議論されている。その後も朝鮮との国交はない。一〇一九年（寛仁三年）には刀伊《とい》（女真人）の賊が九州を劫掠している。モンゴル帝国の勃興にあたっては、一二三一年、高麗が侵略されたが、日本とは全く無関係であった。モンゴルはまた、一二七四年（文永九年）と一二八一年（弘安四年）の二度にわたって日本を攻撃したが、このとき高麗軍はその兵站を負担するのみならず、その尖兵となっている。きわめつきは、豊臣秀吉による一五九二年（文禄元年）と一五九七年（慶長二年）の二度の朝鮮侵略である。徳川時代における朝鮮通信使は日本の再侵略を警戒しての偵察という意味合いをもっており、日本の使節を漢城（ソウル）に旅行させることはなかった。

日本から見たこの東アジアの情況を立体視するために、西ヨーロッパの情況を見ると、一一世紀末からのイスラーム諸国に対する十字軍は西ヨーロッパ全体で編成されている。一二四一年のモンゴル軍の進攻に対しても、リーグニッツ（現在のポーランド南西部）において西ヨーロッパ全体で防戦している。イベリア半島におけるレコンキスタ（九世紀に始まり一四九二年に終了）や、ウィーン包囲（一五二九年と一六八三年）のオスマン・トルコと戦うオーストリア軍を、背後のキリスト教国がおびやかすようなことはなかった。しかし日本は、この種の経験もなく、先に挙げた歴史の延長線上に明治におけるアジア主義が成立するのである。

大言壮語のアジア主義

「同種同文」とか「一衣帯水」といった四字熟語的レトリックによってのみ支えられているアジア主義が現実の苛烈な風に当たるとき、ヘナヘナとセロファンのお化けのようになってゆくのは避けられない。それだけにこの内実を隠すために、内容のない大言壮語が空しくぶち上げられるのである。

一九二二年（大正一一年）のワシントン条約で言葉巧みに日本は孤立させられた。他方、中国においては一九二〇年代、革命の激濤が渦巻き、日本との関係は着実に険悪になっていったのである。排日事件が繰り返され、それは〈空気〉となってゆく。排日の実行は、最初は「不買劣貨」、日貨排斥であるが、ついには親日分子（漢奸）の暗殺にまで発展してゆく。一九一五年（大正四年）の「二一カ条」問題、一九一九年（大正八年）の五・四運動、一九二三年（大正一二年）の旅順大連回収要求、一九二五年（大正一四年）の五・三〇事件（排英運動）、一九二七年（昭和二年）の日本の第一次山東出兵、一九二八年（昭和三年）の済南事件（済南での国民党軍と日本軍の衝突）と続くのである。このように切迫するにつれて、日本の軍部の視野はどんどんと狭窄化して、この一九二八年には張作霖《ちょうさくりん》の爆殺事件を起こしている。そして、ついに一九三一年（昭和六年）、満州事変を引き起こしたのである。この頃にはいわゆる大陸浪人たちは東アジアの民衆との連帯の絆を全く失っており、日本の軍部、中国の軍閥、日本の利権の寄生虫でしかなくなっていた。そして、彼らの大言壮語は日本の上層部の一部にまで伝染しはじめていたのである。

満州事変前夜(一九三一年、昭和六年)、雑誌『文藝春秋』は「満蒙と我が特殊権益」という座談会を掲載している。主なる出席者は参謀本部の建川美次、陸軍少将で前代議士の佐藤安之助、政友会代議士の森恪《かく》、当時民政党代議士で後に東方会を作った中野正剛、東京帝国大学教授の神川彦松、ほか二名に司会の佐々木茂索である。彼らの中において森恪は一九二七年(昭和二年)から二九年(昭和四年)まで田中内閣の外務政務次官で、この座談会では大陸浪人的発言を行っている。彼の対極にあって、日本が中国の民族主義、アメリカの圧力、ソ連の共産主義の圧力を一身に受けている状況をもっともバランスよく把握しているのは神川彦松である。この間にあって中野正剛は日本の置かれている立場、満州における四面楚歌の状況を正しくつかんでいるが、アメリカに対する譲歩、妥協には絶対反対で、朝鮮を含めて日本の革新を主張しているところは後日の彼の運命を示唆しているように思われる(東条内閣に抗議して、昭和一八年に自決)。

森恪は最近の満蒙視察の印象として、(1)まず、満州における漢族の経済的実力の充実、(2)次に中国の政治のソビエト化、(3)日本人の満蒙についての認識の不充分を述べ、そのあと次のように語る。

「私は日本が存続する以上は、〔満蒙〕抛棄《ほうき》ということは断じて出来ない。のみならず、私の考えは欧亜大陸ですね、ちょっと話は大きいかも知れんけれども、満蒙を通じて欧亜大陸の文化を改造するということは、けだし日本人にあたえられた重大な使命の一つだと思う。それからいってもだ、満蒙抛棄などは夢にも考えられないということです。」

これを支持するような形で、中野正剛が西郷の「征韓論」以来の日本の満蒙に対する認識不足、理念なき、指導精神なき状況を嘆いている。そして、寺内、原、田中の諸内閣における対外政策の失敗を示唆し、これを軍部と政治家の間の意志不疎通としてやんわりと指摘しているのであるが、森恪はこれに反論し、特に中国のソビエト化の危険を強調している。こうした議論に対して神川彦松はリベラリズムの立場から当時の思潮を帝国主義、民族主義、国際主義の三つに分類し、彼自身の立場として国際主義を説明している。特に興味深いのは、日本が帝国主義的な活動を行うならば、中国の民族主義のみならず、アメリカの金融資本主義の圧力、それにソ連の赤色帝国主義の脅威にさらされるとしている点である。したがって、満蒙問題は国際主義的解決しかありえないとするのである。

「私の考えでは満蒙問題は日露支三国が結局お互い武力に訴えて、第三者の干渉に依って国際化するか、そうでなければ両国の妥協に依って私《ママ》はそこを中立化するか、そこにはいろいろの方法があるが、ともかくこの方法より途がない。満州は民族的にいえば支那のもの、しかし日本と支那、日本とロシア、日本とアメリカ、そうした利害の交流するところでありますから、どうしたって支那は民族的な欲利があるとしても貫徹することはむずかしい。それで結局そういう国と妥協ということになる。そこで中立化、国際化という名前で呼ぶのでありますが、それに帰着せしめなければ、到底満蒙という問題を永久に解決することは不可能だ。〔中略〕私は支那における共産主義というものを重大視して居ります。日支がもし敵愾心に燃え立つというならば、第三者の術中に陥るもの、結局何方にしても大変だと思うのであります。」

この神川の言説を建川や佐藤は皮肉りながら、正面から反論しえていない。しかし、森恪は二つの点で神川を批判する。それはアメリカの資本の圧力とソ連の共産主義の脅威を長期的にはともかく、当面する局面において神川は過大評価しているということである。「現在及び近き将来において、支那では米国資本の活動というものは出来ない。」「満州における露国の活動といわれましたが、将来においてはともかく現在においては停止して居ります。」これは注目すべき発言である。それは森が当面の満蒙問題をアメリカの国家戦略やソ連の国際共産党《コミンテルン》の世界戦略を軽視して考察していることである。しかも建川も中米の合弁契約の失敗を語り、「アメリカが武力などで出てくるものか」とうそぶく仕末である。これが満州事変という大冒険を前にしての森恪や軍部の情勢認識の仕方であったのである。確かにアメリカは大恐慌のさなかであり、ソ連は中国共産党の蠢《しゅん》動と東支鉄道をめぐる衝突で中国とは断交中である。したがって、その隙を狙って火事場泥棒の好機を見つけたと彼らは考えたのである。しかし、それは戦略的に途方もない失敗であった。

神川は切々として、アメリカの脅威について語っている。「支那は内乱十数年続いて来たのですから、資本の回収というものは全然不可能、英国にしろ日本にしろその点で従来の資本は回収が出来ないから、その上貸すことは採算の上から許されんけれども、米国の立場からいえば――」とまで言うが、森はこの発言を最後まで言わせず、大恐慌さなかのアメリカには極東問題に介入する余力はないというのである。これに対して中野は森が単に経済面だけで当面の状況を考えていることを批判する。彼はアメリカの脅威があっても、国家戦略的な立場から満蒙を確保すべきであるというのである。

「しかし日本が満州で今日のような境遇にどうして追い詰められたかといえば、日本は対支政策を国力でやらずに、初め軍だけでやり、その後はブルジョアだけでやり、満鉄の利益を受くるものはブルジョアだけである。従って吉会鉄道を架けると大連が繁栄せぬというような、営利主義で満鉄が動いたことがはなはだ間違いだと思う。どうしても満州を把握するというなら、国家の目的、そうして国家は何処へ移って行くかといえば階級対立の結果はプロレタリア。」

当面、満蒙の特殊権益を死守するという立場については、森と中野は一致していたが、中野は事態をよりリアルに見ていたといえよう。結局、日本は森のように国際情勢の基本構造を見誤り、アメリカの脅威によって空洞化したアジア主義の大風呂敷を掲げながら、当面の問題を一歩一歩、火事場泥棒的に推進してしまった。満州事変の結果、日本は一九三三年（昭和八年）には国際連盟から脱退し、単なる孤立ではなく要注意国家のレッテルを自らに貼り、ヒトラー、ムッソリーニといったデマゴーグと手を結ぶといった愚行を重ねた。中国との戦争はドロ沼に陥って、はっと気がついたときには日米通商航海条約の廃棄（一九三九年、昭和一四年）、すなわち、石油も屑鉄も入手できぬ絶交の通告を受けてしまったのである。

三　米中同盟＝日本の破滅

日本のアジア主義は結局はセンティメンタリズムであって、風雪にさらされると、たちまちパワー・ポリティクスをあらわにする。このセンティメンタリズムは日本文化が中国文化によって大きな刺激を受け、中国の古典は日本人の古典でもあることによるものであろう。これに対し、漢族の日本に対する感覚は、大衆においては無関心であり、中華民国以後は初等教育から叩き込まれた日本憎悪（日本鬼子《リーベンクイズ》）観である。中国の読書人においても、この基盤の上で手っ取り早く近代化するために、アンチョコとして日本があるというのが正直なところで、日本文明に興味をもつ部分は、欧米の模倣の巧妙さに関してのみである。日本文化に関しては、自国（中国）の真似が眼につき、それを尊敬することはできないのである。

日露戦争以後における清国留学生の日本への大量流入もこのレヴェルの期待によって行われたものであって、日本・中国両国の連帯の基盤を作り上げるものとはならなかった。例えば、現代中国の文語には多くの日本語が吸収されているが、そのすべては欧米の概念を日本語化するとき使った漢字である。思想、理性、意識、抽象、直接、哲学、宗教、社会、政治、政府、特権、文明、経済学、資本、独占、原則、科学、物質、温度、要素、固体、液体、有機、無機、元素、原子などなどである。また、中国古来の言葉ではあるが、欧米の概念を表わすのに日本人によって違った内容として使われた用語

（いわゆる転注）には、楽観、選挙、具体、相対、労働、交通、演繹、主義などがある。日本語から中国語に翻訳された著作で広く流布したものはおおむね欧米の著作の日本語訳であって、一九四九年以前の中国の共産主義者はマルクス、レーニンらの著作をほとんど日本語訳を媒介とした漢語によって学んだのである。

漢族の中華思想の物質的基盤（中華朝貢冊封体制）を破壊したのは日本であったが、それによって中国の知識人が近代に目覚めたとはいえても、彼らが眼を向けたのはあくまでも欧米の文明であった。したがって、留学にあたっては、資力のある家庭の子弟はヨーロッパ、アメリカに向かい、それほど資力のない家庭の子弟は日本に向かったのである。日本人はちょっとはしつこく欧米の真似が早かっただけで、欧米人のごとく振舞おうとする日本人は彼らにとって憎悪あるいは嘲笑の対象でしかなかった。したがって大陸浪人、のちには日本政府などによって主張されるアジア主義なるものは、中国の知識人にまともに相手にされるようなものではなかった。この辺の事情は、一九四一年（昭和一六年）に出版された文集『上海』に詳しく描写されている。その寄稿者は石浜知行、豊島与志雄、加藤武雄、谷川徹三、室伏高信、三木清の六人で、一九三八年（昭和一三年）から四〇年（昭和一五年）にかけての、まだ共同租界とフランス租界がある時期の中国知識人の動向を突っ込んで観察しているが、彼らの文章が日本で発表できたのは軍報道部に徴用された身分にあったからであろう。

キリスト教宣教師の役割（朝鮮）

この『上海』にも明確に語られているように、日本の影響、いや、支配が及んでいるところでは、東アジア人はその欧米への憧憬をキリスト教の教会に見て、これを一つの重要なチャンネルとして表現するのが一般的だった。このことは朝鮮、中国いずれについても言いうることであるが、特に朝鮮において信徒の獲得に顕著な成功を収めているのは、日本の支配を経験したためとしてよさそうである。それはキリスト教に対する弾圧は歴史的に日本・朝鮮の間で大差なく、李朝政府が布教の自由を公認したのは一八八六年のことだからである。その結果として、日本におけるキリスト教徒がなお極少グループであるにしても、韓国においては今や人口の三割近い信者を擁し、単に言論のみでなく、社会的な影響力をもつ勢力となっているわけである。

もちろん、このことはキリスト教会が抗日的な言動をしたということではいささかもない。それは教会にとっても自滅的行為であったし、日本の官憲としても、宗教の自由は原則中の原則であったからである。しかし、教会が「神のものは神へ、カエサルのものはカエサルへ」の原則を徹底するのに細心の配慮をすればするほど、教会がアジール（避難所）として役立ったということは、一般的に言いうるであろう。この意味でキリスト教は日本の空疎なアジア主義に対する痛烈なしっぺ返しとなりえたといえよう。

一九一九年の三・一運動（いわゆる朝鮮万才騒動）の責任を取って朝鮮総督を辞任した長谷川好道が後任の斉藤実に渡した「事務引継意見書」は注目に価する。ここでは朝鮮の人たちの差別待遇に対するうつぼつたる不満が事件の原因であったことを認め、抑圧を緩和することを進めるだけでなく、さらに旧エリートに対してしかるべき役割を与えるべきであったとしている。興味深いことは、キリスト教対策として次のように提案していることである。「宗教ノ教権ヲ外人ニ掌握セシムルハ甚タ危険ナルヲ以テ若シ基督教ニシテ朝鮮ノ民心ニ投合スルモノナリトセハ少クトモ其ノ教権ハ内地人又ハ朝鮮人ニ於テ之ヲ掌握スルノ必要アリ」と。これは明らかに三・一運動の経過を充分に観察したうえでの判断であったのである。このことは外交官で、第二次世界大戦後に初代の中華民国大使となった芳澤謙吉の回想録の次のような記述で知ることができる。

彼は一九一九年（大正八年）、ほとんど朝鮮全土にわたって老幼男女の別なく、都会田舎を問わず、手に持った太極旗の小旗を振って万歳、万歳と叫んでねり歩いた事件を急きょ視察することを命じられた。そのことに関して次のように述べている。

「水原〔現在の韓国北西部〕に行って、水原の駅から一、二里の田舎にある耶蘇《やそ》教会堂を見た。これは当時水原事件と称せられた事件の発生直後であった。この水原事件と云うのは万歳騒ぎの最中、日本の一少尉か中尉かが、一分隊か一小隊位の少数の兵隊をひきいて来て、たまたま教会堂の中で男女の信徒が集まっているときに、窓口から鉄砲を放って信徒らを皆殺しにしたと云う事件で、まだ窓や壁に弾痕が沢山あった。これは乱暴な事件であった。朝鮮人は昔、支那から、その後日本から圧迫されたためであろうが、外力に頼ろうと云う考えからキリスト教の信者が沢山出来た。各地の農村にも教会堂が諸所に建てられてあった。欧米殊にアメリカの宣教師が各地方に散在していた。〔中略〕それから北朝鮮の平壌に行って二、三泊した。そうするとアメリカの宣教師モッフェーという人その他二、三人の宣教師が替わる替わる私を来訪して、総督政治の圧制振りを話した上、教会に来てくれと申し出たので、教会へも行って、朝鮮の老幼男女の教会に

於ける集合の実況をも見た。」（六三―四ページ）

このように朝鮮の人たちは近代化に立ち遅れたために日本に征服された恨みを、日本人がまだ達成していないキリスト教化を日本人より早く達成することによって晴らそうとしていたのである。さらに欧米人と同じキリスト教徒となり、欧米とより親密になって日本人を追い抜く一発逆転のチャンスをつかみたいという願望をも持っていたのである。こうした状況を日本を仮想敵国としていたアメリカが利用しないという手はない。芦澤紀之の『風雲上海三国志――国際軍事警察軍団のドキュメント』は次のようなエピソードを戴せている。それは上海で情報蒐集のため活動していたある憲兵将校が一人の朝鮮の青年から聞いた話である。

「ワシントン軍縮会議（一九二一年）後、朝鮮北部のクリスチャンの多いのに着目したアメリカ諜報部は、朝鮮青年の熱い独立への民族意識や反日思想を巧みに逆用した。

当時、米国系ミッションスクールに入学を希望する朝鮮人少年、少女を厳選し、特に貧困家庭の優秀な子供たちを入学させて、経済的にも積極的に援助した。これらの子供たちが三年間の学業を終えると、卒業生の中から少数を選抜して徹底した日本語教育を行い、さらにスパイ教育を実施して情報部員を養成していた。また教会へ集る少年、少女の中からも、これらの人材を求めている、というものだった。しかもその拠点は平壌と成興《せいこう》周辺にあるという。」（一九三ページ）

キリスト教宣教師の役割（中国）

中国においては、極めて歪曲された形ではあるが、キリスト教からインスピレーションを受けた秘密結社の上帝会が「太平天国」の乱（一八五〇―六四年）という形で早期に爆発したため、二〇世紀においてはこの宗教は都市知識人の一部の関心を惹きつけたにすぎない。したがって、その社会的勢力を語ることはできないが、キリスト教の伝道活動を通じてアメリカの影響が及んだことは重要である。なかでも漢族宣教師の娘、宋《そう》家の三姉妹はアメリカと中国の関係、特に権力の頂点におけるそれに決定的なインパクトをもたらしたのである。

三姉妹の父、宋耀如《ようじょ》は一八六三年に海南島の商人の家に生まれている。彼の一族からは多くの者が渡米して、東海岸の諸都市で商人として根を下していた。耀如も九歳のとき親戚の一人に連れられ、ボストンの中国商品を扱う商店を経営していた叔父の養子となって働いた。しかし、数年で養父のもとを脱走したが、それは学問をしたいからであったといわれる。さいわい密かに乗った船の船長に救われ、メソジスト派の教会の牧師のもとに住み込み、キリスト教徒となり、中国の同胞を教化する伝道者となるために神学校、次いでヴァンダービルト大学に学んだのである。

一八八六年に彼は帰国し、上海に住み、メソジスト教会の牧師として伝道活動を行った。同時に実業にも手を出して、中国屈指の出版社、商務印書館を創立している。やがて同じメソジスト派の信者の女性と結婚し、三男三女をもうけた。それが、子文、子良、子安の三兄弟と、靄齢《あいれい》、慶齢《けいれい》、美齢《びれい》の三姉妹である。このうち長男の子文はハーバード大学に留学し、帰国後ビジネスに従事し、失敗したので、姉慶齢の夫である孫文の秘書となり、その命令で中央銀行を創立している。さらに、広東政府の財政部長、南京政府の財政部長となった。この権力の座についたことが彼を財界人として成功させ、浙江《せっこう》財閥と国民党との橋渡しを務めることになったのである。彼もアメリカ留学の典型的なアメリカ派であったが、アメリカとの関係では娘の方、特に美齢が極めて重要な役割を果たしている。

宋家の三姉妹はいずれもジョージア州のメイコンにあるウェズレイアン大学でアメリカ流のキリスト教教育を受けている。長女の靄齢は、のちに子文と同じく南京政府の財政部長、浙江財閥の大物となった孔祥熙《しょうき》と結婚している。孫文の日本亡命中、孔子直系の名家の祥熙も東京にあり、YMCAの幹事をしていたが、父が娘を引き合わせたのである。次女の慶齢は父が援助していた孫文と結婚している。彼にはすでに正妻の盧《ろ》氏がおり、孫科など三人の子供がいたが、彼女と離婚してまで慶齢といっしょになったのである。孫文の死後、彼女は国民党の容共左派のシンボルとして大活躍し、早くも一九二七年の蔣介石の上海クーデター（共産党員の虐殺）以後、右派と烈しく対立している。この右派のボスが蔣介石だがその妻が妹の美齢である。三女の美齢は姉慶齢とともにウェズレイアン大学で勉強していたが、姉がメイコンを去るとボストン郊外にあるウェルズレイ大学にあらためて入学している。当時ボストンのハーバード大学には兄の子文がいたし、ウェルズレイ大学はアメリカきっての名門女子大学であった。最近ではブッシュ大統領夫人、クリントン大統領夫人がその卒業生であり、同じボストンのMIT大学と交換授業をもつエリート校でもある。

美齢は一九一七年にこの大学を卒業し、上海クーデターの年、上海で蔣介石と結婚している。このとき彼女は二六歳であった。介石は四一歳、すでに三番目の妻がいたが、離婚してまで、また彼女の要求に従いキリスト教に入信してまで彼女と再婚している。そして彼女の方も元南京市長劉紀文《りゅうきぶん》との婚約を解消している。一九三六年一二月、西安で蔣介石が張学良によって監禁されたときにも、美齢は兄の子文とともに駆けつけている。一九三七年七月、日本との戦争が本格化すると国際世論にアッピールする彼女の役割は巨大なものとなり、見事にそれを成しとげている。この頃、アメリカのマスメディアに君臨していたヘンリー・ルースは『タイム』と『ライフ』を発行していたが、蔣介石夫妻の熱烈なファンであった。ルースの父親は中国伝道に生涯を捧げた宣教師だったし、彼自身中国で生まれていた。彼の二人の妹は美齢が学んだウェルズレイ大学の卒業生でもあった。宋一家がアメリカで学んだ「キリスト教徒の顔」がアメリカを強力な同盟者とすることができたのである。

明らかに、宋耀如の三姉妹の縁づけ方は典型的な政略結婚であり、華僑流の分散投資である。しかし、その根元にあるものはアメリカ志向である。アメリカとのチャンネルがあったればこそ、最高レヴェルでの分散投資ができ、尨大なリターンを得ることができたのである。その基盤にあったものはキリスト教である。キリスト教の地道な活動が、声ばかり大きく、中味のないアジア主義を抑えたのである。孫文しかり、蔣介石しかり、多くの中国の人たちが日本に滞在し、留学したけれども、彼らが身にしみて判ったことは、日本文化は自分たちの文化を学んだものではあるが、自分たちの目標と日本の目標は競合しており、アジア主義はこのことを隠す言葉であるということであった。

米中同盟への道

日本からいためつけられているとき、中国を助けてくれたのはアメリカであった。一九一八年のウィルソンの「一四カ条」、なかんずく民族自決権は、中華民国の革命外交の理論的支柱となった。

一九二二年の九カ国条約（中国に関する英米日仏伊およびベルギー、オランダ、ポルトガル、中国間の条約）では次のことが決められた。（1）支那の主権、独立、領土的行政的保全を尊重すること、（2）支那の安定政権樹立のため十分な機会を与えること、（3）支那における商工業上の機会均等主義の樹立と維持に努力すること、（4）友好国国民の権利を損う特権を求めるため支那の情勢を利用したり、友好国の安寧を害する行動を是認したりせぬこと。以上が第一条で、いわゆるルート四原則である。

アメリカの立場は明らかに自らの国益（極東へ進出）のためであるが、中国の立場を支持するよう見事にしつらえられているのである。この枠組が堅固にしつらえられている中で、日本はアメリカは出てこないなどとのんびりと満州事変、国際連盟脱退、ワシントン、ロンドン両条約の破棄（軍拡宣言）、ナチス・ドイツとの同盟、日支事変のドロ沼化（なかんずく蔣介石を相手にせずという愚劣な宣言）へと入ってゆく。機の熟するのを凝視していたルーズヴェルトはチャンスが来たと一九三九年（昭和一四年）七月、日米通商航海条約廃棄を通告した。これに対して、すでに意志が硬直していた日本の反応は、一九四〇年（昭和一五年）七月の「大東亜共栄圏」宣言とその実践第一歩である九月の仏領インドシナ半島への進駐である。ついに日本は何らの地政学的な裏づけのない幻想に自らの国の未来を委ねてしまったのである。

ルーズヴェルトは日本嫌いであったが、アメリカでは議会の孤立主義が強くて、一九三五年の中立法は交戦状態にある国への武器の輸出を禁止していたし、三六年の中立法では資金の貸し付けを禁止していた。しかしルーズヴェルトは日支事変を戦争と認めず、中国に武器を輸出し続けていた。また、三七年の中立法はアメリカとの貿易を望む交戦国は現金で支払い、自国船で運搬しなければならないとした。（ここから日米通商航海条約廃棄の致命的な効果が出てくる。）ところで、四〇年九月にヨーロッパで戦争が始まるとルーズヴェルトはより積極的に振舞えるようになる。

この頃、蔣介石の政権は困難の極致にあった。海岸部を日本軍に押えられ、財政は完全に破綻して、法幣（蔣政権の法定紙幣）は暴落に暴落を重ねていた。一九四〇年三月には南京に汪兆銘《おうちょうめい》の政権が誕生し、北支では八路《パーロ》（共産党軍）が強化されて、存在感を誇示し、ソ連軍までトルキスタンに侵入する仕末であった。蔣介石としては何らかの手を打たざるをえなくなり、アメリカの援助を取りつけるために宋子文をアメリカに派遣した。それに応える形で、一一月に大統領に三選していたルーズヴェルトが、一二月、中国に対して一億ドルの借款を認めたのである。これに対して、日本はソ連と中立条約を結ぶという戦術で応えた。もはや日本の統治者は国家戦略を組み立てる判断力を失っていたのである。そしてついに一九四一年（昭和一六年）一二月八日、蔣介石、そしてルーズヴェルトは日本をして真珠湾を奇襲させることに成功したのである。

これが米中同盟が形成されてゆく過程であるが、この外交面における攻防よりも勝敗をより明快に示すものは、人心の帰趨である。この面において先に挙げた『上海』は、一九四一年の日米の開戦に先立つ中国において、アメリカが日本に完全に勝利していたことを見事に明らかにしてくれる。繰り返すと、この書は、アメリカ、イギリスの勢力が居残っているが故に反日の意志を表現することができた上海とこれを中心とする中国の世相の理解に役に立つ証言である。なかでも谷川徹三の「中国知識人の動向」（一九四〇年、昭和一五年五月）という講演では、日本軍の占領下にある中国の芸術、大学、ジャーナリズムの状況を説明し、最後にアメリカの着実な文化活動について具体的に説明してくれている。

例えば、次のような具合である。蘇州にはアメリカのメソジスト派の東呉大学という学校がある。いくつもの学部のある設備の整った立派な大学であるという。この日本軍占領地にある大学は学生が集まらないので、付属の女子師範、中学、幼稚園などとともに門を閉じている。ただ病院と小学校は開いており、病院にはたくさんの患者が来るし、小学校にも非常に多くの生徒が来ている。これに対し日本軍の影響下にある小学校にはほとんど生徒が来ず、一般的に子供たちはキリスト教関係の学校に通っているという。しかも蘇州の東呉大学が閉じているといっても、実際には上海の租界内の南京路の百貨店の上階で授業をしているのである。ここでは、東呉大学だけでなく、杭州の之江《しこう》文理学院、上海の聖約翰《ヨハネ》大学、滬江《ここう》大学といった占領地区にあるキリスト教徒の経営する大学がいくつか集まって共同で研究教育を行っているというのである。谷川によれば、日本軍占領地区の大学は中支では一つも開かれていないという。復旦《ふくたん》大学、大夏《たいか》大学、交通大学などの一部は奥地に移ったが、若干は上海の租界に残っているという。

このアメリカの中国における文化投資はキリスト教関係だけではない。政府関係は義和団匪賠償金を基金として、教育、科学、技術の研究基金と補助金を交付しているが、それを取りしきっているのが中華教育文化基金董事《とうじ》会である。これを構成する董事（理事）一五名のうち中国側一〇名、アメリカ側五名という芸の細かさである。一九三八年の予算には運営費や研究所・図書館の経費、研究プロジェクトに対する補助金などのほか、科学研究教授席という項目がある。これは俸給を支払ってしかるべき大学の教授として研究させる制度で、一人約一万元で四人分のポストが確保されている。その他、大学に対する補助金もある。補助金を受けている大学をいくつか挙げてみると中山大学、金陵大学、燕京大学、西南聯合《れんごう》大学（これは北京にあった精華大学、北京大学、天津にあった南開大学が奥地に避難して連合して作ったもの）、雲南大学、四川大学、北京輔仁《ほじん》大学、嶺南大学、等々で、総額は二〇〇万元を超えている。谷川徹三はこの講演の終わりに次のようにまとめている。

「満州、北支、中支、私が去年から参った所を思い浮かべてみますと、何処に行っても、キリスト教の大きな力をつくづくと感じさせられるのでありますが、特に目立っているのは、カトリックとそれからアメリカの教会であります。

アメリカの文化投資額は、大体フランスの二倍、イギリスの四倍になっております。この文化投資の総額は——新しい最近の計算を私はまだ見ることが出来ないのでありまして、出来ておるかどうかも知らないのでありますが、一九三〇年のリーマーの調査に拠りますと——この人は上海のセント・ジョン大学の教授でありまして、Foreign Investment in China というくわしい本を書いております——約四千三百万ドルです。別な人の計算に拠るとそれより数年前に倍額になっておる。私が上海におりました時分には一ドルが十六元位でしたから、それで計算すると四千三百万ドルは約七億元となり、その倍とみれば十四億元となるのであります。かういう莫大な投資をしております。」

日本の参謀本部員はこうしたアメリカの影響力、文化的下地の形成の努力も見ずに、アメリカは出てこないなどと豪語していたわけである。

米中のハネムーン

いまや名実ともに米中同盟が成立した。共通の敵は日本である。すでに一九四一年(昭和一六年)三月、アメリカと中国の間で武器貸与協定が結ばれ、貸与という形で大量の武器と軍需物資が蔣介石の政権にもたらされることとなっていた。これらの物資はビルマ(現ミャンマー)のラングーン(現ヤンゴン)に陸揚げされ、北上して、ラシオ(ミャンマー北東部)を通り、中国国境を越えて昆明に運ばれるようになった。このルートの防衛のためアメリカ人義勇兵がパイロットとして訓練を受けており、一二月八日の前に事実上、日米は戦っていたのだが、いまや公然と米中と日本とが戦うこととなったのである。

もっとも、他方では日本と戦うべきではないとし、とりわけ自国の知識人のアメリカかぶれに批判な人士が、少数だが中国に存在していたことも否定できない事実である。しかし、五・四運動以来、中国の知識人社会は圧倒的な排日の流行に押し流され、多少ともこれに異議を唱える者は社会から徹底に締め出された。さらに日本軍の一人よがりの行動はますます彼らを窮地に陥れ、彼らは沈黙をしいられる。彼らは、現在の自国社会がインテリと非識字者とが全くあい入れない世界となっており、それが同時に金持と貧乏人の対照を作り出していると見ている。そしてその支配者層でもあるインテリ階級は欧米留学派と日本留学派と自国派《トンヤン》(老派)とに分裂しており、圧倒的な勢力をもっているのは欧米留学派であって、社会のみならずライフスタイルに至るまで欧米流が流行している、とするのである。

この点について、汪兆銘の南京政府に先立って成立した親日政権、梁鴻志《りょうこうし》の維新政府で外交部の秘書をやっていた岳廷棟《がくていとう》は、中国のインテリの欧米びいきに対して、日本人が伝統的文化、風俗、習慣を熱心に保持している態度を評価する。日本人は明治維新より今日まで欧米文化についてはその長所を取り入れるが、自国のもっている古来の文明を巧みに配合し、ついに今日に至るまで立派な文化を育てていたとするのである。要するに、「これは日本国民の精神的教養によるものと思惟するが、わが国民はただ外国文明を鵜呑みにし、教育され、自国文化を咀嚼するだけの余裕がなかったともいえよう」(東京日日新聞社編『支那人』一九三九年)と彼は自国民を批判している。軽佻浮薄な知識人たち。焼けつくアスファルトを素足で洋車《ヤンチョ》をひく人力車夫、泥ドロな黄浦江《こうほ》の水で米をとぐ船夫や下層民たちの尨大な堆積のかたわらで、パッカードに乗り、ダンスホールでアメリカ人と踊っている青年男女。狭いサークルの中で優雅な社交生活を送る人たち。こうした人たち(ハイソ)のスターであり、指導者であるのが宋美齢なのである。

「今次の事変においても根本問題を探究すれば、結局欧米流派インテリの罪過の然らしむるところであることは我々の言を俟《ま》つまでもないことである。事変当初私達はよく耳にしたところであるが、日本を知る程の当時の国民党や政府の要人連、蔣介石も勿論のこと、殊に日本留学の武人連中は日本と正面衝突の非を鳴らし、平和解決を希望していたにも拘らず、一方欧米依存派のインテリ層の勢力に左右され、遂に今日の悲運に到達したのである。しかるに彼ら欧米派はその非を悔ゆることをせず、更に憎むべき赤魔〔共産党〕をその味方とし、なほも頑冥なる方針のもとに抗戦を持続している。愚か者よ、彼らは必ずやその信頼している本尊に背負い投げを喰はされる日も遠くないであろう。」（岳廷棟。東京日日新聞社編『支那人』より）

一九四二年（昭和一七年）一一月、宋美齢は同盟国アメリカに蔣介石夫人としてニューヨークに到着した。ウェルズレイ大学卒業後二五年ぶりであった。持病の治療ののち、彼女が本格的に友好ツアーを開始したのは翌四三年の二月のことであった。ワシントン、ハリウッド、二つの母校のあるボストンとジョージア州メイコン。どこでも中国を救うヒロインとして大歓迎を受けた。しかし、宋美齢は頭のよい女性だったのである。彼女の批判者が言うような単純なアメリカ賛美者ではなかった。オーウェン・ラティモアの美齢へのインターヴューによれば、彼女の父親はアメリカ人宣教師とともに伝道活動をしていたが、アメリカ人からは対等の同僚としてではなく、ただの貧しいチャイニーズの一人として取り扱われていたらしく、その苦々しい思い出を何度も美齢はラティモアに語っていたという。彼女は「アメリカ人の態度は人種差別的で親切ぶっている」と感じていたし、アメリカ人に反感さえもっていたという。しかし、そうした思いはおくびにも出さず、彼女の友好ツアーは大成功を収めたのであった。

一九四三年一一月、カイロでアメリカ、イギリス、中国の三国の最高首脳部（ルーズヴェルト、チャーチル、蔣介石）による会談が開かれた。蔣介石には夫人、宋美齢が同行していたが、これは大きな歴史的意義をもつ国際的な場に中国代表が巨頭として参加した最初の会議であった。それまで中国に関する国際会談はすべて問題ある当事国としての参加にすぎなかったが、いわばようやく日本が一九一九年のパリ講和会議で列強の一つとして栄えある場に出席できたのと同じようなものであった。いかにも颯爽としたデビューであったが、しかし内容は必ずしも蔣を満足させるものではなかったようである。しかも実は、ルーズヴェルトとチャーチルはこの会談の後、同じ足でイランのテヘランへ直行し、ソ連のスターリンとも会談しているのである。このスターリンとの会談の結果として、中国はカイロでの約束の一部すら反故にされ、一九四二年（昭和一七年）五月には、日本軍に切断されたビルマ・ルートを回復するためのビルマでの共同作戦を中国が単独でするよう通告さえされたのであった。

このとき、スターリンはルーズヴェルトに対日参戦を密約したのである。その一年前の一九四一年（昭和一六年）四月、大陸浪人的外交官、松岡洋右とスターリンは日ソ中立条約を締結していたのであるから、明らかに日本に対するダマシ、背信行為であった。のみならず、このときルーズヴェルトは対日参戦の代償として、日本の敗戦後、東アジアに自由港をもうけ（具体的には大連を指している）、ソ連に優先的に使用させると提案している。これでは中国青年を激怒させた青島のドイツの租借権の対日譲渡と同じことではないか。一九四五年（昭和二〇年）二月には、蔣介石抜きで、ルーズヴェルト、チャーチル、スターリンのヤルタ会談が開かれて、秘密裡にソ連の対日参戦の時期が確定し、ソ連による大連港の自由港化と満鉄の優先的使用を正式に約定しているが、重慶（蔣介石の国民政府）には通知されなかったのである。なお、日本に引導を渡したポツダム会談（一九四五年七月）

には四月のルーズヴェルトの死により、彼は出席していなかったが、アメリカ、イギリス、ソ連の三国によって取りしきられたのである。

四　アメリカの日本観

日本は一九四五年（昭和二〇年）八月一五日、降伏した。無条件降伏であるか否か、議論のあるところであるが、いずれにしても日本はアメリカとイギリスの軍隊によって占領されたのである。第一次世界大戦のときの敗戦国ドイツですら占領されることはなかった。無条件降伏国とは個人的には手錠をかけられ、腰縄を打たれている状況にあることである。一国の決定権はマッカーサーの手中にあったということである。

筆者の個人的な思い出は溢れんばかりあるが、当時の状況を一端なりとも知ってもらうために、二つだけ書いておく。敗戦のとき筆者は中学三年で、広島から汽車で一時間半のところにいた。一九四七年（昭和二二年）に中学四年修了で旧制広島高校に入学し、授業は疎開中の大竹の海兵団跡で始まったが、急に広島市皆実町にある爆風でゆがんだ校舎に帰らなければならなくなった。（その理由は占領軍の兵士の犯罪がからんでいるが、その件は省略する。）しかし図書や実験用具等の輸送の予算がないので、生徒一同がイギリス軍の岩国基地で日雇い労働をしてその賃金を費用に当てたのである。そのとき、仕事の監督をしたのがインド兵で、ターバンを巻いていたのでシーク兵だったと思うが、彼のやさしさ（いま濫用されている嫌らしい、絶対使うまいと思っている言葉だが、これ以外の日本語がないので使う）はよく覚えている。

もう一つ、広高在学中、ＮＨＫが学生の文芸ものを放送したいというので、あるドイツ語教授の紹介で筆者は太宰治論を朗読したことがある。録音機などない時代だったので、広島放送局でのナマ放送であった。言うまでもなく、内容は他愛もないものであったが、イギリス占領軍の係官の検閲を受けた。放送直前に返された原稿からプロレタリアという単語の前後二、三行がバッサり削られていたので、文旨を通すことができなくなり、筆者は動転して三〇秒も穴をあけてしまったので、放送局の人が慌てていたのも昨日のことのように覚えている。

呉、広島、岩国にいた占領軍は労働党右派のアトリー政権下のイギリス軍であったので、これがプロレタリアという言葉を忌避させたのだと思う。マッカーサーのＧＨＱのもとで実務をしていた連中は全体として日本を解体する＝骨抜きにすることを目的としていたが、マッカーサーのせめてもの武士の情けは日本にスターリンと蔣介石の軍隊を上陸させなかったことであろう。日本軍と同様、満州におけるロシア兵の民度の低さ、その凄まじい暴行のかずかずは周知のことだが、中国兵もその兄たり難く弟たり難かったことは、台湾を占領した国民党軍がしたことを見れば判るだろう。彼らのあまりの暴虐ぶりに同じ人種だったはずの台湾の民衆が立ち上がり抵抗したのが一九四七年の二・二八事件（台湾暴動）である。この事件で二万八〇〇〇人の台湾の人びとが虐殺されたが、その状況が一九九〇年代に映画「非情都市」という形で表現できるようになったことは台湾の進化のたまものである。

いま武士の情けと言ったが、それはマッカーサーが東南アジアにおける日本の一般兵士の行動に同じ武人として感銘を受けたということであろう。日本軍の上層部は大陸浪人的ダボラ（大言壮語）によって無能力となり、腐敗堕落していたが、一般兵士は命ぜられるままに勇猛果敢に戦ったのである。（このことは敗戦直後、羽田のアメリカ軍基地で働いていた筆者の父が米兵から直接に聞いたことである。つまり、直接日本軍と戦火を交えた米兵の中には日本人に敬意を抱く人もいたということである。）しかし、日本をロシアや中国に一部たりとも渡さなかった最大の理由は、激変する国際情勢の中で一旦緩急があったなら日本を走狗として使うことを考えており、日本に対する骨抜きもロシア、中国によって役に立ちえないまでメチャクチャにされては困るからである。これは世界政策に責任をもつ政治家なら当然に心得るべき常識である。ルーズヴェルトはスターリンを引きつけるために、同盟国中国を犠牲にすることをいささかもためらわなかったし、トルーマンはソ連が各地で地歩を固めつつあるのを見るや、直ちに日本解体に手心を加えるようになるのである。その画期は一九四九年（昭和二四年）頃だったろう。（NATO＝北大西洋条約機構成立。）

仮想敵国となる前の日本観

アメリカ人の日本観はすでに見たように、アメリカの太平洋戦略の函数である。もちろんアメリカ当局の対日政策立案者の中にも、終戦時においてJ・C・グルーやオーウェン・ラティモアがいたことに見られるように多様な人がいる。したがって、政策立案の過程を知るためには多様な人たちをきめ細かく見なければならないが、政策の社会的意味を考えるときには、太平洋戦略の函数といった図式化は許されるであろう。

こうした考えから、アメリカの日本観の歴史を段階的に整理すると、第一段階は日露戦争までで、アメリカは文明国、先進国の自信をもって、日本を暖かい眼で見ることができた時期、第二段階は日露戦争から第二次世界大戦までで、日本を戦略的敵国として危険視した日米戦争未来記と現実の戦争、そしてその直後の日本解体が進行している時期、第三段階は冷戦開始によって日本を同盟国として取り込むため、日本の近代化を再評価する時期、第四段階はソ連崩壊によって体制戦争には勝利し、なお中国の脅威は残っているが、経済的に日本が最大のライヴァル国、経済戦争の敵国となった時期、とまとめることができるであろう。

第一の段階を代表する人物は、ウィリアム・E・グリフィスであろう。彼は一八四三年にフィラデルフィアで生まれ、ラトガーズ大学に在学中に同校に来ていた横井小楠《しょうなん》の二人の甥をはじめとする日本人留学生と知り合い、日本への関心を高め、ラトガーズ大学と以前から日本に宣教師を送っていたオランダ系の改革派教会との縁によって一八七〇年（明治三年）来日、福井藩の藩校、明新館の教師となった。そこで廃藩置県の現場を実地に見聞したのである。次いで東京の大学南校に移り、一八七四年（明治七年）に帰国。神学校に入って牧師となり、一九二六年から二七年（大正一五～昭和二年）に日本を再訪している。彼は封建制度が解体する過程に居合わせた唯一の外国人であった。それにまた、一八歳のとき、ごく短期間ではあるがペンシルヴァニアの連隊の一兵士として南北戦争に従軍し、あのゲティスバーグの会戦にも参加した経験をもっていたので、明治維新における内戦、そして統一していった日本の動向に「深い関心と同情」（『ミカド』の訳者亀井俊介）を抱いていたという。

彼の日本に関する著作はまず『ミカドの帝国』（一八七六年、明治九年）である。本書は二部よりなり、第一部は日本史の紹介で、頼山陽《らいさんよう》の『日本外史』などを資料としたものだけに、日本人には陳腐であまり関心をもてない内容のようである。日本語訳があるのは第二部で、彼自身の見聞を記述したものであるが、アメリカ人の眼で見た明治初年の日本の世相について興味深いものがあるようである。しかし、あまりにも早い時期のものなので、日露戦争以前のアメリカ人の日本観とするには不充分であろう。やはり、彼の日本観はずっと後年の一九一五年に出された『ミカド――制度と人物』(邦訳『ミカド――日本の内なる力』一九九五年)を挙げなければなるまい。明治天皇の没後に書かれた天皇の伝記である本書は、当然に日露戦争以後のものであるが、戦争以前の親日的なアメリカ人たちの見方を残しているものとして貴重なものである。

そこでは日本人の歴史家があえてふれなかった明治天皇に関する事実をいくつも拾い出すことができるが、特に評価されるのは、共産主義者にステレオタイプ化された「天皇制」概念以前のナイーヴで本物の合理主義的かつ大胆な理解が示されている点である。彼は一八七〇年から七四年の在日以後この本が出るまでの間に日本を訪れてはいないから、その記述の資料は、いずれも文献によったものであろう。しかし、いくつかのケアレス・ミステークはあるものの、前著の未熟さを乗り越えて、今日でも読むにたえる明治時代研究のための資料といえよう。しかも一貫して日本の近代化を肯定的に評価していることは、その章名からも見てとれる。

第一三章　ミカド、皇帝となる
第一四章　一八六八年の御誓文
第一五章　東京――将軍退場しミカド登場

第一六章　神、人となる
第一七章　睦仁、国を統一する
第一八章　若き皇帝の試金石
第一九章　封建制度を一掃
第二十章　解放者睦仁
第二十一章　日本、独立国家の権利を求める
第二十二章　西洋におもてを向ける
第二十三章　民衆の中の皇帝

これを文章にすると次のようになるだろう。

「無数の政治的改革の中心には、二頭〔天皇と将軍〕政治の廃止、ミカド主権の確立、土地をその耕作者の所有に帰したこと、封建制度の払拭、旧来の悪弊の廃止など、大小さまざまな点で日本を近代国家に変えたことがあげられる。そのすべての頂点となるのは、一八八九年のすばらしい憲法である。それは君主の大権に制限を加え、宗教と国家とを分離し、良心の自由と選挙権とを認め、さらに無数の恩恵を人民に与えたのだ。」（二六ページ）

彼は二〇世紀後半、一九八〇年代以降のアメリカ人のように日本の勃興を嫉妬していない。やはり

自国の栄光について揺るぎない自信をもっている。(日本がアメリカの自動車生産を追い越したのは一九八〇年頃のことであった。) 彼は日本が列強の一つに成長したことを素直に祝賀し、それは明治という明治天皇を中心とする時代の日本人の努力のたまものであるとする。その力の源泉は日本国民の努力と能力の結果であるが、同時に外国の文明から謙虚に学ぶことができたからこそとする。中国から、一六世紀の西ヨーロッパから、江戸時代においてすらシーボルトらから、そしてペリーから、タウンゼント・ハリスから、ドイツ人のメッケルから、そして欧米のさまざまな教師から学んだのである。そして彼らに感謝することができたとする。さまざまな記念碑を建てて顕彰しているのみならず、五〇〇〇人を越える外国人の専門家に勲章を贈っている。そのうち半数はアメリカ人だと書いている。彼によれば、日本の力は東洋と西洋が合体したところにあり、その原理はミカド主義だというわけである。

戦争についても、日露戦争は帝国主義戦争であったといった類いの自動販売機のような回答は出さない。

「一九〇四年、日本は正しい理由をもって、三たび武装し、ロシアの満州支配の考えに挑戦した。ロシアの満州支配は、朝鮮の支配をも意味した。日本人に生まれた者なら、それは死を賭しても戦わずにはいられないことだった。国中に公立学校が普及していたことは軍隊に実を結び、戦地で無知なる者を打ち破り、日本は勝った。」(三二ページ)

二〇世紀の一〇年代にこのようなことを書くアメリカ人がいたのである。しかし、その頃、アメリカの世論とジャーナリズムは反日に照準を合われていたことは、すでに見たとおりである。

仮想敵国時代の日本観と国際共産党

これらの反日ジャーナリズムはおおむね民族的偏見に基づいたものであって、特にもっともらしい理論的粉飾をほどこしたものではなかった。それは、アメリカの白人的立場による文明的優越と使命感が、そして日本の野蛮な侵略主義的行為に対する制裁というトーンがそのまま表現されたものであった。しかし、ウィルソンの「一四カ条」以後、人種的偏見を表面に出すことがまずいことになり、人類平等の原則を偽善的に表明しなければならなくなると、新しい理屈づけが必要となってくる。しかも、その頃、この目的にピッタリの論理が流行しはじめていた。それが共産主義革命の世界党の理論だったのである。

国際共産党《コミンテルン》は日本に眼をつけていた。国際的孤立にひた進む日本は、ドイツとともに世界資本主義におけるもっとも脆弱な環であると見なして（それは的確な判断であったと思うが）、そこに集中砲火をあびせようというのである。その第一弾が一九一九年の中国の五・四運動であった。排日運動で日本が窮地に追いつめられることは、排日運動の元祖であるアメリカにとってわが意を得たりというところである。もちろん、表面には出ずに、第三者の顔をして中国と日本の関係が険悪化するのを待つことによって、もっとも利益を得たのはすでに見たとおりである。しかし、国際共産党は単にそれだけで満足していたわけではなかった。日本を戦争への道へ誘導し、日本が自らの足で破滅への道を歩み出すよう仕向けなければならない。そのためには、単に日本が資本主義国、帝国主義のワン・オブ・ゼムでは困るので、日本がイギリス、アメリカ、フランスとは異質の、兇悪な、前近代的な体質をもっていることを立証しなければならない。この目的のために選び出された標的が、かつて日本の成功のシンボル、〈天皇《ミカド》〉であったわけである。

しかし、国際共産党《コミンテルン》日本支部・日本共産党に対して与えられた日本革命のための綱領、基本指針を示すいわゆる「二七テーゼ」(一九二七年、昭和二年)においては、天皇に関する制度が君主制の用語で語られ、翻訳されていた。このテーゼでは内容的にも日本共産党の任務を社会主義革命とし、皇室はブルジョア君主制として把握されていたのである。ところが、一九三二年(昭和七年)に与えられた「三二テーゼ」では、天皇制という言葉が用いられた。しかもそれは単なる言葉の問題ではなく、このテーゼが指令しているのは、日本は社会主義革命へ強行転化する傾向をもつとはいえ、当面する革命は民主主義革命であって、その中心任務は地主制と財閥を基盤とする天皇制の打倒にこそあるというものであった。明らかに国際共産党は、天皇制をイギリスのブルジョア君主制と区別されるべきものとしてクローズアップしてきたのである。

この国際共産党の方向転換は難しい任務を理論家に課することとなった。すなわち、それまでは、ともかくも日本は近代化に成功し、その結果として列強、帝国主義の一国となったということが通念となっていた。しかし指令はこの通念をくつがえして、日本の非近代性を強く打ち出し、これに打撃を集中することを求めてきている。この難題に対して、日本の官学アカデミズムは見事に応えることができた。それが東京帝国大学助教授山田盛太郎の『日本資本主義分析』(一九三四年、昭和九年)

にまとめられた諸論稿であったのである。この本は当時の日本のインテリ、程度の差はあれ知識人の中の多数派の圧倒的な支持を得ることができた。それは彼らの任務を曖昧さなく示唆してくれるものであったし、また、こちたきまでに厳格な論理的建造物として、これにアタックするインテリの知的虚栄心をくすぐってくれるものであったからである。

この著書の中で山田は、まず資本主義世界の中での日本を次のように図式化してくれる。「英国資本主義は自由競争の祖国としてあらわれ、独米資本主義は集中独占の本場としてあらわれ、露日資本主義は軍事的農奴制的＝半農奴制的典型としてあらわれ、いずれもそれぞれ、世界史的意義を画している。」そのうえで彼はこの「軍事的農奴制的＝半農奴制的」という概念を説明している。すなわち、イコール記号で結ばれた二つの言葉は上が個別的な規定であり、下は総体的な規定であるが、彼は、日本資本主義の個別的な実体は一方における軍需的な重工業（兵器産業など）と他方における農奴制的で零細な農民経済を両極としており、両方をひっくるめて半農奴制的というのである。動的に言えば、この軍需的な重工業を「旋回基軸」とし、地主制的な農民経済が「基柢」となり日本経済の「産業革命」が遂行され、日本資本主義ができあがっているというのである。

ここには天皇制という言葉は出てこない。それはこの著作があくまで合法的な出版物として岩波書店から公刊されたものだけに、そこからくる制約はまぬがれなかったからである。しかし、「三二テーゼ」は当時のインテリの間には広く流布しており、この山田の著書はその理論的裏づけとして読まれたのである。また本書の内容はいわゆる下部構造の説明であって、上部構造がブルジョア君主制ではなく、絶対王制であることは読者にとって自明のことであった。したがって、それが含意する歴史像は、日本資本主義は外圧に抵抗するとともに、海外侵略をするために軍需産業を柱としているというものである。つまり、その資本と労働力は農奴制的に収奪されている農村に求められているため、「産業革命」が遂行されたとしても、薄弱な市場では製造された商品を吸収できないため、不可避的に外国に市場を求め、帝国主義的に海外侵略を行わざるをえないのである。そして、この侵略戦争がかえって日本資本主義を危機に追い込み、その崩壊の展望を開くというのである。

この考え方は日本の共産主義者のアイデンティティを確立させるものであるが、同時に日本人のアイデンティティを掘り崩すことによって、日本と戦うアメリカや、やがてはイギリスの立場を強めるものとなった。したがって、日米戦争が現実のものとなっていったとき、アメリカの対日政策の理論はおおむねこの山田らいわゆる「講座派」の考えを借用したものとなった。特にルーズヴェルトが容共分子に寛裕であったため、そのニューディール政策のスタッフには共産主義者が多数潜入していた。そして、第二次世界大戦の最後の局面がアメリカから連合国とソ連との同盟関係、共同作戦の形で行われたため、日本の敗戦後の占領軍の内部にはニューディーラー派と呼ばれる容共分子が大量に含まれていた。その彼らの理論的指導者が一九〇〇年生まれのオーウェン・ラティモアだったのである。

ラティモアとノーマン

一九三〇年代の知識人の多くが一つの強力な知的ファッションとしてマルクス主義に惹かれたことは、これまでもごくさらりと言及されてきた。ただ、この問題に関心をもつ歴史家なら当然に追求すべき程度まで掘りさげ、深入りすることは知識人のタブーとなってきた。そしてこのタブーを破る者はモラルの立場から弾劾され、知識人の社会から締め出されたのである。しかし、彼ら知識人がモラルの基盤においたソ中やその衛星国の進歩的意義なるものが虚妄であったことは、一九九〇年以降彼ら自身も認めざるをえなくなった。タブーもとろけて、さきごろ映画監督エリア・カザンがその業績全体についてアカデミー賞を受賞することも可能になったのである。

オーウェン・ラティモアへの評価も単に赤狩りの犠牲者といった讃美の立場でなく、今日ようやく到達した状況に立って評価されなければなるまい。彼はいかにもナイーヴなリベラリストの顔を社会に向けていた。しかし、彼は中国研究者ウィットフォーゲルによって暴露されたように、水面下では共産党員に便宜を図っていたし、公然面でもソ連や中共の批判は決してしなかったのである。ガルブレイスが述べているように、三〇年代に青春を送った「たいていのリベラル派は何らかの点で脛に傷〔日本語でいう「若気の至り」〕――友人関係、うしろ暗い組織、スペイン共和派支持、ソ連の実験への好意、ないしロシアとの戦時同盟への熱烈な支持、その継続を願望――をもつ身であった」。(『ある自由主義者の肖像』TBSブリタニカ、一九八〇年、ヒス事件の論評より)。大多数のマルクス・ボーイはこんなところだったろうが、ラティモアはこれより一歩深入りしていたといえる。彼は「モスクワ裁判」の支持者であり、シベリアのマガダン金鉱の強制収容所を公然と弁護している。もしヒトラーの強制収容所を弁護したら学者としての生命は一発で断たれてしまったであろう。学界にダブル・スタンダードがある時代だったのである。

ラティモアの言論はこうした彼の立場を考慮して理解しなければならない。彼は『日本資本主義分析』のみならず、「三二テーゼ」の立場に立って、それらを英語国の人たちに解説しているのである。

彼が戦争終了の年、一九四五年に発表した『アジアの解決』は戦争中に書かれたもので、アメリカ政府の政策担当者に日本占領後のやり方をレクチャーしたものと思われるが、彼は日本国家の比類を絶した兇悪さをしつこく記述している。

「ドイツの方法と政策にかんする日本の模倣を語り、あたかもこれらの模倣がただ単に日本にファシズムの外観を与え、あるいはまた一つの模倣的、第二義的ファシズムを構成したかのように語る人々によって、この問題はまったく混乱され、われわれには見境がつかめぬようにされている。真実のことは、日本のファシズムは、ドイツのそれよりもさらに深く根ざしているということである。二〇世紀的手法が、中世的頭脳によって指導されているところの全体主義社会の日本的現象ほど、真髄からファシスト的であるものは他にあり得ないのである。近代化が始まったとき、日本における社会の構造が非常に中世的であったので、男女の考え方を変化させせないようにすることにより、また他方、彼らの手法に対して新しい技術的熟練を与えることにより、ファシズムの怪物ができあがったのである。」（四四―四五ページ）

そしてこの兇悪さが山田盛太郎理論によって説明される。注意深くラティモアは、この兇悪さを日本人の人種的本性から説明することはしない。これは、日系アメリカ人が動員されて各戦線において戦っている状況があるだけに、念押しせざるをえなかった部分であろう。

「武力侵略は、日本の社会組織の唯一の必然的結果であった。そしてそれは、日本国民がこの組織を変化させることを許されないかぎり、新たに繰り返されるであろう。全体の構造が戦争の構造だったのである。このような構造は、日本国旗が戦争資源の上に翻っていないかぎり、安心し得なかったのである。そして、これらの戦争原料が日本の島々のうちでは十分でなかったために、海外資源にたいする貿易による接近は、いつかは海外資源に対する支配に変らざるを得なかったのである。」（四二ページ）

このような構造を維持する体制を彼は「封建制」と呼んでいる。歴史学的にはこの規定は誤りであるとはいえない。しかし、それは西ヨーロッパと日本においてのみ成立したもので、いわば近代のプロローグに当たるものである。ところがラティモアは、共産党シンパとして内心では敵だと見なし、外見では親友のふりをしていたウィットフォーゲルの綿密な議論を十分に知りぬきながら、マルクス自身も依拠していた学問的な封建制概念を捨てている。彼は、ロシアの共産党独裁の解釈にアジア的生産様式や東洋的専制主義の概念が援用されるのを阻止したばかりか、スターリンが『マルクス＝エンゲルス全集』の中からマルクスの「ツァーリズム・ロシア」に関する論文を削除、隠蔽し、そのつじつま合わせとなるよう封建制の言葉の中にロシアや中国の伝統体制と、西ヨーロッパや日本の前近代体制とを一緒くたにぶち込んだことにも同調したのである。

封建制という言葉はもともとフランス革命のときに民衆が憎悪を込めてその敵に対して投げつけたスローガン用語である。それを今日の日本の学校教師たちはみな日本社会の気に入らぬものに貼りつけているが、そもそもニューディーラーを通じてこれを広めた元祖がラティモアである。ラティモアはフランス革命のときのアジテーターと同じ姿勢でこの言葉を発言しているのである。したがって、彼の封建制攻撃はそのオウギのカナメの位置にある天皇制なるものに砲火を集中させるのである。

「日本は改革によって『民主主義的君主制』を達成しうると考えるのは、誤りである。われわれアメリカ人は、一民主主義君主制の実例として、イギリスのことを考えることによって、誤りに陥らしめられるようだ。〔中略〕なぜ英国人は民主主義的であり、そして、王を持ちうるかという重要な理由の一つは〔中略〕英国人は一人のイギリス王の頭《こうべ》をはねたからである。日本国民が同じ程度の進歩的な何ごとかを（斬首に相対するものなら何でもいいが）行なわないかぎり、あらゆる人は気分が悪いだろうし、またどのような一時抑えの改革も不充分であろう。」（四四ページ）

この著作の最後の章では、興味深いことに、彼は日本の軍事占領を提案していない。その代わりに、周辺の基地に国際安全保障部隊を駐屯させるか、アメリカ、イギリス、ロシア、中国の部隊が日本を監視するよう提案しているが、それには二つの理由がある。一つは、日本はドイツのように生産力をもっていないから、植民地を剝ぎ取ってしまえば、まったくの無力となり、遠くから監視するだけで十分だというものである。もう一つは明言していないが、全体のトーンと彼が好ましいと書いている政権の性格から見て、マッカーサー総司令官のもとにあるアメリカ軍（そしてイギリス軍）に日本が単独占領されることを避けたかったからである。

その他、日本は兵器はもとより、自動車（!）や航空機の発動機の製作も禁止せよといった提案など、おおむねGHQが占領期前半にやったことの青写真ともいえるものがいろいろと書かれてある。しかし、特にしつこく書かれているのは、日本国民が天皇制を転覆するという予言であり、その際にアメリカが天皇ないしその後継者を利用するのは最悪の誤りであるとした点である。これは国務省内での思想的な彼の反対者、J・C・グルーの政策に対する攻撃であることは言うまでもない。ラティモアは天皇と皇位につく資格のあるすべての男子を中国に移し、ただし共同責任を強調するため連合軍諸国の一委員会の管理下に置くべきだとしている。彼は将来の日本は共和国であると考える。そしてその指導部はウォール街に好感を与えるような自由主義者ではなく、中道より左側の、少なくともロシアと友好的であるような人物に期待すべきであるとまで口をすべらせていたのである。

このラティモアの『アジアの解決』は、日本が降伏させられたとき、ガンサーの『アジアの内幕』とともにトルーマン大統領の机上にあった二冊の本の一つであるといわれている。明らかに当書はアメリカ占領軍当局、とりわけその中のいわゆるニューディーラー派の日本解体のためのテキストブックとして活用されたのである。もちろん、GHQは彼らだけではなかった。皇室が維持されたのは結局、グルーらの考えが採用されたということであろう。それにニューディーラー派は、冷戦勃発により暗闘の果てに本国に帰されている。しかし、ラティモアのこの書の歴史的な意味は、現代日本の思潮に消し去ることのできない傷痕を残したところにある。それは日本人の心の深層に反日的かつ親共的な進歩主義を刻み込んだことである。テレビのない時代、唯一の大衆的娯楽であり、かつもっとも影響力のあるラジオというマスメディアを通じて、「真相はこうだ!」と日本国の犯罪をあばき、反

「封建」闘争を煽動する宣伝ドラマは毎晩のように民衆の頭脳に叩き込まれたのである。

知識人の間でも、ラティモアの考え方は一九五〇年（昭和二五年）一月一五日の平和問題談話会の「講和問題についての声明」として実を結んでいる。この声明の目的は、すでにアメリカによって準備されつつあった片面講和条約に対して、冷戦という現実を承知のうえで全面講和を唱えることによって反対することである。その歴史的意味はようやくソ連社会主義の正体の分析について人が聴く耳をもつようになった一九九〇年頃から冷静に論議できるようになったほどで、これに対する批判的分析はタブーとされるほどのものだったのである。そこには安倍能成から羽仁五郎まで、空前絶後の幅広い名士五六名が署名している。今後もはやこのようなことは起こりえないであろう。しかし、小学校から大学に至るまでの戦後日本の歴史教育の流れはラティモアから始まっているのである。

ラティモアの思想を歴史家的立場から専門的に敷衍したのがハーバート・ノーマンである。彼はアメリカ人ではなくカナダ人（牧師の息子として日本に生まれる）であるが、外交官として日本の敗戦後GHQに短期間勤務し、次いで一九四六年（昭和二一年）から一九五〇年（昭和二五年）までカナダ代表部首席として滞日した人だけに、役職という意味ではラティモア以上に敗戦日本に深く関わった人である。のみならず、彼はラティモアと同じ場所で協働した時期があり、一九三八年から三九年にかけて、ハーバード大学（燕京研究所）に提出する博士論文を準備中、ラティモアの所属していたニューヨークの太平洋問題調査会（ＩＰＲ）国際事務局の研究員として報告なども行っている。その後一九四〇年（昭和一五年）から東京のカナダ大使館に語学官として赴任することになるが、この年の八月、『日本における近代国家の成立』を出版するのである。

一読すればわかるが、この本は基本的に日本の「講座派」の立場から明治政府の形成と特質を分析し、解明したものである。彼自身も一九五三年（昭和二八年）の日本語版への序文において、「明治政府をむき出しの絶対主義と規定することはたしかに過度の単純化であり、あるいは歪曲である。明治政府は立憲制度の大礼服に飾られた絶対主義であった。しかし、もっと大切なことに、それは廷臣、官僚、軍の巨頭および少数の特権的企業代表者からなる寡頭権力者によって側面を固められ、また屋台根を支えられた絶対主義であった。」（八ページ）と述べている。もっとも、彼がこの書の日本語文献で「講座派」のものとして挙げているのは平野義太郎『日本資本主義社会の機構』（一九三四年、昭和九年）と小林良正『日本産業の構成』（一九三五年、昭和一〇年）ぐらいであるが、それはこの本の出版に先立ってカナダ政府の外交官としての就職が決まっていたし、それにまた、彼も単に太平洋問題調査会との関係以外に、ガルブレイスのいう「脛の傷」（「若気の至り」）をもっていたからである。後日の彼の伝記によれば、イギリス、ケンブリッジでの学生時代、彼はトロツキーに関心をもち、次いで共産党に近づいたようである。それに一九三七年からは後に摘発された『アメレーシア』（アメリカのアジア問題研究誌、共産党との関係で摘発され、廃刊に追い込まれる）の寄稿者でもあった。これらをめぐる交友関係がアメリカ政府の押えた「都留重人の残した文書」によって明るみに出され、一九五七年、彼はエジプト駐在カナダ大使としてカイロで投身自殺をしなければならなかったのである。

彼は時代の犠牲者であったが、時代の知的ファッションに従って、明治の日本をひたすら侵略国家として性格づけている。

「とにかく日本に関するかぎり、征服国となるか被征服国となるかの中間の妥協点がなかったこと、国民的独立のための苛烈な闘争が論理的に膨張政策に発展していったことは、日本が自国から外国の不平等条約を払い落す前に中国で同じ特権を獲得したという驚くべき事実がこれを如実に示している。」（三〇四ページ）

ノーマンは日本には征服国となるか、被征服国となるかの二者択一しか許されていなかったというのであるが、ラティモアのプロパガンダ的言辞と比較するとき、いかにも不偏不党の客観的分析であるかのように見える。あるいは読み方によっては、日本に理解を示しているかのようにも読める。しかしこれを別の観点から見れば、「日本が列強に伍するうえでの立ち遅れが、その国家構造に、社会と政治に、したがって外交政策のうえに拭えない烙印を残したことがそれである」という主張となるのである。ノーマンの著作の解説者たちは、ノーマンがマルクス主義者でないことをしきりに主張しているが、ブルジョア国家カナダの外交官である以上は、こうした指摘から逃れるだけの気くばり（布石）をしておかない方が不思議である。彼が当書で骨格として使っている論理こそ、マルクスの必然論であり、もっと突きつめるならば、トロツキーの複合的発展の法則なのである。

その結果、当書では階級的視点から、日本に植民地化の圧力を加えた外国と日本とのいずれにも超然としているかのような叙述となっているわけである。しかし、マルクス主義の階級的視点なるものの虚妄が明らかとなり、いまだ人類的視点にはほど遠く、好むと好まざるとにかかわらず民族的視点に立たざるをえないとき、当書は日本人にとっていかに残酷な歴史であるかが明らかとなる。それは、被征服民族としていためつけられるか、侵略民族となることを余儀なくされ、いたぶられるか、この二者択一しか近代世界における日本人の道はなかったというものである。言い換えれば、日本は欧米の植民地＝半植民地にならなかったから、侵略国家にならねばならなかったと言っているのである。これはどう見ても英米本位の歴史観である。

ノーマンはまた、史的叙述における他のところで、明治維新の指導者は侵略的＝対外膨張主義的な考えに共感をもっており、一八七一年（明治四年）の決裂によって下野した西郷隆盛だけがそうであったわけでないと述べている。日清戦争以後、明治政府の主流派が公然と対外侵略的な立場に立つようになると、西郷の思想的継承者たちは、いまや公認されて軍部の侵略行動のための偵察活動、尖兵としての役割を果たすようになっていったとしている。ノーマンは日本におけるアジア主義なるものを一切認めていない。彼ら維新の指導者たちのアジアに関する言葉や思いはデマゴギー以外の何ものでもない、要するに、時期を見誤りすぎたために反逆者たらざるをえなかった西郷の徒党たる玄洋社や黒龍会は、日本政府のもっとも戦闘的な特務となって使嗾《しそう》された、というのである。

ベラーとライシャワー

ところでヤルタ＝ポツダムの夢を破って、二〇世紀のチンギス・ハーン、スターリンは第二次世界大戦後、ギリシアからイラン、インドシナ半島、中国、そしてユーラシア大陸の南辺で、各国の共産党勢力をコマとして世界征服を試みつつあった。ちょうど一九一九年から二一年にかけて中部ヨーロッパ各国で国際共産党《コミンテルン》が武装蜂起を繰り返し煽動していた頃と同じような状況である。これに対し、労働党によって政権を追われたばかりのチャーチルがたまりかね、一九四六年三月、大陸を横切って鉄のカーテンが降ろされている、と演説している。アメリカも一九四七年四月のモスクワでの四国外相会議（米英仏ソ）で、ソ連が世界征服の夢を捨てていないことを実感せざるをえなかった。

一九四七年五月、ギリシアにソ連の傀儡政権樹立、九月、ベオグラードでコミンフォルム結成、一九四八年四月、ソ連がベルリンへの鉄道輸送を遮断。このとき、欧米は第三次世界大戦の勃発の予感におののいた。冷戦の本格的な開始である。日本でも、一九四七年（昭和二二年）の二・一ゼネスト（全官公労）が不発に終わり、一九四八年（昭和二三年）には東京裁判が結着し、東条英機ら七名を絞首台に掛けて、とりあえずアメリカの日本解体は一段落した。そして、アメリカの世界戦略における日本の組み入れが始まったのである。

かくしてアメリカの日本観における第三段階が始まるのであるが、あれだけ明治以降の日本の歴史が汚辱にまみれたものであると教育したばかりのときであるから、手のひらを返したように違ったことを言うわけにはいかない。この頃からもっぱらアメリカのアカデミズムでは、日本が他のアジア諸国と違って、労働倫理と社会構造の面で欧米と近似していることを学問的に明らかにすることに興味を示すのである。それが「冷戦」中は維持され、一九八〇年代末の反日ヒステリー時代まで静かに続くのである。この第三段階においては、かつての宣教師の時代と違って、対日戦争中に日本語のできる情報将校として養成された知識人によって、政治のみならず、ひろく社会の各分野で、とりわけ文学の分野に至るまで地道な研究が行われ、その豊饒な成果が発表された。その中で、前後との関係からまず紹介されなければならないものはロバート・N・ベラーの『徳川時代の宗教』（一九五七年）であり、そして次にこの時期を代表するエドウィン・O・ライシャワーの『日本・ある民族の物語』（一九七〇年、日本語訳『ライシャワーの日本史』一九八六年）を挙げなければなるまい。

ベラーの出発点にあった問題意識はもはや第二次世界大戦の旧敵国としての日本ではなかった。第二次世界大戦後の世界における新しい社会の建設に際し、そのための指針として役立つと思われる歴史的経験を日本に見出そうとしたのである。ベラーは初版刊行後三〇年近く経った一九八五年の同書ペーパーバック版への序文において、当時をふり返り次のように述べている。

「当時、社会科学は急速に科学的に発展し、この成果は社会的改良に利用される、という信念があって、今日こそ科学的発展や社会的改良に控え目になっているために、その信念を想像することは難しい。

『徳川時代の宗教』が書かれたのは、まさに当時の雰囲気の中であった。日本は、自国を『近代的産業国家』に変えた唯一の非西欧国家であった。したがって、日本はすべての国が辿るであろう道のりのいくつかのうちの一例であった。『徳川時代の宗教』で、私は、近代日本の文化ルーツが日本の成功に寄与したことを示そうと試みたのである。」（一六ページ）

ベラーは直接的にはタルコット・パースンズの弟子である。マックス・ウェーバーの歴史社会学の諸概念はパースンズによって独特な体系化をほどこされていたのであるが、これを適用してベラーは、日本の宗教の中に目標達成のための手段としての神秘主義と禁欲を見出したのである。この手段としての神秘主義と禁欲とが「利己心」を抑制する行為、具体的には勤勉と倹約をもたらし、あるいは「自発的服従」をもたらしたとしたのである。これはプロテスタンティズムのエートスがその思いもかけぬ帰結として資本主義の精神を生み出したとするウェーバーのシェーマとアナロジカルな発想であった。そしてとりわけウェーバーの図式によりプロテスタンティズムの位置に置かれる思想運動として、徳川時代の心学をクローズアップしたのである。

このベラーの発想は山本七平らによって流布され、日本の読書界では周知のものとなったが、しかし、日本のアカデミズムはこれに対して冷淡であったといっても言いすぎではなかろう。歴史アカデミズムにおいては、戦後のアメリカ軍のプロパガンダと「講座派」の学界の圧倒的支配とによって、ベラーのアイデアを評価する者は限られた人たちだったのである。しかし、エミール・レーデラーを経由してウェーバーに深く学び、当時、戦略的判断からいわゆる進歩的文化人の指導者の位置にあった丸山真男は、アカデミズムの沽券にかけて、ベラーを批判する任務を引き受けた。彼はベラーの著書への書評という形で、ベラーが日本の欠陥、その近代化の歪みを見ていないと主張したのである。それはアメリカが冷戦によって行った戦略的転換にもかかわらず、ラティモアとノーマンの立場を継承したということである。つまり、丸山は学問的に厳密な立場から、ベラーが日本における特殊主義、すなわち、天皇、国家、家族といった特殊な集団やその指導者に対して忠誠をつくす傾向が、欧米社会における倫理的普遍主義と等しい役割を果たしているという点を突いたのである。

丸山によれば、近代化とは普遍主義の出現を前提とするものであって、それがない日本の近代化は正常なものではありえないというのである。普遍主義とはウェーバー流にいえば形式合理主義であり、実質的平等と対立する形式的平等、あるいは人治と対立する法治ということになろう。この批判にベラーがペーパーバック版で答えたことは、経済は近代化にとって決定的に重要な領域であり、経済が伝統主義的束縛から解放され、経済固有の法則に従って発展することは、どのようなものであっても、近代化を促進するということである。

しかし、丸山の主張は、経済的発展が政治的民主主義や倫理的普遍主義と必ずしも相関関係にあるとはいえないということである。のみならず、経済的発展は他の領域の変化を伴わないと、経済自体を発展させる条件すら否定しかねないというのである。これに対する一九八五年版のベラーの答えは次のとおりであった。

「最近の三〇年間の諸事実は、私の考えが正しいことを証明しているのであって、丸山の批判は単なる毒舌に終わっているように思われる。」

筆者は明らかにベラーの方が正しかったと思う。丸山の批判はいわゆる進歩的文化人、それも市民主義的仮面をかぶった左翼の人たちによる体制批判の原型といってよいものである。とはいえ、ベラーもまた自らの著書に欠けていたものがあることは認めている。それは彼の著書が書かれた時代の近代化論そのものに欠けていた近代化そのもののマイナスのコストの問題や近代化の進歩が促した急速な経済成長の結果が成長の条件を否定することになるのではないかという問題などである。これらは国際的な問題などとともに一九九〇年代に切実な意味をもってくるのである。

ベラーらの研究の総決算を行ったのはライシャワーであり、それは日本の高度成長が進行しつつあった一九六〇年代に発言されたものである。彼は一九七〇年の英文の『日本・ある民族の物語』(邦訳『ライシャワーの日本史』)に先立って、六〇年代の初めの雑誌論文を集めた日本語の新書版『日本近代の新しい見方』(一九六五年)を発表し、この段階のアメリカの日本観を要領よく展開している。彼はこの時期における日本駐在アメリカ大使であっただけに、知日派のバイアスはあるが、彼の見解はおおむねアメリカ政府の見解を反映していると見てよいと思われる。

彼が既成観念をひっくり返すテコとして使ったのは、スターリンによって変造され、ラティモア＝ニューディーラー派によってキーワードとされ、日本の進歩的文化人によって乱用された「封建制」概念を正すことであった。念のため説明すれば、文明は専制主義という単一中心的な社会システムによって最初の開花をするのであるが、これに抵抗したのがグレコ＝ローマ人である。彼らは「古典古代」と呼ばれる新文明を生み出したが、その体制となったのは都市国家(ポリス、キヴィタス)であり、その原理となったのが多数中心的な社会システムであった。この古典古代文明はやがて爛熟してローマ帝国の専制主義に転化するのであるが、ゲルマン族が古典古代文明の諸要素を摂取しながら、ローマ帝国と対決する中で生まれたのが中世社会である。その体制が封建制であって、多数中心的な社会システムを基盤とするものであった。このように封建制は地上の限られた場所、西アジア文明とこれと近似した東アジア文明の亜周辺に成立したのであって、近代資本主義はこの封建制が成立したところ（西ヨーロッパと日本）でスムーズに形成されたのである。ライシャワーはこのことについて次のように説明している。

「まず、はじめに、世界の大半の地域に見られた専制制度に比べると、封建制度のもとでは、法律的な権利と義務が重視されていましたから、近代の法的概念に適応するような社会の発達がいくらか助長されたのではないかと思われます。さらに加えて、当時の封建領主は、土地の所有と地租の徴収に専念していましたから、商人と製造業者は専制的な政権のもとにおけるよりも、大幅の活動範囲と保障を得ることができたらしいので、この経済活動と前に述べた法的概念があいまって、さらに進んだ経済制度を生み出し、近代的な形の経済機構へ向かって、第一歩を踏み出すことができたように思われます。」（三二ページ）

この『日本近代の新しい見方』における考え方をもって、より詳細に日本史を叙述したのが、先に挙げた一九七〇年の『日本・ある民族の物語』である。この本はアメリカ人のために書かれたものなので、第一部に「伝統的な日本」というタイトルを置いて国土と民族から日本の伝統を歴史的に説明してから、第二部「近代化された日本」、そして第三部「戦後の日本」という形で叙述されている。全体としてラティモア＝ニューディーラー派の歴史観をすべて転覆しており、日本人の自己認識を手直しすることを目標に書かれている。このことは本人も一九八六年の日本語版への序文において、執筆当時、日本人の自信が充分に回復していたにもかかわらず、教育界と学界での状況はなおアメリカ人のやった仕事の影響が濃厚に残っていることを考慮してか、次のように述べている。「自分たちの過去をどのように評価し、未来に何を予測したらよいかについて心を決めかねている日本人は少なくない。」したがってライシャワーは戦争についても、正面から彼の解釈を展開している。

「一九二〇年代の『大正デモクラシー』と呼ばれる民主化傾向が一転して、三〇年代の帝国主義的進出や軍国主義、さらには超国家主義へと移り変っていく過程については、日本近代史の専門家がしばしば論議の対象としてきた。一見成功したかにみえて実はうわべだけの『欧化』時代を経て、日本はついに本来の独裁主義的、軍国主義的本質をむきだしにしたというのが、多くの観察者の読みであった。この見解を裏づけるのに、つい数十年前に終ったばかりの、七世紀の長きにわたる封建武士階級の支配をあげる者もいる。また明治の指導者が強兵に力点をおき、かつて元老制さながらの統治形式を推し進め、一八八九年に発布された憲法にも、断固として権威主義的な核心を付与しようと努力した事実もあげられる。

だが、この解釈と相反するような要素にもこと欠かない。徳川幕府下の封建制末期の二世紀間というもの、日本の社会は他に類がないほど平穏で、秩序正しく、官僚的で、そして何よりも軍事色が薄かった。明治時代の日本が軍事力を強調するにいたったのは、十九世紀の欧米帝国主義がもつ弱肉強食的な性格に対抗せざるを得なかったからに他ならない。と同時に、より大きな自由と政治支配への参加を要求する国民の声もおのずと高まっていた。そのため一九二〇年代までにはある程度の議会政治の第一歩を踏み出さねばならなかった。加えて、第二次世界大戦以降、日本人ほど平和主義に徹した国民は他の大国にはみられないことも事実である。日本も他の国々と同様、過去においては独裁主義的であった。そして軍国主義の流れが綿々と脈打っているのも、封建制の歴史をもつ他の国々と同じである。しかし全体的にみて日本人が他の国民に比べ、とくに軍国主義的、独裁主義的傾向が強いとはいえない。」（一八三―四ページ）

ようやくバランスのとれた判断にアメリカ人が到達したかにみえる。しかし、アメリカ人の日本観はアメリカの太平洋戦略の函数なので、これだけではまだまだ終わらないのである。

五　再び日米戦争論？

アメリカに対するソ連帝国の脅威が当面ゆるみはじめたとき、つまり一九九〇年前後から、アメリカから吹く風の向きががらりと変わってくる。アカデミズムにおいてもフランシス・フクヤマの『歴史の終わり』（一九九二年）とサミュエル・ハンチントンの『文明の衝突と世界秩序の再建』（一九九六年、邦訳『文明の衝突』一九九八年）が出てくる。両者ともその趣旨はそれより早く、フクヤマは一九八九年の『ナショナル・インタレスト』に「歴史の終わり?」、ハンチントンは一九九三年の『フォーリン・アフェアーズ』に「文明の衝突?」という論文で発表している。

この日時を見ても明らかなように、二人の学問的業績は一九九〇年頃から烈しくなってくる日本攻撃の風を受けているが、これを単に冷戦の終結だけで解釈することは全く不充分であろう。そこで本書序章の「のぼせ上がっていた日本人」に帰らなければならない。この頃を頂点として、日本人は世界でその金力にものを言わせて、さまざまな愚行を重ねていたのであるが、それはアメリカ没落論と重ね合わせられて出てきただけに、アメリカ人にとっては我慢ならないものがあったのである。一九九一年六月、J・カーボーと加瀬英明の編・監訳によって『敵としての日本――アメリカは何を怒っているのか』という本が出版されている。このセンセーショナルな題名の筆者はクライド・プレストウィッツ、ジョン・B・ジュディス、フィリップ・H・トレザイス、ジェームス・ファローズ、チャーマーズ・ジョンソン、ケビン・L・カーンの六名であるが、そこで主張されていることは、その目次と中見出しによって一目瞭然である。

日本の成功は、自由主義経済の勝利といえるか
「ソフトな権威主義」国家
日本とドイツの政治手法

6 「チームB」〔新しいシンクタンク〕構想・新しい対日戦略の必要性——日本人は、国際社会のギブ&テイクを理解できない
アメリカの対日戦略が失敗した背景
不幸な日米関係が、アメリカの衰退を招いた
「チームB」は、アメリカ人の不満に耳を傾けよ

敵としての日本

この『敵としての日本』の目次をななめ読みしただけで、アメリカの激怒がいかに凄まじいかを知ることができよう。さまざまな批判が行われているが、これらの言葉の底流にあるものは、アメリカの世界覇権の危機感であると思われる。もとよりアメリカ人の国民性は（これは日本人以外の多くの民族についても同様であるが）、自らの正義の絶対性からフェアというレトリックで丹念に匿されてはいる。しかし、アメリカ人の世界覇権に対する執念は並のものではない。アメリカは移民が作った国だけに、しかもアメリカン・ドリームにつかれて一旗あげるために集まってきた人たちが作った国だけに、伝統的価値に妨げられることなく、自らは世界でもっとも正しく、もっとも強くなければ気がおさまらないのである。

しかも、その多数派は近代文明を創造したと自負する西ヨーロッパ人であるから、文明の担い手意識をもっている。この感情と意識から西へ西へと先住民たちを蹴散らして、自らの位置をフロンティア（最前線）と称して、文明人として未開人と戦わなければならないという使命感に燃えてきたのである。このセンスで太平洋を西進し続け、日本開国に一番乗りしたが、南北戦争（一八六一―六五年）によってしばらく足踏みすることを余儀なくされたのである。そしてフィリピン、グアムをもぎ取ったときに本格的に立ちふさがったのが同じ白人のロシアだった。これを日本を使って排除し終わったとき、今度は日本が獲物を「横取り」したので、以後四〇年かけてこのぬすっとを叩きつぶしたのが第二次世界大戦だった。しかし、冷戦の間に締め上げる手をゆるめたため、再びのさばって、今度はこともあろうにアメリカの世界覇権を脅やかさないまでも――軍事的には日本の首の根っ子は押えてある――傷つけはじめたのだ。〈許せない。〉

　これがアメリカ人の率直な感情だろう。それは人類の一民族としてはしごく当然な感じ方であって、これを責めることはできない。日本人だって、中国人だって、韓国・朝鮮人だって、いや、イギリス人だって、フランス人だって、ドイツ人だって、ロシア人だって、インド人だって、その民族感情から人類的視野の枠を外すとき、この種の感情をたれ流すことになるのは自然のことである。ただアメリカ人は、日本に対してこの感情と意識を現実化するにもっとも近いところにいるということでしかない。だからこそ民族間の関係には細心な配慮が必要なのである。苛烈な関係を美しい言葉で蔽っても、それが現実ではないことをしっかりと把握し、やりたいことも十分計算して露出させず、自民族の利益を最大限守り抜くことが必要なのである。しかし、日本人が一九八〇年代にやってきたことは何たる愚行。敗戦によって数年にわたり、国家は主権を停止され、主権在民の憲法を外国に口授《ディクテート》されておきながら、その強烈なアイロニーを教訓ともできないほどのあどけなさである。

アメリカの激怒のタネはあまりに多すぎて、列挙する煩わしさに耐えられないが、一九八九年に一人当たり国民所得で日本がアメリカを追い越したことなどは序の口である。放っておいても日本に対する嫉妬や反感が高まっているのに、先の『敵としての日本』の編者の一人、カーボーが挙げている極め付きは、自動車産業で日本はアメリカの神経を逆撫でにしているということである。彼によればアメリカの国花は「カーネーション」（自動車の国《カーネーション》）といわれるが、日本人はアメリカの国花を踏みにじっているというのである。日本人にしても国のシンボルとして使われたサクラが意図的に踏みにじられるとき、こころは平らかであることはできないであろう。もっとも、私見では、自動車についてカーボーが主張していることを今もそのまま受けとる必要があるとは思わない。自動車は二〇世紀の基幹産業であったが、二一世紀にはまた新しい産業が勃興してくるであろうから、これに必ずしもこだわる必要はあるまい。

一九九〇年五月、ジョン・ラトレッジとデボラ・アレンを原著者とする『アメリカを見くだすな――日米経済の盛衰は逆転する』という邦訳書が出された。訳書名はいかにもセンセーショナルであるが、これは当時の雰囲気を日本の出版者がつかんで、日本人に警告したものとして理解すべきものであろう。本書の内容は傍題に示されているように、日本に追い抜かれたかに見えるアメリカ経済の再建の道を探ったものであって、原著名も『サビから富へ――第二次産業革命の到来』（一九八九年）というものである。著者らはサビついて競争力を失ったアメリカの製造業が活発な設備投資とリストラクチャリングによって力量を取り戻しつつあると主張している。したがって、国際収支の赤字も特に心配する必要はないと言っているのである。なかでもアメリカへの資本の流入に著者らは注目する。投資は雇用や成長を促進し、生産性を高め、やがては輸出の増大が最終的な支払い能力を高めてゆくというのである。

それに引き換え、日本の未来は暗い。彼らによれば、これまで日本の高度成長を支える要素となっていたものが、今後は逆に斜陽化の要因となるのである。それにまた、成功にはコストがかかる。彼らはしごく簡単に、「この島国には、産業化の伝統もなければ、国際貿易の伝統もない」とその知識の浅さを示しているが、しかし「日本は歴史を通じてきわめて閉鎖的な社会と市場を営んできた」というのは、彼らが理解しているほど簡単なものではないけれども、事実であることには変わりない。さらにはこうも述べている。成功によって支配政党の権力基盤を変質させてしまった。急激な外国人の流入によって社会の混乱を引き起こしている。国際社会に対し、ふさわしい程度の貢献を求められて批判されている。国内的には、生活水準の上昇によって、国民の文化の質が変わってしまった。かつて若年労働力を多数もっていたこの国は急速に老齢化し、少子化しつつある。かつて高かった貯蓄率もやがては低下してゆくだろう。そして経済は欧米のような成熟経済に転化するだろう、と。

この本は、アメリカ人の貯蓄率がかなり速い速度で回復すると予測したり、いくつかの見込み違いはあるにせよ、出版後一〇年をへた今日から見るとアメリカ経済の中期的な回復を予想しえた点で、大筋において正しかったといえよう。その叙述はデータに則して客観的で冷静である。しかも経済の再建を製造業を中心にすえて構想するという正統派的思考に基づいていることは、実際には基軸通貨のドルが日本の経済政策に強力な影響を行使（例えば、低金利政策の強制という高等作戦）しているという部分を省いているにせよ、アメリカ人の知性を感じさせる。このようなリアリズムが厳然と存在しているところが、アメリカにおける近代文明の厚さと強さというものであろう。先のいささかヒステリカルな日本敵国論の下には、このような合理主義の基盤があるのである。しかしアメリカには、この層の下にさらにもう一つの思考の層があるのである。それは近代文明が西ヨーロッパ起源であるという自己意識である。

ウォルフレン、フクヤマ、ハンチントン

先の『敵としての日本』にしても、底辺にある考えは、日本は文明的に異質、近代文明の仲間ではないということである。日本経済は自由競争の資本主義ではない。国家と癒着している経済である。このアンフェアな条件のもとで、日本は貨幣でアメリカを征服しようとしているのだ。アメリカはこの怪物を調教するうえで誤っていた。それは日本専門家の責任である。ゆえに新しい構想で日本を押え込まなければならないというのである。そしてこのテーマにアカデミズムもまた一九九〇年以後、冷戦に勝利という状況の中で取り組むことになる。哲学、文明論など、学問分野はさまざまであるが、それぞれ自らの社会の社会的要請に応えようとしている点ではアメリカの学問の健全さが見られる。

もっとも、フクヤマやハンチントン、さらにレヴィジョンニスト（ライシャワー的見解への修正者）の議論は日本の近代に対して深刻な疑念をもっているけれども、必ずしもラティモア＝ニューディーラー派的立場、あるいは日本の「講座派」的学説をそのまま復活させようとしているわけでは

ない。やはり戦後四〇年の時間がその間に経過しているのである。しかし、この時間の経過がそのまま学問的な成熟をもたらしていないところに今日の理論の水準がある。その結果として、彼らの主張は日本を明確に規定するのではなく、むしろ規定することの難しい〈無気味なもの〉として、どこへ飛んでいってしまうか判らないその不明瞭性を警戒しているところに特徴がある。このことは彼らの理論的水準が必ずしも低いということではない。しかし、この疑念がもっている重要性をはっきりつかんでいないところに問題があるように思われる。

この彼らの主張をさきがけしたのはオランダ人のカレル・ヴァン・ヴォルフレンである。彼は『日本――権力構造の謎』（一九九四年）の中で日本の権力に関わる〈空気〉をジャーナリストとして見事に捉えているといえる。その代わり彼は日本の権力を社会学的に規定することを狙ってはいない。いやむしろそれが規定できないところに、その特徴があるとしているのである。彼は日本の権力構造を「システム」という言葉で呼んでいるが、システムとは本来、それを組み立てている要素とその間にある一定の関係を指すものである。しかし彼の言う「システム」は、正体のつかめぬ無定形性を逆説的に強調したものであるから、彼は日本の権力のえたいの知れない〈無気味さ〉を表現しようとし、こうした権力が日本社会のすべての領域を管理しているばかりでなく、世界の中で怪物のように暴れまわっているとしたのである。

彼は日本を理解するときに知っておくべき「混乱を引き起こすいくつかのフィクション」として、第一に「責任ある中央政府というフィクション」、第二に「〝自由市場〟経済国日本というフィクション」を挙げている。しかし日本にはどちらもなく、要するに正体が判らないけれども、中央政府は住民から無慈悲に収奪するのみでなく、外国に対しても「集中豪雨」のように襲いかかってきていると述べている。そしてこの見えない怪物によって教育制度も飼いならされ、ジャーナリズムも従順であるとする。こうしてこの怪物はチェックするものの不在からやりたいようにやっているわけである。しかも彼は、日本の研究者までが自国の特徴を分析する任務から逃げているというのである。

彼によれば、日本の国家の特徴を日本の知性は決して見ようとしない。彼らは日本の権力のあり方を日本の文化の特質から説明するのが常だが、実はこの文化自体が権力によって形づくられているというのである。彼は言う。

「もし、支配的な社会・文化的特異性が、政治的決定に起因していて、〔この特異性を〕それ以外の影響から切り離して見ることができる国があるとすれば、それは日本なのである。だから、文化へのこのような単純還元は、いっそう驚くべきである。」（上七三ページ）

日本が対外的に孤立してきた理由も、中央権力にとって好ましくない影響を外部から受けないよう、権力によって交流が管理されてきたためだという。さらにこの権力は外の世界にあるさまざまなもののうちで、自らの強化に役立つと思われる技術や文化を選んで、取り入れてきたともいう。六世紀の仏教の輸入も、それに続く中国の政治制度の導入も、みな権力の必要によってなされたというのである。また、一五世紀の足利義満の明朝との交易やその短期間ののちの中止も、権力の必要によるものであり、一六世紀から一七世紀にかけての西洋文明の輸入や「鎖国」、明治の「文明開化」も、すべて正体のわからぬ権力の方針の結果だというのである。「日本の知的営みは、時の権力者によって、指導・監督あるいは禁止されたりしてきた。日本の司法に対する概念や社会における法律の地位・扱いは、統治者の都合のよいように変えられ、彼ら自身の振る舞いや統治方法に決定的な影響を与えることはなかった」（上七七ページ）のである。

日本の特徴の随一は権力の多元性にあり、それが天皇と将軍、律令と式目との併立として現れるわけだが、ウォルフレンによればこの「形式上の権威と実質的な権威の併存」も権力の巧妙な手品であって、両者を使いわける権力の狡猾な操作と見るのである。こうした人をたぶらかす操作は三世紀の卑弥呼の時代から、藤原氏の時代、鎌倉から室町、江戸とつらなる幕府の時代、そして現代に至るまで一貫しているというのである。ミクロの世界のみならずマクロの世界においても全能の力を発揮する捕えどころのない「システム」。このようなものがこの世に存在しうるのであろうか。まさにモンスターである。ウォルフレンの記述を読むと、反ユダヤ主義者のユダヤ人陰謀史観を読むような気がしてくる。ただ違うところは、陰謀史観には明らかな糾弾目標があったのに対して、ウォルフレンにおいてはそれは捕えどころがないところにこそ特性があるというものだから、彼にとっては日本における「ものごとの為された」全体が批判の対象となりうるのである。

フクヤマもハンチントンもさすがにここまでフロシキを拡げてはいない。ウォルフレンは一九五〇年代におけるアメリカの学者の日本の近代化評価を無視しているが、フクヤマはベラーが着目した日本人の労働倫理についても取り上げ、欲望よりも自らの「気概」を満足させるために働く人間の登場が日本の経済的発展の土台にあることを認めている。もっとも、おそらくウォルフレンらの影響であろうが、フクヤマも、日本社会にはまだまだ「専制主義」が残っているという論点を持ち出している。しかし、決して〈捕えどころのない、正体のわからないもの〉といった説明は行っていない。フクヤマのこの論点は、「自由主義経済と一種の家父長的な権威主義が結びついたアジア社会」（下四〇ページ）という認識から出発しているのである。つまり、第二次世界大戦後の長い間、日本やその他のアジア社会は欧米を完全に近代化された社会のモデルと考えて欧米化の努力をしてきたが、一九九〇年代における東アジアならびに東南アジアの経済的な成功がアジアに自信を与え、欧米モデルから離脱する傾向がでてきたとするのである。（この九〇年代の成功はフクヤマの著書が発表された九二年以後、九七年から九八年に崩壊した。）

日本において「専制主義」を支えているものとして、フクヤマは日本人の集団意識を挙げる。日本の法律はアメリカと同様に個人の権利を尊重してはいるが、実際の社会においては人は何よりもまず集団の一員であって、その習慣やルールを尊重する限りにおいて、人間としての尊厳が保たれる。しかし、ひとたびその集団に対して自己を主張しようものなら、専制支配の公然たる行使のごとく集団内の地位を失い、集団から排除されるというのである。その結果として、「日本の民主主義は、欧米の基準からするならばどこか権威主義的に見える」（下四五ページ）のである。したがって、今は特に問題とはなっていないにしても、やがて将来において深刻な事態が引き起こされる可能性があるのではないかというのである。もちろん、フクヤマはこの可能性を必然的なものとまでは言いきっていない。日本がますますリベラルな民主主義を広めていく道もある。しかし、「もし西欧がアジアに対して不信や敵意を抱いて向かってくるならば、そのとき極東では技術主義的な経済合理主義と家父長的な権威主義とを結合させた反自由主義的、非民主主義的なシステムが支持されるようになるかもしれない」（下五〇ページ）と述べてもいるのである。

フクヤマは日本をアジアと一括にして語り、他のアジア諸国と距離の開きはあっても、それは時間の問題だとしているようである。これに対してハンチントンは、端的に日本文明と中国文明とを違った文明として認識する立場をとっている。しかし、彼は日本文明の性格については深入りしない。彼が関心をもっているのは国際社会における選択のパターンである。文明はそれぞれ違った価値基準をもっており、それがその行動様式を決定するのであるが、もしもそれぞれの文明の利害が対立するとき、その文明の担い手である国家という単位が戦争を引き起こすおそれがあるとするのである。こうした危険性はいずれの文明の間にもあるにはあるが、現状では、欧米諸国と中国、および欧米諸国とイスラーム諸国との間で深刻なものとなっており、前者の間が衝突するとき、日本はその文明の性格から中国を支持するのではないかと予測するのである。

何となれば、日本は——一九三〇年代と四〇年代を例外として——「最強国との提携」という選択のパターンをもっており、第二次世界大戦後アメリカの傘下にいるのも、アメリカが最強国であったからにすぎない。しかしながら、もし日本人が二一世紀において、アジアで最大の影響力をもつ国が中国だと考えるときが来たならば、必ずや日本は中国の傘下に入るだろう。もちろん、これを阻止するために欧米がすることは、第一に、欧米の軍事的な優位を保つこと、第二に、人権尊重と欧米的な民主主義を他の社会に強制して、欧米的な政治的価値観と制度を促進すること、第三に、非欧米人の移民や難民の数を制限して、欧米社会の文化的、社会的、民族的な優越性を守ることである。このようにハンチントンは述べるのである。

日本の言い分

一九九〇年以降のアメリカの論調を見るとき、学界においては明らかに、日本と他のアジア諸国との比較において若干の違いがあるにせよ、日本の近代化を似て非なるものとする流れが主流となっているように思われる。これは日本人が近代人として、あるいは日本が民主主義国として、自己のアイデンティティを確立しようとすることに疑念を呈するものである。彼らは日本を心からの友人であるとは認めていないのであるが、これは日本が自らの国家戦略を立てるに当たっての障害であるし、日本が自己の立場を国際的に主張するときの雑音である。しかし、日本が近代文明の他の諸国と基本的に協調し、さらに西ヨーロッパに由来する夾雑物を捨てて、近代文明が真に世界的かつ創造的なものに発展するよう大きく寄与する事実を示せば、彼らの理解を得ることは難しいことではない。

少なくともそれは東アジア諸国の理解を得ることよりもはるかに容易であると思われる。現在の雑音の一つは、嫉視と脅威感によるものであるが、それは日本のあまりにも急速な経済成長と世界第二位の資本主義国としての実力、そしていささか皮相的な外見の観察が準備したものである。そして二つめの雑音は、一九九〇年代における日本の挫折をチャンスとして思いきってアメリカの心情を露出させたことからくるものであるが、これについても、日本が近代国家としてそのアイデンティティを確立すればおのずと解決するものである。そもそも欧米人が日本人に差別的感情をもつとすれば、そのもっとも合理的な部分は日本人の多くが一神教徒（キリスト教徒）でない点にあるのであるが、欧米諸国が同じアブラハムの神を信じるイスラーム教徒との間でもっとも困難な問題を抱えていることをいつか彼らは思い出さざるをえないであろう。日本人が多神教徒でありながら、近代化においてベラーやライシャワーが認めるまでの成果を挙げていることは、近代文明の立場に立てば、むしろ慶賀すべきことなのである。にもかかわらずあえて欧米人が近代文明を志向する日本を仲間とせず排除することは、やはり彼らの偏狭なヨーロッパ人優越主義を暴露することでしかないだろう。

付言すれば、日本の不徳、信頼しがたい不気味さを主張する人は、日本と東アジア大陸との間の不幸な関係を取り上げるかもしれない。彼らの言うとおり、日本と中国、朝鮮半島との間には屈折しきった関係があることは厳然たる事実である。しかしながら、欧米にとっても事態は全く同じではないか。欧米と中近東（オリエント）との関係は日本と東アジア大陸との関係と同じように、いや、それ以上に縺《もつ》れきってはいないか。そこに住む、そこに住んでいたセム族と彼らの関係は二〇世紀の東アジアにおけると同様に不幸なものであった。特にセム族がアラブ人とユダヤ人とに分裂しているだけに、事態は複雑の極致となっている。「十字軍」をその序曲とする反ユダヤ主義の昔から、二〇世紀のユダヤ人のホロコーストやイスラエル支持によって発生したパレスティナ人の難民化まで、その歴史的刻印に目をそむけることはできまい。

日本にしても、欧米諸国にしても、ともに近隣の地域と厄介な関係にあることは共通しているのである。しかも興味深いことは、双方とも厄介な関係にある地域がその文明の源泉に当たるところなのである。例えば、日本の儒教は系譜的に中国に由来しているし、欧米のキリスト教はもともとオリエントで発生したものである。しかも到達点においては、その出発点と大きく性格を変化させている。

欧米のアルファベットはオリエントの文字に由来し、日本の仮名は中国の漢字から来ているが、ともにその構造を大きく変えている。このような実例は無数に挙げることができるが、大陸の中国文明が日本文明へ展開する論理とオリエントの文明が西ヨーロッパ文明へ展開する論理とが類似しているとすれば、二〇世紀末に近代文明の中心部に入っている国は文明的には同じような論理で成立したと仮説することができるのではなかろうか。

もちろん、ユーラシア大陸の西側と東側では、文明の構造と歴史を大きく異にしている。前者が一神教的で後者が多神教的といった点ばかりではない。コインにおいては、すでにふれたように前者が貴金属打刻貨幣中心であるのに対して、後者は卑金属鋳造貨幣中心といえるだろう。そもそも年齢と規模が違う。西アジアが六〇〇〇年であるのに対し、東アジアは三五〇〇年。日本は一カ国、西ヨーロッパは数カ国である。とはいえ、両者はともに文明のインパクトによってその影響下の地域で国家形式を促進し、政治の枠内で普遍的な公式言語を形成した点で共通している。このことは文明展開の論理の共通性が必ずしも偶然とはいえないことを示しているかもしれない。そして、もしこの仮説が正しいとすれば、日本のアイデンティティの解明に役立つばかりでなく、一般的にも近代文明、例えば、「リベラルで民主主義的な社会」の展開の論理をも解明する手がかりをつかむことができるかもしれない。

3章

ユダヤ人の歴史から学ぶもの

日本が生き残るために、近代文明の担い手としてふさわしく振舞い、前章の終わりに立てた仮説の真正性を示すこと。この課題が決して容易な道ではないことは、言うまでもないことであろう。少くとも近代文明の欧米的自己意識を抜き取るところまで考えるならば、五〇年、一〇〇年を覚悟しなければならない課題である。のみならず、これだけではまだまだ形式であるとされても仕方ないところがある。それ故に、これにいささかなりとも実質を入れるため、アナロジー（類比）の方法をとって他の民族の経験から学ぶことが役立つかもしれない。

アナロジーが成り立つためには、その基点に何らかの同類項がなければならないが、それは二〇世紀の終わりにおいて、一つの民族として、単にOECD（先進国クラブ！）に加盟したといった形式的なことではない。近代文明との関係で日本人と同類項が成り立つ民族を世界史の中で探すとき、浮かび上がってくるのは、多くの人にとっては意外であろうが、ユダヤ人なのである。整理して考えるならば、欧米人以外から近代文明の中枢に入り込んで、しかもなお欧米人によって心理の深層で差別されているのは日本人とユダヤ人なのである。この二つの民族はいずれもインド＝ヨーロッパ語族ではない。いずれもキリスト教徒ではない。ここに差別の原因がある。しかもこの二つの民族はともかくも近代化に成功している。もちろん、これらの判断には多くのはみ出し部分があることは承知している。（キリスト教徒から見て、日本人については、律法のないアナーキー、ユダヤ人については、律法への過度のこだわり。）しかしそれは、日本が課題を果たすうえでの困難さを知り、学ぶべきことを知るためのアナロジーであるから、奇跡であるかのごとくにふさわしい比較対象ではなかろうか。

近代文明の中で同じような地位にあり、しかもいずれも主流派であるキリスト教徒のインド＝ヨーロッパ語族からタテマエはともあれホンネのところで差別を受けている二つの民族。しかし、この二つの民族のこれまでの歴史はいかに相違していることか。ユダヤ人は自民族が生き残るために、いかに違った気くばりをし、いかに違った能力をつちかってこなければならなかったことか。彼らは二〇〇〇年以上も前に国を失った。国をもつ民族ならば当然占拠することのできる土地と主権を失った。そのため、他の国、他の民族の国で寄留者として、客人民族として、他国の君主の慈悲にすがって、あるいは目こぼしに甘んじて生きてこなければならなかった。しかも多くの場合、彼らが生活したのは西ユーラシアの一神教圏であった。一神教は教儀の相違によって自他を峻別する。この宗教風土のもとでは違った信仰の者は浮き上がり、そこにまぎれ込んで隠れることは困難である。いかにも逆説的に見えるが、ユダヤ人はこの一神教の風土を離れず、自己のアイデンティティを隠蔽することなく、進んで客人民族として生きてきたのである。

これに対して、すでに見たように、日本は地政学的条件を活用することによって成立し、その歴史を築き上げてきたのである。伝統的文明の中心から影響は受けるが、軍事的＝政治的干渉が困難なところで自己を形成することができた。権力者は交代したけれども、ミカドは一貫して国民に尊敬されるべき存在として位置づけられてきた。一九世紀後半の開国まで、問題はほとんど自民族の中から生まれ、自民族の中の力で解決してきた。したがって、世界中の人びとから日本は閉鎖的な社会であるといわれてきた。しかも、外からの影響はその都合のよいものだけを摂取できるところから、日本人特有の「甘ったれ」根性も生まれた。自我が他者に対して固められていないという意味では、「殻なし卵」(森常治、本書一八三ページ参照)という比喩もありうる。異民族との交際経験の蓄積がないところから、一人よがりの行動に走った。魯迅の友人、内山完造によると「中国人の日本常識」は次のとおりである。

日本人は小胆である。
日本人は短気である。
日本人は陰険である。
日本人はケチン坊である。
日本人は中国人に対して侮辱観念をもっている。
日本人は人を利用するが、しっぱなしだ。
日本人は泥酔する。
日本人はよく人を殴る。
日本人は外見が厳しいから近寄れない。
日本人は丁寧だが、アレは本心からではない。

日本人の理論は浅薄だ。
日本人は竜頭蛇尾のことが多い。
日本人は信用できない。
日本人は子供らしい。

日本人をよく見ている観察であると思われる。ここには偏見もあるが、いずれも根拠のあるものばかりである。そしてその根拠も日本の地政学的位置に由来する甘えの未自覚と老獪さの欠如によるところが多いのである。世界史上で見るならば、民族としての日本人は子供のようにすぐノルし、ノセラレルし、ぴしゃりとやられると貝のように後ずさりするだけで、対抗する意欲をなくしてしまう。言い換えれば、状況把握と自己コントロールの能力が未発達なのである。

一 結局ユダヤ人も国家を再建した

日本人とユダヤ人は近代世界において近似した地位にあるが、その対蹠的な歴史から、違った民族性と民族の資質を育ててきた。したがって、日本人はユダヤ人を鏡として己れを見ることによって、己れの欠陥を身にしみて自覚し、また己れの長所を心得ておくことができるのである。さらにまた日本国とイスラエル共和国とは国際社会における二つの孤高で、周辺の国から愛されていない国であるから、日本とは違ったやり方ではあるが、付き合いの仕方について参考となることも多いであろう。

もう一つ、理論的には、日本人とユダヤ人の歴史の比較研究は、地政学の限界を明らかにすること、あるいは地政学を補足する材料を発見することに寄与するものと思われる。地政学はいわば文明史における民族集団の関係の経験を総括して、そこに法則的なものを発見するものである。その結果として、集団の占拠する土地の意義を他の集団の土地との間の距離や交通手段等で見出し、こうしたもので歴史を理解しようとするものである。しかしながら、この空間の論理はディアスポラ（離散）のユダヤ人の歴史にとってはほとんど意味がないように思われる。彼らの歴史にとって重要なのは、極限に近いまでの時間の論理なのではなかろうか。

もっとも、ユダヤ文化の成立にあたっては地政学的なものが作用しなかったわけではない。今もイスラエル共和国の国語はヘブライ語と呼ばれているが、このヘブライという言語はウガリト語でアピル、そしてアッカド語ではハピルと呼ばれる集団と関係があると推定されている。その意味は都市国家の隷属民、半遊牧民、時には野盗団であって、彼らはオリエント文明の縁辺をさまよっている人間集団であったが、ヘブライというのは彼らに対する他称であったのであろう。それがやがて自称に転化していったのである。『聖書』においては、彼らの起源はアブラハムの物語として象徴的に伝えられている。アブラハムは神の命令に従って、メソポタミアの都市ウルを出発して、神に約束された土地カナーン（パレスティナ）に向かったという。そして、彼の孫のヤコブの一二人の子供がイスラエルの一二部族の先祖となったというのである。

この伝承は、紀元前第二千年期にオリエント文明の縁辺に遊牧ないし半遊牧生活を送っていたセム系の諸部族がより安定した生活を求めて移動を開始して、多くは肥沃な平野に侵入しようとしたことを教える。ユダヤ人はこれら諸部族の中の一グループであって、移動＝侵入の過程で多くは軍事的必要からいくつかの部族が同盟を結ぶのである。その絆となったのが同一の神に対する信仰で、このアンフィクティオニー（信仰共同体）の結成こそがユダヤ人の制度的な誕生であった。かくして、おそらく紀元前一四世紀頃から紀元前一二世紀頃にかけてカナーン（パレスティナ）に定住を完了したユダヤ人は、紀元前一〇二〇年頃には民族国家（イスラエル統一王国）を建設し、ベニヤミン族のサウルが初代の国王となり、次いでユダヤ人のダヴィデがこれを継ぎ、その子のソロモンの時代（紀元前九六〇―九三〇年）には早くもユダヤ国家の黄金時代がやってくる。

言うまでもなく、この国家形成においてはメソポタミアとエジプトのオリエント文明が大きな影響を与えた。そしてこの影響の受け方においては、明らかに地政学的なメカニズムが作用しているのを見てとることができる。これはギリシアとの比較においてその様態を測定することができるだろう。ギリシアは、東アジアの日本が中国文明の影響を受けたように、オリエント文明の影響を受けた。しかし、日本と同様、オリエントに征服されることはなく、逆にさらにその縁辺のマケドニアのアレクサンダ大王がギリシアのみならずオリエントを征服してヘレニズム時代を開いた。こうなったのは、ギリシアでは経済的、軍事的能力をもつ諸貴族門閥が支配者となり、権力を王から簒奪して、自律的団体を形式することに成功したからである（ウェーバー、ブロイアー）。しかし、パレスティナではこれが成功しなかったので、ダヴィデとソロモンのもとでエジプト型の権威的ライトゥルギー（公役制）国家が成立したのである。

他方で、パレスティナでは国王の完全な勝利＝専制君主化にも成功しなかった。その結果として、近隣の大帝国の圧力にさらされていた諸民族の心を強く引きつけてやまない唯一神教を選ぶこととなり、しかも他の地域とは異なって、信仰を圧殺されずに済んだのである。すなわち、エジプトやメソポタミアでは主として祭司層による呪術的＝アニミズム的観念が体系化され、それによって強化された中央権力が唯一神教を許さなかったのであるが、この強化された専制君主のイメージがパレスティナでは逆説的に唯一神の全能性を強めたのである。ここにエジプト＝メソポタミアとギリシアとの間にあったパレスティナの政治的位置が示されている。そのきわどい位置にあったが故に、ソロモン王の死後、この王国は北のイスラエル王国と南のユダ王国に分裂させられる。両王国は二〇〇年間共存するが、結局イスラエル王国は紀元前七二二年にアッシリアのサルゴン二世に、ユダ王国は紀元前五八六年に新バビロニアのネブカドネザル王に亡ぼされてしまうのである。

この二回の亡国によって多くのユダヤ人はエリートを中心に大量に異郷に連行されることとなった。しかし同じ運命に逢着した他の民族がおおむね消滅してしまったのに対し、「バビロン捕囚」（ユダヤ人の強制移住、紀元前五九七年および紀元前五八六年）はユダヤ人を消滅させなかったのである。ふつう亡国はその民族の神の滅亡であり、民族の神の滅亡は民族の滅亡である。だがユダヤ人においてはヤーヴェ信仰を中心とするユダヤ教の骨格はできあがっており、ヤーヴェの神の倫理的な性格は亡国によってもユダヤ教をびくともさせなかったのである。いや、むしろ、亡国は民族の罪を剔抉《てっけつ》するものであり、かえってヤーヴェの威力を増大させるものとなった。したがって、捕囚期においてむしろ彼らの宗教心は高揚され、ユダヤ教の陶治者であった預言者たちの活動によって、より強固な宗教共同体が形成され、聖典（トーラー）の整理、編集も始まったのである。

もちろん、彼らユダヤ人も自らの国が欲しくなかったわけではない。その願いは強烈であった。紀元前五三八年にペルシアのキュロス二世によって新バビロニアが滅ぼされると、彼らは捕囚から解放され、信仰の中心としてのイェルサレム神殿が再建されるが、政治的な主権は許されなかった。また、シリア王によるイェルサレム神殿の異教化に抵抗してマッカベアを中心に反乱を起こし（紀元前一六五―紀元前一三五年）、一時的に独立（紀元前一四二年）するが、紀元前六三年にはローマの保護領となる。そして紀元六六年に第一次、紀元一三二年に第二次の反乱を起こし、頑固一徹、玉砕に至るまで戦うが、ローマ帝国によって徹底的に弾圧され、神殿は破壊されてしまうわけである。しかし、ユダヤ人はそれから二〇〇〇年にわたってディアスポラ（離散）の生活を続け、苛烈な迫害を受けながらも決してユダヤ人としてのアイデンティティを失わなかったのである。

イスラエル建国のバネ

長い間、ユダヤ人は時間の中に生きていた。しかし、ユダヤ人は自らの国を諦めてはいなかったのである。再建の日を待って、待って、待ちわびていたのである。しかも、カナーン（パレスティナ）は神がユダヤ人に約束した土地であった。彼らは神の摂理を信じており、預言者も確認していたので、いつかカナーンへ帰るときはくるものと信じ続けたのである。しかし、チャンスはなかなかやってこなかった。マックス・ウェーバーは『イザヤ書』第二一章から次の章句を引用して言う。

「ドマについての託宣。

セイルからわたしに呼ばわる者がある。

『夜回りよ、今は夜のなんどきですか。』

夜回りはいう。

『朝が来ます。夜もまた来ます。

もしあなたがたが聞こうと思うならばまた聞きなさい。また来なさい。』」

このように告げられた民族は、二〇〇〇年以上ものあいだ問い続け、待ちこがれてきた。そして現在われわれは、その民族の、悲哀をそそる運命を知っている。


このようにウェーバーは述べて、単に待ちこがれるだけではだめで、仕事に取りかかろうではないかと講演「職業としての学問」を締めくくっているわけである。

しかし、ウェーバーがこの言葉を述べたとき（一九一八年）にはすでにユダヤ人は動き出していたのである。それは後に説明するように、テオドール・ヘルツルらによるシオニズムの成立であり、二〇世紀の初めからユダヤ人の入植が開始されて、一九一四年には八万人になっていた。（このときのパレスティナの全住民は七〇万人であった。）しかし、決定的なのは国際情勢の展開であったのではないか。中近東は西ヨーロッパとインド、中国を結ぶ交通の要衝であって、ナポレオン時代から争奪の対象となっていた。特にスエズ運河が一八六八年に開通してからは、その度を加え、インドを植民地とするイギリスは一八八二年にエジプトを軍事占領している。

これに対し、ドイツ帝国も東方へ触手を延ばし、イギリスに対抗していわゆる3B政策によってべルリン→イスタンブール（ビザンチン）→バグダードを結ぶ鉄道を計画していた。ところで、この頃、エジプト以外の中近東はオスマン・トルコ帝国の一部であった。それで第一次世界大戦においてトルコがドイツ、オーストリア＝ハンガリー側に立ったので、イギリスはこれも自らの手におさめようとした。そこで、あのアラビアのローレンスの大活躍が始まることとなる。彼はアラブ人を煽動して反トルコ的破壊活動に立ち上がらせ、これにより一九一五年には英・アラブ指導者間のマクマホン協定によってアラブ人諸国家の独立を約束させた。ところが、他方で、イギリスは戦争におけるユダヤ人の協力を取りつけるために、ユダヤ人が熱望しているパレスティナにおけるユダヤ人国家（ナショナル・ホーム）の建設をも一九一七年のバルフォア宣言で約束していたのである。これはイギリスの二枚舌である。とはいえ、これによってユダヤ人にパレスティナ帰還の国際的な手掛りが与えられたことは間違いない。

ともかくも鉄壁にヒビが入ったところで、これに突破口を開けて、いっ気にイスラエル共和国へ突進する爆発力を与えたものは、ナチス・ドイツにおけるホロコースト――虐殺工場におけるユダヤ人抹殺――の衝撃である。一九世紀に人口的にユダヤ人がもっとも多く居住していたのはポーランド、リトアニア、ロシア西部といった東ヨーロッパであって、それはアシュケナジームと呼ばれるユダヤ人の一派であった。彼らは一九世紀後半、特にロシアのポグロム（ユダヤ人虐殺）以後、西側に移住しはじめ、ある者はアメリカ合衆国に、ある者はひとまずドイツ、オーストリア＝ハンガリーへ移住するのである。ドイツ語圏ではアシュケナジームの言語であるイーディッシュ語がドイツ語に類似しているし、以前からそこに住んでいたユダヤ人はナポレオンによっていちおう解放され、文化的にも経済的にも西ヨーロッパ化を完了していた。その結果として、第一次世界大戦で敗北したドイツに成立するワイマール体制の民主主義のもとでユダヤ人は文化的にも、経済的にも一つの黄金時代を迎えたのである。この量的かつ質的なユダヤ人のオーバープレゼンテーションが、大衆の不安と嫉視を誘い出したナチズムを成功させ、ホロコーストという地獄をもたらしてしまったのである。

西ヨーロッパにおける反ユダヤ主義とユダヤ人迫害の歴史は古く、単にドイツ人だけではない。それでもそれはホロコーストと比較するならば散発的であり、間欠的であり、一五世紀のスペインにおける異端審問を例外として組織的ではなかった。しかし、ナチスによるユダヤ人虐殺は、騒擾状況の中においてではなく、ドイツ国内とドイツ軍に占拠された他地域のユダヤ人がほぼ全員、強制収容所に送られ、さらにアウシュヴィッツに代表される虐殺工場に集められて、ごくメカニカルに抹殺されたのである。その人数は少なく見積って四〇〇万、多く見積って六〇〇万といわれ、これによりユダヤ人人口の四分の一ないし、三分の一が殺害されている。調査されている殺害された人びとの国別数は次のとおりである。(一万以上のみ)

ポーランド リトアニア ロシア西部	四五六万五〇〇〇
ハンガリー	三〇万
チェコスロヴァキア	二七万七〇〇〇

ルーマニア	二六万四〇〇〇
ドイツ	一二万五〇〇〇
オランダ	一〇万六〇〇〇
フランス	八万三〇〇〇
オーストリア	七万
ギリシア	六万五〇〇〇
ユーゴスラヴィア	六万
ベルギー	二万四〇〇〇

世界的に見れば、王朝交代期の中国にこれらの数字を大幅に上回るものがしばしば見られるが、しかし、それらはいずれも騒擾の間に行われたものである。ナチスのユダヤ人抹殺の特徴は、それが工場の大量生産的かつ計画経済的なやり方でなされたことにある。ユダヤ人史は迫害の歴史であるといって過言ではないが、しかしホロコーストはその中でもはるかに突出したものであって、さしものユダヤ人社会を震撼させずにはおかないものだったのである。

アラブ人との戦い

ホロコーストの体験はユダヤ人のエネルギーを爆発的にイスラエル建国に向かわせたといえる。国家をもたないからこそ、こうした不合理な運命を押しつけられるのだという思いがユダヤ人の心を捉えたに違いない。それにまた、シオニズムの運動もこの情念の受け皿となりえるほどに着々と進んでいた。さらに世界システム的に考えるとき、アラブ人の覚醒に対して西ヨーロッパが対抗の一石としてユダヤ人を位置づけようという思惑もなかったとはいえないであろう。イスラエル共和国は覚醒しつつあるアラブ世界にとって刺さったトゲであることは間違いないからであり、国際情勢は日露戦争をも含めて、覇権国の戦略や覇権闘争によって軌道をしくというのが現実であるからである。

すでに見たように、鉄壁であるかに見えた壁にヒビを入れたものは一九一七年のバルフォア宣言であった。これはイギリスの二枚舌であったが、実はイギリスはもう一つ矛盾する約束をしていたのである。要するにイギリスは三枚舌を使っていたのである。それは一九一六年に結ばれたサイクス＝ピコ協定である。これは第一次世界大戦後のオスマン帝国の非トルコ人部分の分割に関するもので、トルコ西南部とレバノンに至るシリア沿岸はフランスに併合、残りのシリアとイラク北部はフランスの権益優先地域とし、イギリスはイラクのバグダードからバスラを中心とするイラン寄りを併合、残りのイラクとヨルダンまでをイギリスの権益優先地域とするというものである。そしてイェルサレムを中心とするパレスティナ地域は国際管理下に置かれることになっていたのである。

戦争終了後、基本的にはサイクス＝ピコ協定の線に沿って処理された。一九二〇年のサン・レモ会議でフランスはシリアとレバノンを、イギリスはイラク王国とヨルダン王国とパレスティナを委任統治領としたのである。ユダヤ人は裏切られたのである。しかし、ユダヤ人のパレスティナへの入植は着々と増加していった。パレスティナのユダヤ人人口は、一九二二年に八万三八〇〇人、三一年に一七万四六〇〇人、三五年に三五万五一〇〇人、四〇年に四六万三五〇〇人、四五年に五五万四三〇〇人、四七年には五八万九三〇〇人となっている。この人口増大はユダヤ人による土地の購入や資本の流入をともなうもので、アラブ人の中から富裕層を生み出したが、その一方で反発も強まっていった。すでに一九世紀末、パレスティナにおける土地購入を制限するようにとの請願がパレスティナ・アラブ人からオスマン帝国へ提出されているし、またユダヤ人コミュニティとアラブ人コミュニティとの対立も深まっていた。その代表的なものが一九三六年のアラブ人の大蜂起である。

しかし、統治を委任されたイギリスは両者の対立を解決するすべをもたなかった。ユダヤ人は衝突に備えて武装軍事組織を作り上げており、これが一九四八年の独立戦争＝第一次中東戦争におけるイスラエル共和国軍の中核となるのである。それはともあれ、イギリスもユダヤ＝アラブの武力衝突の頻発にねをあげて、一九三七年にユダヤ人地区とアラブ人地区との分割や、ユダヤ人の移住は一年に一万二〇〇〇人を上限とすることをなど提案したが、アラブ人側に拒否された。一九三九年にはイギリスは将来のユダヤ人移住の総数を七万五〇〇〇人としたが、これにはユダヤ人が反発し、イギリス人へのテロへとつながった。このテロをめぐってはシオニストの諸分派が入り乱れ、あい争った。この間に周辺のアラブ諸国はイラク（一九三二年）、シリア、レバノン（一九四四年）、ヨルダン（一九四六年）という具合に独立している。したがってパレスティナだけが静穏であろうはずはなく、ついに一九四七年の初め、イギリスはパレスティナ問題を国連に委ねると宣言、その年の一一月、国連パレスティナ特別委員会の多数派の案が可決されたのである。

これはパレスティナをアラブ人の国とユダヤ人の国に分割し、イェルサレムとその周辺を国際管理下に置くというもので、結果、ソ連とアメリカを含め三三カ国が賛成、おおむねアラブ系の一三カ国が反対、イギリスを含む一一カ国が棄権した。しかし、これは問題の終わりではなく開始であった。アラブ諸国は到底この案をのむわけにはいかなかった。一九四八年四月、アラブ諸国の軍隊はパレスティナへの滲透を開始したのである。これに対し、ユダヤ人側も五月一五日、イスラエルの独立を宣言したが、エジプト、ヨルダン、シリア、レバノン、サウディアラビアはいっせいに総攻撃に移った。アラブ側の兵力は一五万強、イスラエル側の兵力は三万弱で、始めはアラブ側が優勢であったが、イスラエル側の志気は高く、持ちこちえ、七月にチェコスロヴァキアからの武器が到着するや反撃に転じ、一九四六年六月、ついに国連の休戦勧告をアラブ＝イスラエル双方で受け入れるまでに挽回した。このときイスラエルが交戦各国と結んだ停戦ラインは国連の分割提案よりもイスラエルに有利なものであった。

これが第一次中東戦争（イスラエル独立戦争、一九四八―四九年）であるが、これに続いて第二次中東戦争（スエズ戦争、一九五六年）、第三次中東戦争（六日戦争、一九六七年）、第四次中東戦争（一九七三年）と戦いは続くのである。今もアラブ＝イスラエルは対峙し、和解への道が模索されているが、イスラエルの国家防衛の意志は頑強であり、他方、多くのパレスティナ難民を出したアラブ側にはイスラエルの存在をなお許容しない勢力が厳然と存在しており、五〇年を越える衝突は解決の見通しが立ったとは言いがたい。おそらく二一世紀においてもアラブ＝イスラエルの関係は国際関係の中でもっとも危険をはらんでいるといえるであろう。

文明史的に見て興味深いことは、この不倶戴天の敵ともいえるユダヤ人とアラブ人は文化的には極めて近い関係にあるということである。科学的な意味で兄弟と言うことが決しておかしくない関係にあるのである。そこで連想されるのは中国、朝鮮半島、日本というわれわれの東アジア文明圏である。中近東の文明圏はより長期にわたるだけに、時期によってさまざまであるが、言葉や文字、宗教という文明の根源的なところでは、ユダヤ人とアラブ人の関係は中国人、いやコリア人と日本人の関係よりもはるかに近いと言いうる。そしてユダヤ人が国土を回復したイスラエルとアラブ諸国との関係は日本と東アジアの大陸諸国との関係よりも地続きであるだけにより切迫したものがある。例えば、イスラエルの建国がアラブ諸国に与えた衝撃は、東アジアにおける日本の開国・近代化が「隠者の国、朝鮮」や「中華帝国」に対して与えたそれと同質であるが、比べようもなく強烈なものがあったのである。東アジアの場合は、海があっただけ緩和されたのである。

「一衣帯水」どころか、「同文同種」も民族の関係における友好性をいささかも保証するものではない。このことは、ユダヤ人のヘブライ語とアラブ人のアラビア語との距離が、日本語と朝鮮語との距離との比較以上に近接したものであることで判るだろう。東アジアの二つの言葉の近縁性は、構造における膠着語（助辞や接辞が語根に連続することによって文法的機能を果たす言語）である点と、語彙的にはともに漢語を大量に吸収している点だけで、固有のヴォキャブラリーの一致は極めて偶然的である。しかし、ヘブライ語とアラブ語との関係は日本語と琉球語の関係のようなものではないか。〈父〉はアラビア語でアブ、ヘブライ語でアーブであり、〈王〉はアラビア語でマレクならヘブライ語ではメレクである。表1（次頁）は言語学的な比較とはいえないが、アラビア語とヘブライ語、アラム語（ヘブライ語が聖典用の言葉になったとき、イエスなど一般のユダヤ人が使っていた言語）との近縁関係がいかに近いかを感じさせるだろう。今でもヘブライ語とアラブ語の共通語彙は五〇%といわれている。

語彙の展開においても、この二つの言葉は同じシステムで造語している。この二つの言葉のみならず、セム系言語では主要な言葉は三つの子音を語根として、その前や、子音の間、その後に、法則に従って母音を挿入したり、語頭に接頭辞を、そして語尾に接尾辞をつけて活用したり、造語したりするのである。この点、ヘブライ語もアラビア語も全く同様である。例えば、「書く」という概念の語根はK＝T＝Bであって、ヘブライ語もアラビア語も同一であり、そこから展開する母音や接頭辞や接尾辞はかなり違っているが、システムは全く同じである。ヘブライ語では、カータブは「彼が書いた」で、ケターブが「書いたもの」、カッターブが「書記」、ミクタバーが「机」である。アラビア語ではカタバーが「彼が書いた」で、キターブは「本」、クトゥビが「本屋」、マクタバが「図書館」、コクタバが「机」、カッティーブが「書記」というわけである。

表1　アラビア語・ヘブライ語・アラム語比較

	アラビア語	ヘブライ語	アラム語
父	'ab	'āb	'abā
母	'umm	'ēmm	'emmā
舌	lisān	lāšōn	leššānā
手	yad	yād	'īdā
耳	'udn	'ōzen	'ednā
にんにく	tūm	šūm	tumā
犬	kalb	keleb	kalbā
夜	laylat	laylāḥ	lelyā
さそり	ʿaqrab	ʿaqrāb	ʿeqarebā
牛乳	ḥalīb	ḥālāb	ḥalebā
王	malk	mélek	malkā
聞く	išmē	šmʿ(a)	šmʿ(a)
一つ	'aḥad	'eḥād	ḥaḏ

文字については、表2のとおりであるが、見かけは違っ

表2　アラビア文字・ヘブライ文字対象表

音価	アラビア文字		ヘブライ文字（10世紀）		数字として両者おなじ
	名称	文字(独立形)	名称	文字	
’	'alif	ا	'alef	א	1
b	bé	ب	bêth	ב	2
dz,g	jîm	ج	gîmel	ג	3
d,dh	dāl	د	dāleth	ד	4
h	ha’	ه	hē	ה	5
w	wāw	و	waw	ו	6
z	zāy	ز	záyn	ז	7
ḥ	ḥā’	ح	ḥēth	ח	8
ṭ	ṭā	ط	tēth	ט	9
y	yā’	ى	yādh	י	10
k	kāf	ك	haf	כ	20
l	lām	ل	lamedh	ל	30
m	mīm	م	mēm	מ	40
n	nūn	ن	nūn	נ	50
s	sīn	س	sāmekh	ס	60
‘	‘ayn	ع	‘ayin	ע	70
f,p	fā’	ف	pē	פ	80
ṣ	ṣād	ص	ṣādhē	צ	90
q	qāf	ق	qōf	ק	100
r	rā’	ر	rēṣ	ר	200
ṣ	ahīn	ش	ṣin	ש	300
t,th	tā’	ت	tāw	ת	400

音価：その字が標わす音。

ているが、注意して見ると共通であることが判ってくるだろう。字形に共通の原型のおもかげが残っているし（例えば、wとzの字）、音韻がほぼ同じなので、文字が相互に対応し（文字の名称と音価のシステムは両語が完全に一致）、数字として使われる文字も同じ音の字である（例えば、'の文字は両語とも1、t・thの文字は両語とも400を表わす）。今日、世界で使われている文字は系譜をたどると、究極のところ二つの原点にたどりつく。エジプト文字と甲骨文字である。エジプト文字は象形文字であるが、シナイ文字に至って標音化し、これがビブロス文字（原セム文字）となって、やがて二つに分化する。そして一つは南セム文字となり、ここから今日のエチオピア文字にたどりつく。もう一つは北セム文字となり、これがさらにいくつかに分かれる。その一つがフェニキア文字で、ここからギリシア文字、ローマ字、コプト文字が出てきて、もう一つがアラム文字で、ここからヘブライ文字やアラビア文字が出てくるのである。

なお、東アジアの甲骨文字からは漢字が出てくるが、それが標音化して日本の仮名文字となる。世界史的には甲骨文字の系統は少数派である。インドの文字からはチベットの文字や東南アジアの文字が出てくるが、この系統もアラム文字が分化したものである。コリアのハングルも字型こそ漢字を模倣しているが、系譜的にはチベット文字の一派、パスパ文字の流れをくんでおり、中国を征服した契丹人やモンゴル人、満州人の文字もアラム文字から出たソグド文字の流れの上にある。いわば、世界の文字は早く標音化したエジプト文字の系統が圧倒的で、東アジアの象形文字の漢字は孤児なのである。ヴェトナムの漢字形のチュノムも廃止され、ローマ字になり、日本の仮名も標音文字化して漢字より離反した。

この文字の分化状況はその書き方と結びついて、眼や手と頭脳との密着した関係から思考の分布状況とすることができるもので、人類文明の根底にある類型的な分布を示しているといえよう。この意味においても、ヘブライ語とアラビア語は極度に近しい関係にあるのである。ともに右から左へ横書きするばかりでなく、今はどちらも母音符号はできているが、本来的に子音字のみを書く点で同一なのである。もちろん、前後関係と文法知識で母音を補って読むのである。フェニキア文字もヘブライ文字やアラビア文字と同じ右から左へ、子音字のみで横書きする。これに対して、そこから出たヨーロッパのギリシア文字やローマ字は同じ横書きであるが、しかし左から右へと書くし、子音字に独自の母音字を付け加えている。これは思考における一つの断絶を示しているのであって、文字で表現された文明の系譜に突然変異が起こっていることを示すものである。なお漢字は基本的に縦書きであり、横書きするときは無原則、かつては右から左へ、今は左から右へである。漢字の縦書きにおける右から左への改行はチベット系のハングルも日本の文字も従っているが、アラム系のモンゴル文字や満州文字は縦書きではあるが、改行は左から右である。

この言語と文字の関係は世界の文明の中で、ユダヤ人とアラビア人との関係がいかに親密なものであるかを教えてくれるものである。にもかかわらず、この二つの民族は構造的に世界でもっとも苛烈な関係にあるのである。何故にこのような事態になったのであろうか。その地政学的背景として近代文明の主流である欧米諸国と精神的には近代文明に屈服していないイスラーム諸国との対立があることは明らかである。しかし、その核心にあるのは宗教である。ユダヤ教こそは、ユダヤ人のアイデンティティを防衛するための心臓である。しかもユダヤ教を固守することは、ユダヤ人とイスラーム教徒、そしてほんのこの間まではユダヤ人とキリスト教徒の関係を峻厳なものとし、時にのっぴきならぬものとしたのである。ところで、宗教における関係を世界史的視野で見るとき、これまたこの三つの宗教は兄弟ともいってよい関係にあるのである。いずれもアブラハムの神を唯一神とする信仰であり、神よりモーゼに与えられた十戒を律法の原点に置く宗教である。しかし、それからが違ってくるのであり、この違いが関係を苛烈なものとしたのである。

そして二〇世紀の経験（ホロコースト）は、ユダヤ人をして自らの宗教を核とするアイデンティティを守り抜くためには国家をもたなければならないと確信させた。すなわち、近代文明においては国家が組織の最高形態であるから、すべての民族が必ずしも享受していない近代国家を手に入れ、そのためには戦火をも決して恐れてはならないと決断させたのである。それは針の穴をラクダが通るようなものだと知ったうえで断行したのである。いわば、無理を承知で断乎として遂行したのである。

二　ユダヤ人を鍛錬したもの

イスラエル共和国の建国は地政学の限界にあるものを教えてくれるものである。そこには地政学的な要素を絶するものがある。もちろんユダヤ人も「常識」をもっていた。近代文明の中でピンチに追い込まれれば、安全地帯としての民族国家を思い浮かべないはずはない。民族国家には国民のほかに国土がいるのである。一八七一年のロシアのオデッサのポグロム（ユダヤ人虐殺）はパレスティナへ帰ろうという運動を生み出し、「シオンを愛する者たち」という組織を生み出した。この組織には、一八八一年のキシネフのポグロムの衝撃を受けたオデッサの医師レオ・ピンスカーが加盟している。彼は、パレスティナにこだわらぬ領土主義と呼ばれるものを打ち出した人物である。しかし、それは地政学を無視しようというものではなかった。

「われわれは、なによりも、昔のユダを復活しようと夢見てはならない。われわれの政治的生命が徹底的に侵害され、破壊された場所に自分たちを結びつけてはならない。われわれの現在の努力の目標は『聖地』ではなく、われわれ自身の土地である。われわれに必要なのは貧しい兄弟のための一区画の領土だけである。われわれの財産を残しておくことができ、外国の支配者から追い出されない領土が必要なのだ。」(ハレヴィより引用)

しかし、「シオンを愛する者たち」は、パレスティナ以外のどこかに国家を建てるよりも国家をもたないシオンの方を選んで、細ぼそとしたユダヤ人の流れが一九世紀後半から始まるのである。もっとも、ピンスカーの領土主義が挫折したわけではない。今度は、ロシアではなく、西ヨーロッパにそれは飛び火したのである。それがテオドール・ヘルツルのシオニズムである。彼はウィーンに住み、オーストリアの市民として同化を完了し、上流社会にすら入り込んでいた。しかし、一八九六年、ジャーナリストとして記事を書いていたパリで、彼はドレフュス事件にぶつかったのである。

「〔セファルディームの子孫の〕同化したユダヤ人で、保守的な愛国主義者、軍人であると同時に軍国主義者、遵法主義者、少なくともヘルツルと同じくらい普通の人であるドレフュスのような人間が、解放と人権の揺籃の地であるフランスで、反セム主義の陰謀の犠牲になるのだったら、ユダヤ人は自分たちの国家を持たないかぎり、どこにいても安全ではないだろう。」（ハレヴィ）。

そこで彼は『ユダヤ人国家』（一八九六年）を書いたのである。

彼は、ユダヤ人問題は宗教問題でも社会問題でもなく、民族問題であると喝破した。これまでも同化の試みが追求されたが、結局、効果はなかった。唯一の解決方法を彼はユダヤ人国家の建設に求めたのである。

「われわれは一つの民族である。歴史上、繰り返し見られるごとく、われわれの敵はわれわれの意に反してわれわれを一つにしてしまった。災害はわれわれを団結させ、かくして団結したわれわれは突如としてわれわれの実力を発見したのである。そうだ。われわれは一つの国家、一つの模範的国家を建設するに足るだけ強力である。われわれはこの目的のために必要な一切の人間的、物質的資源を所有している。」（バロンより引用）

それでは、どこにこの国家は建設したらよいか。ユダヤ人の心情よりすれば、それはパレスティナに決まっている。しかし、今そこに住んでいるのは圧倒的にアラブ人であるし、帝国主義列強の思惑もあるから容易なことでないことぐらいヘルツルは知りぬいている。それ故、アルゼンチンにコロニーを建設しようという計画もあったし、一九〇三年にはイギリス政府が東アフリカのウガンダに土地を提供しようと打診してきたこともあった。しかし、ともかく一八九七年のシオニスト機構の第一回大会で採択したバーゼル綱領では、この組織の目的を「ユダヤ民族のためにパレスティナに公然かつ合法的に承認された祖国を建設すること」としたのである。

とはいえヘルツルらはこれを五〇年後の独立戦争のような形で実現しようとまで考えていたわけではなかった。それを敢行するためにはホロコーストの経験のようなバネが必要だったのである。しかしヘルツルは、「利害が一致するとき、もっとも強硬な敵の了解をも得ることができる」という信念をもった人であった。彼はイギリスのアーサー・ネヴィル・チェンバレンらを説得しようとしたばかりか、ポグロムの国、ロシアの治安警察の長官プレーヴェやオスマン・トルコ帝国のスルタンに対しても売り込みの商人のように働きかけたのである。彼はユートピアと考えられたことをリアリズムで実現しようとした。しかし、そのリアリズムは商人のリアリズムではなく、徹底した自力、軍人のリアリズムでなければならなかったのである。

ユダヤ人がもっている自力は歴史、つまり、時間である。どの民族も国家を建設しようとするとき、全体を統合するための伝統、歴史の時間を必要とするが、多くの場合、民族が占拠する空間も不可欠であろう。歴史の時間はアメリカ合衆国やソ連の場合のように、理念でもって代えることができるが、空間だけは代わりのものはほとんどない。しかし、ユダヤ人はこれをほとんど歴史（時間）のみでやりきったのである。それは亡国までの思い出だけではない。時間を生かし続けるためには古代ローマのヴェスタ女神の火のように絶対に絶やしてはならない。ディアスポラ（離散）という苛烈な条件の中で彼らは火を守り抜いたのである。その背景には二つの時期あるいは二つの社会があった。それはイスラームの時代ないし社会とキリスト教の時代ないし社会である。イスラーム時代は七世紀の大征服から始まるが、イスラームが衰退期に入った一〇世紀以後、ユダヤ人のかなりの部分がスペインに移動する。キリスト教の時代は古代から続くが、とりわけ一一世紀から一五世紀にかけてその社会では試練にさらされるのである。そして一五世紀以後、再び彼らはイスラームのオスマン帝国と、キリスト教地帯ではあるが辺境の東ヨーロッパに逃避せざるをえなくなる。この間をユダヤ人は民族の時間を一貫して守りぬいたのである。

ユダヤ人の律法

民族の時間を守るとは、民族のアイデンティティを守ることを言いかえたにすぎないが、民族のアイデンティティとは二つの側面をもっている。すなわち、集団の内部においては、集団の同一の時間を共有することであるが、集団の外部においては、その差異性を曖昧なく貫くということである。この二つの側面はいずれの民族についても言えることであるが、ユダヤ人については、それは律法にもっとも端的に表現されている。このことはユダヤ教とイスラームについてだけ言いうることであって、同じアブラハムの神を信ずるキリスト教については同じようには当てはまらない。それは、ユダヤ教とイスラームは聖俗一致であるが、聖俗分離のキリストでは掟《おきて》についても聖界と俗界とが別個であるからである。ましてや聖俗分離であるのみならず、一神教ではなく、多神教を宗教とする東アジアでは事情は全く違うのである。ユダヤ教（そしてイスラーム）であるからこそ、律法が人間の生活のすべての局面を規定することによって人間であることの証しとなるのである。

この重大な律法を文章化したのがトーラー（モーゼの五書）であり、それを敷衍したり、展開したり、討論したりした集大成が『タルムード』である。トーラーの成立はユダヤ教の成立であるが、『タルムード』はディアスポラ以後（紀元一三五年以後）、バビロニアとパレスティナにおいて三世紀から五世紀までに、すなわちオリエントのイスラーム化以前にできあがっていた。したがって、ユダヤ人の多数がなお農業に従事していた頃に成立しているので、『タルムード』には農民の生活を前提とした規定が一つの骨格にすえられているわけである。

この律法を内容に即して体系的に紹介するのではなく、ユダヤ人の特徴を眼に見えるような形で明らかにするためにアトランダムに解説するならば、まず衣服を挙げるべきであろう。古代におけるユダヤ人はタリートと呼ばれる外衣を着けた。これは長方形のマントのようなもので、その四すみには房がついている。作り方はすべてトーラーに規定があるが、あまりに目立つので、今ではシナゴーグ（礼拝堂）でしか着られなくなった。シナゴーグでは頭にはキッパーという小皿のような帽子か、今は普通の中折れ帽、あるいは山高帽のいずれかをかぶることになっている。

衣服を脱がせて裸にすると、ユダヤ人の男性はすぐわかる。それは男根に割礼がほどこされているからである。割礼はイスラーム教徒も同じようにほどこすが、キリスト教の場合は初期に大問題となり、結局、信仰への「躓きの石」としてやめることとなった。『クルアーン』には明確な規定はないが、イスラーム教徒の場合は少年がある程度育った適当な時期に行い、ユダヤ教徒の場合は生後一週間経った八日目に男根の包皮を切除することになっている。この割礼をほどこす原始民族は多い。多くは自分たちの集団に帰属することのシルシとして行われた。今もユダヤ、アラブを含めてセム族とアフリカの一部で行われている。古代ではエジプトやパレスティナで一般的であったが、ユダヤ教が確立した「バビロン捕囚」期のメソポタミアでは稀だった。それでユダヤ人を他と識別するために行われたようである。トーラーにも明確に規定されているように（『創世記』第一七章）、割礼は神とユダヤ人の祖、アブラハムとの契約のシルシと説明され、義務づけられているものである。今も自覚のあるユダヤ人の間では行われている。このときヘブライ語の名前も授けられるので命名式にもなっている。この契約のシルシによってユダヤ人の男性はいつもユダヤ人であるという自覚をもたざるをえない。

生活の内容にもいくつもの掟がある。トーラーでは、まず食事についての詳細な規定がある。植物についての規定は少ないが、動物についてはきびしい掟がある。すなわち、清浄であるから食べてよいとされる動物はひずめが割れていて反芻することが条件であって、それ故、雌牛、雄牛、羊、山羊などはこの条件に合っているので許されている。この条件に合っていない豚やラクダなどは禁止されているわけである。その他、猛禽、地を這いまわる動物、羽のある昆虫、爬虫類、その他うろこのないエビ、イカ、タコ、ウナギなどの海生動物はタブーとなっている。タブーの中でよく語られるのは豚である。これはイスラーム教徒も同様であるが、乾燥しているオリエントや遊牧地帯は飼養に不向きであるからという合理主義的な説明がほどこされている。とりわけ北ヨーロッパの森林地帯、豚の飼育に適した地帯、そしてゲルマン系の人たちが豚やその加工品を愛好しているところでは、ディアスポラ（離散）のユダヤ人の豚忌避が目立っていた。

ユダヤ人の生活において、これら動物の種類よりも影響が大きいのは、肉の処理の方法であったと思われる。牛にせよ、羊にせよ、清浄な肉はラビ（律法学者）の監督する手順で、一定の儀礼のもとで屠殺されたものでなければならない。屠殺された肉からは血が完全に流れ去るように、三〇分水に浸し、塩を振りかけ、水切りしたのちに、はじめてユダヤ教徒が食べてよいもの（コーシェル）に調理できるのである。この点、イスラームと似たところが多いが、ユダヤ教だけの掟としては肉と乳（製品）を一緒に調理してはならないというのがある。そして、肉と乳とは一定の時間をおいてから食べなければならないことになっている。（イスラームの遊牧民ベドウィンには仔羊をその母羊のミルクで調理する料理があるようである。）単に豚の可否だけではなく、コーシェルしか食べてはいけないという律法は、食のタブーのないキリスト教の欧米人との共同食事をほとんど不可能とする。イスラームとの場合も、タブーの違いは僅かしかないものの、この二つの宗教が食に関する律法の遵守に極めて厳格なため、同じく共同食事はほとんど不可能である。

人間の交際の基本はコンヌビウム（ベッドにおける交際。婚姻関係を結ぶこと）とコンメルキウム（食卓における交際。社交生活をともにすること）にあるのであるが、この食における掟はユダヤ人のアイデンティティの確立を促進するとともに、ユダヤ人とキリスト教徒との垣根の高さ、あるいは同じセム族のイスラーム教徒との垣根の高さを日常生活の中で毎日なまなましく実感させるものである。

ユダヤ人独自の時間

食事という生活の基本のみならず、ユダヤ人は日常生活のリズムにおいても律法によって独自の時間の中で生活するのである。七日間を日常生活の中の時間のひとくくりとする週間制はオリエント社会の伝統であって、そこからユダヤ教も、キリスト教も、イスラームも七日間を一週としている。しかしながら、一週間の締めくくりである安息日はユダヤ教では土曜日、キリスト教では日曜日、イスラームでは金曜日と決められている。したがって、三つの宗教が共存していた中近東では一九四八年のイスラエル独立戦争まで、同じ都市の中でそれぞれの教徒はそれぞれの安息日に店を閉め、それぞれの礼拝堂に行ったのである。一九九四年初秋、筆者はしばらくシリアのアレッポに滞在したことがあったが、イスラーム教徒たちは金曜日には店を閉じ、白衣でモスクに集まっていた。しかし、キリスト教徒の店は開いているので、特に酒などを買出しに行ったものである。(イスラームは酒を禁止しているので、酒屋は各派のキリスト教徒だけである。)

ユダヤ教徒にとって、安息日(シャバット)は極めて重要な意味をもっており、きびしく守られてきた掟である。それは一週の六日目、金曜日の日没に始まり、土曜日の夕べ、三つの星がきらめいたときに終わる。(イスラーム教徒にとっても、あるいは中世までのキリスト教徒にとっても、一日の始まりは日没で、夕方で終わるのである。)この間は祈りと学び以外は一切、仕事はもちろんのこと、料理や掃除も旅行もしてはいけないのである。現在でもイスラエル共和国ではこのとき一切の公共の交通機関が動かなくなってしまう。主婦は安息日の間の食料をあらかじめ用意しておき、夜に入るとシナゴーグに祈りをあげて帰った夫をむかえて食事が始まる。そして食事が終わると一家団欒が始まり、家族の絆が強められるのである。

この週単位のリズムとともに年単位のリズムもある。ユダヤ暦はバビロニアの太陰・太陽暦に手を入れたもので、一カ月は夜空に浮かぶ月の周期と合うようになっており、三〇日の月と二九日の月とがある。しかし、これだけでは太陽の周期と合わないので、時に閏年があり、一二月（アダールの月）の次に閏一二月（再びアダールの月）が付け加えられる。こうした構成をもった一年の要所要所に祭日がもうけられて、アクセントをつけているのである。

まず新年（ローシュ・ハ・シャナー）はティシュリの月（現在では九月から一〇月頃）に始まる。その一日はもともとは秋の収穫祭であったが、今では宇宙創造の時を記念し、神による天地創造を年ごとに継続する過程として記憶する日となった。

ティシュリの月の一〇日は「贖罪の日」（ヨム・キップール）である。この日は断食を行って、自らの罪深さを自覚し、心を改めて再生する機会とするものである。この日の晩に弾かれる曲が有名な「コル・ニドライ」（悽愴なヴァイオリン曲）である。

ティシュリの月の一五日に始まり、一週間続くのが「仮庵《いほ》の祭」（ハグ・ハ・スッコート）である。仮庵とはユダヤ人の先祖が荒野を彷徨していたときの移動用のテントを指すが、今では収穫の祭として祝われている。

キスレーヴの月（現在では一一月から一二月頃）の二五日から八日間にわたって行われるのが「燈明の祭」（ハヌカー）である。楽しく明るい祭である。これはマカベア兄弟（紀元前一六五―紀元前一三五年の反乱の指導者）がシオンの聖所を回復し、荒廃した神殿跡に祭壇を築いて、燈明を捧げたことを記念している。

シェヴァトの月（現在では一月から二月頃）は、パレスティナでは冬に雨が降るので、この頃樹木が水分を得て生き生きする。それでこの月の一五日を「樹木の日」（トゥ・ビ・シェヴァト）として、植樹などを行うのである。

アダールの月（現在では二月から三月頃）の一四日、一五日両日には「くじの日」（プーリーム）が祝われる。これはエステルというユダヤ娘が美人コンテストによってペルシア王の妃となり、ユダヤ人虐殺の命令を撤回させたという伝承を祝う日で、ユダヤ人の祭の中で、もっとも楽しく、にぎやかな祭である。

ニサンの月（現在では三月から四月頃）の一五日から二一日にかけては「過越《すぎこし》の祭」（ハグ・ハ・ペサハ）が祝われる。これはもともと春の収穫祭（ハグ・ハ・アヴィヴ）であったが、今日では『出エジプト記』の故事を祝うものとなった。すなわち、モーゼがエジプトからイスラエルの民を脱出させようとしたとき、エジプト王（ファラオ）はこれを許さなかった。それで神はエジプト全土の長子をすべて殺したのであるが、イスラエル人には小羊を屠殺し、その血を戸口に塗って目じるしとするよう命じ、この目じるしのある家を神は通りすぎて、彼らの子供の生命を救ったというのである。この祭の間に食されるパンはイースト菌ぬきの無発酵パン（マツォート）でなければならないとされ、祭の二日前の一三日には家の中のすべてのイースト菌は取り捨てられることとなっている。これは急いでエジプトを旅立ったことを象徴している。この祭は出エジプトという神の恩寵によって自由と解放をかちえた歴史を記念するもので、ユダヤ教の祭の中でももっとも重要なものである。

次に今では、イヤールの月（現在では四月から五月頃）の五日に一九四八年のイスラエルの建国宣言を記念する独立記念日（ヨム・ハ・アツマウート）が祝われている。

イヤールの月の一八日は「オーメルの日」の三三日目である。オーメルの日は「過越の祭」の二日目から始まり、七週間にわたって、髪をかることも、新しい着物を着ることも、音楽を鑑賞することも、いかなる娯楽を楽しむことも禁じられている。これは第二次ユダヤ戦争（紀元一三五年）のエピソードを想起するものとされている。

スィヴァンの月（現在では五月から六月頃）の六日に祝われる「七週の祭」（ハグ・ハ・シャヴォート）はもとは農業関係の祭であったが、今は律法付与、ユダヤ教誕生の記念日である。キリスト教のペンテコステ（教会誕生の日）はこれを受け継いだものである。

アブの月（現在では七月から八月頃）の九日（ティシュアー・べ・アブ）は、紀元一三五年に第二次ユダヤ戦争に敗北して、イェルサレムの第一神殿と第二神殿が破壊されたことを悼む日である。

これらの祭はいずれもユダヤ人独自のものであり、その日を決める暦もユダヤ人独自のものである。アブラハム（イスラエルの民の祖）の神を信ずる三つの宗教はいずれも神の宇宙創造から始まり、最後の審判によって終わるという時間観をもっているが、それを秩序づける暦はそれぞれ独自のものである。イスラームの場合は、月の運動を表現する純粋な太陰暦で、三〇日と二九日の月を交互に一二回組み合わせた三五四日が一年ということになっている。一年をもうけている点で、太陽の運動を全く無視しているわけではないが、四季と密着している農民の立場ではなく、むしろそれにあまり左右されぬ商人＝遊牧民の立場に立った暦である。その紀元は預言者ムハンマド（イスラームの開祖）がメッカ市民の迫害から逃れメディナに聖遷（ヘジラ）した西暦六二二年七月一六日から始まっている。

キリスト教の場合は月がある点でかつての太陰暦の遺制を残しているが、今日では若干の修正を加えて、より厳密に太陽の運動に合わせるよう苦心した純粋の太陽暦で、明らかに農民の暦である。紀元はイエス・キリストの誕生の年を元年としているが、実際には四年のずれがあるようである。これに対してユダヤ人の暦は月の運動に従って各月が決められている点で遊牧時代の伝統を残しているが、閏月を置いて農民の生活との調整をはかっている。紀元は天地創造の年という伝承がある年を元年とするという独特なもので、イエス生誕のとき五一九九年であった。もう一つ、アブラハムの生誕のときを元年とするアブラハム紀元では、イエスの生誕のときには二〇一五年であった。このようにユダヤ人にとっては、祭日とその土台にある暦は自らの民族の歴史を想起し、この民族に帰属しているという意識をうち固めるものであった。もちろん、これらの祭のあるものはユダヤ人の民族形成のときからあったのであるが、その歩みの中で豊富な歴史的意味を与えられ、大方は『タルムード』が編纂される時期までにほぼ固まったといわれている。

イスラーム国家のもとで

紀元一三五年の第二次ユダヤ戦争の結果としてユダヤ人は完全に亡国の民となったが、その後も民族のアイデンティティを保守し、さらに生き方について思索を進めるのである。ディモントのまとめによれば、ディアスポラ（離散）という新しい条件のもとでのユダヤ人の生活の仕方について、『タルムード』が到達している原則は次のとおりであった。これはユダヤ人が客人民族として他民族の国

の中で、通常は二級市民として生きなければならない場合における心得である。（上一二八ページ）

一、いかなるユダヤ人も敬虔なユダヤ人が守れないようなユダヤ人の律法を守る必要はない。（その律法が過去には守ることができたとしても、他の時代には守ることができないと証明されるならば、それは無効とされるか、再検討されなければならない。）

二、ユダヤ人はユダヤ人の裁判所でも、非ユダヤ人の裁判所でも、非ユダヤ人の文書の有効性を認めなければならない。そして、いかなる裁判所のいかなる言語でなされた宣誓も有効である。

三、ユダヤ人はその住んでいる国の法律を守らなければならない。ただし、宗教をただ気紛れに禁止したり、近親相姦を強要したり、偶像崇拝や殺人を強制したりする法は別である。（したがって、その国の損害賠償に関する法律がユダヤ人の法と違う場合は、非ユダヤ人の裁判所の判断に従わなければならない。しかし、ユダヤ人に対してユダヤ教が禁じている食物を食べさせるといった命令には従う必要はない。なぜなら、そのような服従の拒絶はその国を危険にするようなことにはならないからである。）

四、ユダヤ人はその住む国の防衛のために戦わなければならない。たとえ、戦場でユダヤ人同士が戦うことになっても戦わなければならない。

第二次ユダヤ戦争までユダヤ人は、巨大なローマ帝国に対して勇気をふるい、血まみれの戦いにあえて身を挺してまで民族の独立を守ろうとした。しかし敗れ、国土を失い、四散しなければならなかった。しかし普通なら絶望せざるをえない状況の中で彼らは不屈に信仰を守り続けるのである。そのためには必死に異教徒と共存する道を探らなければならない。例えば、ユダヤ人の家でキリスト教徒が死亡したら、その埋葬はキリスト教の儀式によって行わなければならない。ユダヤ人の医者はユダヤ人と非ユダヤ人の患者を同じように治療しなければならない。その患者が貧しければ、治療は無料にしなければならない。経済援助はユダヤ人、非ユダヤ人を問わず、それを求める者に区別せずに与えなければならない。非ユダヤ人の病人がいて、誰もその人を訪れようとしないとき、ユダヤ人は訪れなければならない（ディモントによる）。その他、歴史的な事実として、紀元一世紀まではユダヤ教の伝道が行われたが、それ以後はぴたりと止まってしまっている。

七世紀、イスラームが勃興したとき、ユダヤ人が覚悟していたことは以上のようなことであった。ディアスポラ（離散）以後、彼らが主に住んでいたのはローマ帝国とサーサーン朝ペルシアで、前者は四世紀以後キリスト教を国教としていたし、後者は紀元二三〇年よりゾロアスター教を国教としていた。そして、紀元六三四年からイスラーム軍の大征服が始まり、東ローマ＝ビザンツ帝国のオリエント部分（シリアからエジプトまで）とペルシア帝国は、メソポタミアから中央アジアまでイスラーム軍によって占領され、サーサーン朝は滅亡したのである。このときユダヤ人の主要な部分はこのイスラームの占領地に住んでいたのであるから、以後、ユダヤ人はイスラーム教徒の支配のもとで生きぬくことに腐心しなければならなくなったのである。

当初からムハンマド（イスラームの開祖）は自らの神がアブラハム（イスラエルの民の祖）の神と同じであって、それがユダヤ教やキリスト教の神とも同じであることを知っていた。『クールアン』

を見ても、ムハンマドはいわゆる『旧約聖書』や『新約聖書』の内容やエピソードを知っていたようである。そして彼は、ユダヤの預言者の伝統をふまえ、イエスも預言者の一人として考えており、自らはこの伝統の最後の預言者と位置づけていたのである。信条や儀礼についても明らかにこの伝統の影響を受けている。礼拝の方角はのちにメッカの方向に改められたが、始めはイェルサレムに向かって礼拝している。金曜日を安息日としたのもユダヤ教の土曜日、キリスト教の日曜日にならったものである。したがって、ユダヤ教徒やキリスト教徒は『クールアン』によって「啓典の民」とされ、他の異教徒＝偶像崇拝者とは区別されているわけである。

とはいえ、ユダヤ人とイスラームとの関係が万事円満であったわけでは全くない。ムハンマドとユダヤ人との直接の関係が生まれたのは聖遷（ヘジラ）によってメディナに移ってからである。この町にはすでに三つのユダヤ人の部族がおり、その一つはスーク（市場）を握っていた。ムハンマドははじめ彼らに手を差しのべていたが、ユダヤ人側は彼をニセ預言者とし、まだ自発的な醵金《きょきん》であったザカート（宗教税）の支払いを拒否した。そこでムハンマドは、六二四年のバドルの戦いに勝つとユダヤ人に対し攻勢に出て、まずスークを握るカイマカー部族を包囲してシリアに放逐し、六二五年にはナディール部族を包囲して、北のハイバルに放逐、最後に六二七年にクライザ部族を包囲して、男子六〇〇名を殺し、女子供を奴隷として売却した。そしてハイバルのナディール部族を降伏させ、農業の経営は許すけれども、収穫の半分はイスラーム教徒に納入させることとした。他の町のユダヤ人もこうした条件で降伏を受け入れたが、六三四年からの大征服の中で、征服された地域にはユダヤ人のみならずキリスト教徒、ゾロアスター教徒など「啓典の民」が多数生活していたので、彼らに対する取り扱い方法も一般的に定まっていったのである。

それは彼らに降伏の契約を要求するということで、この契約によって、彼らは人頭税（ジズヤ）と地租（ハラージ）を支払うこととなる。また、イスラーム教徒でない者はそれと判る衣服を着なければならないなどのほか、次のような制約が課されたのである。すなわち、その家はそれと判る印をつけなければならない、イスラーム教徒の家より高い家を建ててはならない、馬に乗ってはいけない、武器を携行してはいけない、イスラーム教徒には道を譲らなければならない、新しい教会やシナゴーグを建ててはいけない、愚弄するやり方で人頭税を支払ってはいけない、等々。一般的には、イスラームを信じない者はイスラーム教徒の特権から排除されるとともに、イスラーム教徒の義務から免れていた。そして彼ら「啓典の民」は、人頭税を支払うことによって、ユダヤ教やキリスト教の信仰を維持し、自分たちの宗教裁判所の支配だけを受ける権利を認められるズィンミー（被護民）という身分にあった。また、イスラーム教徒の女と結婚することやイスラーム教徒の奴隷を所有することはできなかった。

イスラーム時代にユダヤ人に起こった変化は、それまでその多くが農民だったけれども、ほとんどが離農して商人や手工業者になったことである。これはイスラームが商人や遊牧民の宗教であった影響であろう。イスラームに征服されてほぼ一〇〇年の間にほとんどが離農してしまったと思われる。彼らはイスラームが活気づいていた七世紀から一一世紀の間、そのほとんどがメソポタミアからエジプトにかけて、都市でいえばバグダードとダマスカスを中心に生活していた。一一世紀以後、このユダヤ人口が漸次、西方に動きはじめる。都市でいえば、一方はフスタート（カイロ）が一つの中心となった。そしてもう一方はそこからずっと西のスペインに向かい、そこで大きなコロニーを作った。当時、その首都コルドバはバグダードと比較されて、西のバグダードと呼ばれたのである。

キリスト教のもとで

イスラーム時代、はじめて世界システムができあがったといえよう。それは言い換えるならば商業ネットワークであって、商品とともに商人が往来しはじめたのである。陸上ではトルキスタンから中央アジアをへてメソポタミア、さらにパレスティナを通ってエジプト、そこからモロッコまでゆき、さらにサハラを越えて西スーダンというのが大幹線である。その他の幹線としては、一つは黒海から河川をたどってバルト海、そしてスカンディナヴィアへ行くルート、もう一つは地中海からイタリア半島、イベリア半島、ローヌ河をさかのぼって、次いでライン河流域に移るルート、あるいは小アジアからビザンツ帝国、そしてバルカン半島へ向かうルートである。一方、海上ではインド洋を場として、一つはアフリカ東岸に南下するルート、もう一つはペルシア湾、紅海からインド、東インド諸島、北上して福建、広東に及ぶものである。

スペインの駅長イブン・ホゥルタードベが書いた『諸道と諸国の記』(八七〇年頃)の記述では、ラダニートと呼ばれる商人がほぼこのネットワークを場として活躍している様子が記述されている。ゴイテインによれば、八世紀、九世紀に西アジアで「ブルジョア革命」が起こったという。その原因としては、(1)イスラーム軍による貴金属の押収と新しい金銀山の開発、その貨幣化による大量の資本動員、(2)都市におけるチープ・レイバー(低賃金労働)の堆積、(3)始まった農業革命による安価な農業生産物、(4)各地に建設されたアラブ人の新都市、(5)企業としての遠征、(6)広大な商業ネットワークによる諸民族の広汎な交流、(7)道路の建設、旅行案内の盛行、旅行施設の改善、(8)イスラーム国家支配者の商人性、などが挙げられている。ユダヤ人はこの「ブルジョア革命」の諸契機の担い手として活動したのである。(一〇一―一一〇ページ)

ところで、この商業ネットワークの中でユダヤ人の役割の大きさが原因となり、その後の彼らの歴史に深刻な影響を及ぼすことになるのが、中世初めから続いていた西ヨーロッパと中近東との貿易である。西ヨーロッパはキリスト教国であるため、イスラーム商人自身が入り込むことはむずかしく、結局、古代から引き続いてコロニーをもっていたユダヤ人がこの地域を担当することになっていた。彼らの営みは東方物産と西ヨーロッパ物産との仲立貿易であった。東方からはスパイス、パピルス、絹、木綿、砂糖などが送られたが、西ヨーロッパが送ったものは毛織物や銀とともに、北ヨーロッパ、東ヨーロッパの非キリスト教徒の捕虜奴隷であったのである。これらの奴隷は北西フランスの町ヴェルダンに集められ、ローヌ河を下り、地中海岸を沿ってスペインに入り、コルドバでイスラーム商人に売り払われ、そこからオリエントへ運ばれていたのである。

当時の西ヨーロッパでは、必要な東方物産を購入しても、見返りの物産には乏しかった。したがって決済は奴隷によってなさざるをえなかったのであるが、この事実は低開発の西ヨーロッパにとってやましい恥部であったに違いない。それ故、北ヨーロッパや東ヨーロッパのキリスト教の伝道が進展する一〇世紀頃から奴隷不足に陥り、他方で中世都市の勃興による毛織物など手工業製品が輸出品として増加してくると、ユダヤ人がうとましい存在になっていったと思われる。何よりも奴隷商人としてのユダヤ商人の強烈なイメージと、ユダヤ人は人さらいであるという中傷とが重なった。イデオロギーはすでにローマ帝国以来のキリスト教会による反ユダヤ教の思想として充分に準備されていた。かくして、西ヨーロッパが経済的にもオリエントから自立した結果としての「十字軍」が始まる。その一〇九六年の門出の血祭りとしてのユダヤ人虐殺。これをきっかけとして、四世紀にわたるヨーロッパの反ユダヤ主義が爆発するのである。

　ヨーロッパの反ユダヤ主義にはいくつもの側面あるいは層があると思われる。その第一の層、あるいはタテマエは、ローマ帝国時代のユダヤ教とキリスト教の葛藤のなごりである。この二つの宗教はローマの皇帝崇拝を受け入れぬところから、ともに弾圧された。ユダヤ人は自らの民族国家を守ろうとして徹底的な大弾圧を受けた。キリスト教はその勃興の活気あふれる伝道活動によって多くの信者を獲得していくが、これに対する帝国当局の危機感をあおり、これまた大弾圧を受け、多くの殉教者を出した。しかしながら、今度は四世紀初めに国教化したキリスト教がユダヤ教迫害を始めたのである。もともとキリスト教はユダヤ教から出たのであるが、律法の宗教から福音の宗教へと転換し、ユダヤ人だけの宗教からいかなる民族にも伝道されなければならない宗教へと変わった。かくして両派は激しく対立していった。そして勝ちほこったキリスト教は、ユダヤ教の律法主義をパリサイ主義（偽善者）として批判する教義レヴェルのものから、キリストはユダヤ人によって殺されたとする煽情的なアジテーションまで、権力と絡み合って攻撃しはじめたのである。

　宗教の側面だけではなく、文明の面の緊張もあった。もともとヨーロッパはオリエント文明の亜周辺だった。（ヨーロッパの文明はオリエントの文明の刺激によって開花したが、オリエント諸国に征服されることはなかった。）オリエントとギリシア、オリエントとローマ、イスラーム諸国と西ヨーロッパの関係がこれである。西ヨーロッパは中世の初期より、イスラーム諸国から多くのものを受け取った。特に物質文明のみならず商業文化においても多くのものを受け取った。このことは西ヨーロッパの語彙の中のアラビア語起源のものを見ればすぐわかる。精神文明においても多くのギリシアの古典をアラビア語を媒介として読んだのである。しかし、この関係は心理的には、東アジア大陸と日本のように、極めて緊張をはらむものであった。この緊張の果て、豊臣秀吉が大陸に攻め込んだように、アレクサンダー大王はペルシアに、ローマの将軍はオリエントに、「十字軍」はレヴァントに攻め込んだのである。そして両者の仲立ちをしたユダヤ人は、西ヨーロッパ人にとってはキリスト教徒の敵、西アジア人だったのである。

シャルルマーニュことカール一世（フランク国王、在位七六八―八一四年。西ローマ皇帝、在位八〇〇―八一四年）の段階では、彼はバグダードのカリフ、ハルヌール・ラシドにユダヤ人を案内人として使節を送ったりしている。しかし、彼は東方の絹織物に興味をもたず、西ヨーロッパの毛織物の愛用者であった。その後、九世紀、一〇世紀、一一世紀と西ヨーロッパは発展を続ける。中世都市が興り、地中海貿易にイタリア人自身が乗り出してゆくのである。この時代の西ヨーロッパにおける商業、とりわけ貿易の発展は、イスラーム諸国の影響なくしてはありえなかったろう。例えば、株式会社成立史の前史を見る場合、合名会社と匿名組合（組合員が出資して、利益の分配を受ける契約）の起源を、前者はフィレンツェのソキエタス（原意は仲間）、後者はヴェネチアのコンメンダ（原意は委託）とするのが通説となっている。しかし、すでに八、九世紀に地中海のイスラーム側に出現するシャリカット（合名会社の原型）なしにソキエタスを、そしてムダーラバ（匿名組合の原型）なしにコンメンダを考えることはできまい。（イスラームの特徴は、西ヨーロッパにおけるように両者が融合し、かつ関係が即物化することがなかったために、株式会社まで到達しえなかったところにあるだろう。）しかし、西ヨーロッパは自らの文明がイスラーム文明に多くを負うていることを承認したくないのである。

一三世紀のトマス・アキナスはその哲学の建設にあたってアリストテレスを研究したが、それはアラビア語訳を媒介としたラテン語訳とイスラームの哲学者イブン＝ルシュド（ラテン語名、アヴェロエス）の注釈のラテン語訳を通して行ったものである。西ヨーロッパが古代ギリシアの古典をギリシア語で読めるようになるのはずっとあとで、特に一四五三年にコンスタンティノープルが陥落して多くのビザンツの知識人がイタリアに逃亡してきてからである。西ヨーロッパ人は一五世紀から一六世紀をルネサンスとし、それを古典古代の学芸の再生と位置づけることによって、中世を暗黒時代としている。しかし、ルネサンスを準備したのは中世であり、中世を開花させたのはイスラームの影響なのである。ルネサンス概念はこのことを隠蔽するためのものであった。この彼らの心性が、オリエントとの関係の仲立ち者として西アジアを想起させるユダヤ人をうとましいものとし、ついに彼らを西ヨーロッパから排除したのである。

一一世紀の中世都市の確立そのものが商業や手工業の各種職業からユダヤ人を排除するものであった。なぜなら、中世都市の主体として各種職業を独占するギルドはキリスト教の聖人を守護者とするだけに、ユダヤ人はこれに加入することができなかったからである。そのためにユダヤ人は呪われた職業である金貸しにならざるをえなかった。しかし、金融の分野にもイタリア人が流入してくると、もはやユダヤ人の役割はなくなった。ユダヤ人迫害はこうした経済的背景において行われたのである。突如とした財産没収、追放などはざらに起こった。キリスト殺しのユダヤ人はキリスト教徒の子供の血を儀式に使っている、こうした流言が飛びかい、暴徒によって集団リンチにあうこともあった。特に迫害が激しくなったのは一三四七年からのペストの流行に際してである。ユダヤ人が井戸に毒を入れたといった流言によって、彼らは各地で焼き殺された。

結局、一四世紀までに西ヨーロッパの各地からほとんどのユダヤ人は東ヨーロッパに逃亡することとなった。イスラーム時代、イベリア半島には多くのユダヤ人が集中して繁栄していたが、キリスト教徒のレコンキスタ（失地回復）によってキリスト教化されるとともに、ここでもユダヤ人は追いつめられてゆく。イスラーム支配下はもとより、キリスト教王国のもとでも一三九一年の反ユダヤ暴動までは比較的安泰であったが、この騒ぎ以後、状況は険悪になってゆく。スペインにおけるユダヤ人迫害がもたらした結果の特徴は集団改宗が多く出たというところにある。おそらく、これはスペインに集まっていたユダヤ人の多くが東から移住してきた人たちで、西ヨーロッパへの入口をふさがれて、行くところがなかったからであろう。かくして彼らは表面的にカトリックとなったが、それで終わらなかった。彼らはマラノス（豚）と呼ばれ、擬装改宗を疑われ、異端審問にかけられ、拷問され、火刑に処せられたのである。特に迫害が苛烈になったのは一四七八年、ユダヤ人の改宗者でドミニコ会士、トルケマダが異端審問官になってからである。彼による審問は峻厳を極め、十数年の在任中に一人で一〇万件を審理し、火刑台からは二〇〇〇回以上の火の手が上ったといわれている。

一四九二年には最後のイスラーム王国グラナダが陥落して、スペイン全体がキリスト教徒の手に落ちた。そしてこれによりユダヤ人追放令が最終的に出され、ユダヤ人は四散し、多くはオスマン・トルコ帝国の各地に流れてゆくか、ヨーロッパのどこか（まずポルトガル、次いでフランス低地地方、イタリア、イギリス）にしのんで潜むことになったのである。若干のユダヤ人のゲットー（隔離されている区域）がドイツを中心に残っていたが（フランクフルト、ブレスラウ、プラハなど）、それはポーランド＝リトアニアのユダヤ人（そこではシュテートルという町を作り、比較的安全に暮していた）と連絡があったことと、東方のロシア経由のキャラヴァンが細ぼそながらレーゲンスブルクあたりまで来ていたからであろう。再びユダヤ人が公然と西ヨーロッパに姿を現すのは、一七世紀、西ヨーロッパの近代化が本格的に始まってからである。

三　ユダヤ人の近代化への苦闘

ひとたびは西ヨーロッパはユダヤ人を抹殺したのである。しかしながら、西ヨーロッパにも変化が訪れる。それはルネサンスではなくて、「宗教改革」である。「宗教改革」はそれまでのカトリックの教権の独占的支配を打ちこわしてしまった。もちろん「宗教改革」の中にもカルヴァン派のようにキルへ型＝普遍的なアンシュタルト（公共の営造物）としての教会を志向する宗派もなかったわけではない。しかし、カトリックを含めて多くのプロテスタント諸宗派が入り乱れる現実としての状況は、異教会の共存、ひいては宗教の寛容を受け入れざるをえず、そこにユダヤ教が公然＝非公然に入り込む余地というものも生まれたのである。

中世以後、最初にユダヤ人が公然と帰ってきたところはオランダである。正確に言えば、スペインを追われたユダヤ人、すなわちユダヤ化したスペイン語のラディノを話せるユダヤ人の一派(セファルディーム)は主に地中海沿岸のオスマン・トルコ領に流入したが、有力な一部はイタリア諸都市に受け入れられたのである。そして、ヴェネチアは当時のヘブライ語文献出版の中心になったりしたが、この地のユダヤ人は基本的にゲットーに隔離され、中世ほど苛烈ではなかったが、なお中世的な生活をしていた。しかし、ポルトガル経由でネーデルランドのアントウェルペンへ行き、さらにアムステルダムに移ったセファルディームは誕生しつつあった近代市民社会に入り込んでいったのである。

もともとユダヤ人は、イスラームのもとで八世紀頃に農業を離脱して商工業に入ったため、都市に住むようになっていたし、当然、商品貨幣経済が繁栄する地域に集中する傾向をもっていた。それに支配者の恣意性にさらされ、不安定な生活をしいられていただけに、社会の風向きを敏感にかぎとる能力を身につけていた。そのためか、ユダヤ人の居住地はバグダード、ダマスカスから一一世紀頃にはカイロにその中心が移り、やがてイベリア半島に集中していったのであろう。さらに一七世紀からアムステルダムに集中してゆくのであるが、当時、オランダはスペインと戦っており、世界覇権を奪取してゆきつつあった。つまり、近代世界システムの中心部となろうとしていたのである。ユダヤ人はこの都市において一つの繁栄の時代を経験し、ドイツのアシュケナジームも多く流れ込んで大コロニーができていた。世界最古の壮麗なセファルディーム式シナゴークがあるのもこの都市である。

ここで彼らは新しい職業につく機会を与えられた。一六〇二年に最初の株式会社、オランダ統一東インド会社が設立されたが、一六〇九年には最初の証券取引所が生まれた。そこで発生した証券業にユダヤ人は早くから入り込み、顕著な活躍をしている。その他、商品のブローカー、海外貿易、これと関連して植民地（ブラジルほか）でのプランテーション経営、プランテーションの労働者としての奴隷供給業、プランテーション生産物の加工業（トラフィーク）としての製糖業、タバコ製造業、ダイアモンド加工業、印刷業など、さまざまな分野にも進出している。民族としてのユダヤ人は国家をもたないので地政学的な間合いを考慮せず、覇権の中心部、その内ぶところに飛び込んでゆくのである。何となれば、そこではビジネス・チャンスが豊富にあるからである。いや、ビジネス・チャンスの面では中心部と同様に豊富な海外に飛び出すこともあえて辞さない。ブラジルのプランテーション経営や、上海にイギリスの経済拠点を築いたサスーン家がそれであり、ロサンゼルスのハリウッドも彼らによって築かれたのである。もちろん、ユダヤ人は金儲けだけにふけっていたわけではない。アムステルダム時代、彼らはスピノザを生んだのである。

イギリスにも一七世紀の中頃に小コロニーがロンドンに成立する。それが可能になったのは、当時ピューリタン革命が進行しつつあったが、ピューリタンは『旧約聖書』を愛好して、ユダヤ的な名前をつけるのが流行していたくらいユダヤ人に好意的であったからである。一六五六年にピューリタン革命の指導者クロンウェルは正式にユダヤ人の入国を許している。ユダヤ人のイギリスへの入国が急激に増加するのは一六八八年の「名誉革命」以後である。彼らの多くはアムステルダムからやって来た人たちであるが、ロンドンのシティで行われる株式取引などの金融や貿易で、オランダで開発されたさまざまなノーハウをイギリスに伝えたのはまさに彼らである。一七世紀にロンドンに渡ったのはポルトガル経由のセファルディームであったが、一八世紀に入りロンドンが急成長すると、今度はドイツのアシュケナジームがここにやって来る。はじめはセファルディームとアシュケナジームとの関係はしっくりしなかったが、一八世紀後半からは協同して活動するようになっていく。

選民＝賤民から市民への道

彼らは一七世紀にはアムステルダム、一八世紀にはロンドン、二〇世紀にはニューヨークを中心部として移動していった。その間に彼らの地位も上昇してゆく。セファルディームたちは一七、一八世紀とオランダ、イギリス、フランスに定着し、多くは富を蓄積して上流社会へと入り込んだ。少数であるが、ドイツやオーストリア＝ハンガリー帝国のゲットーに閉じ込められていたアシュケナジーム（ドイツ語＝イーディッシュ語を話す）も、一七、一八世紀には、そのラッキーな部分は「宮廷ユダヤ人」として金持ちになってゆき、ロスチャイルドのようにイギリス、フランスに移り、先行のセファルディームのように巨富を積んでいく。このように、紀元一三五年の本格的なディアスポラ（離散）以来初めて、彼らには落着いた生活を享受できるかに見える日がやってきたのである。

おりからヨーロッパは「啓蒙主義」の時代であった。伝統的なものが合理主義の立場から反省された。オーストリア＝ハンガリー帝国では、ヨーゼフ二世（在位一七六五―九〇年）の治世である。彼の母マリア＝テレサはゲットー生まれの改宗ユダヤ人、ヨーゼフ・フォン・ネソフェルスを重用したが、彼女は「条件をつけることなしに人間を愛する」という立場に立って、さまざまな改革を行った。一七八一年には「信仰寛容の布告」を出して、カトリックの特権を廃止するとともに、プロテスタントと同様にユダヤ人も解放した。この布告によってユダヤ人はゲットーを出ることも、差別的な服装をやめることも、希望する職業につくことも、商業を営むことも、工場を経営することも、子弟を公立学校へ入れることも、大学に入学することも可能となったのである。この布告のおかげで、フロイトの父はガリチアからウィーンに出ることができたのである。この政策に、ベルリンをはじめとするドイツの都市や領邦でもこれにならうものが出てきた。すでに一七一二年にベルリンには最初のシナゴークが建設されており、やがてこの都市にユダヤ人の巨大なコロニーができあがってゆくことになる。

この新しい空気は当然にユダヤ人の間に新しい気持を生み出さないわけにはいかなかった。この新しい気持とは、西ヨーロッパ社会も近代化し、ユダヤ人に市民としての平等な権利が与えられようとしているのであるから、ユダヤ人の方も変わらなければならないというものである。この傾向を代表する人物はドイツの哲学者モーゼス・メンデルスゾーンである。彼は一七二九年にデッサウのゲットーに生まれ、少年時代は『タルムード』の研究に没頭した。一七四三年にベルリンに出たが、この時期、ユダヤ人に課せられた特別税を支払わされたという。そこで西ヨーロッパの思想と文化を学び、モンテスキュー、ヴォルテール、ルソーを読んだ。一七六一年には優秀な哲学論文でプロイセンの学士院の賞を受けた。(このときの敗れた候補の一人がカントである。) ユダヤ人資本家の工場の経営をやりながらベルリンの知識人のサロンに出入りし、そこでレッシングの知遇を受けた。レッシングの『賢者ナタン』はメンデルスゾーンをモデルとしたものといわれている。

彼がやったことはユダヤ精神を「近代化」することであった。彼は、アシュケナジームがイーディッシュ語という歪んだドイツ語を使っていることを悲しんで、ユダヤ教徒でかつ立派なドイツ語を話せるドイツ市民となることを願った。そのためトーラー（モーゼの五書）を純正なドイツ語に翻訳するとともに、宗教語として品位のあるヘブライ語の復活を提唱したのである。これらの試みは当然、伝統に固執するラビの反対を受け、彼は破門された。しかし、メンデルスゾーンは破門されたからといって、スピノザのようにユダヤ教を去ったわけではない。彼はいわゆるユダヤ教改革派の礎石となるのである。

今日、ユダヤ人の最大のコロニーがあり、最多のユダヤ人口をもつアメリカ合衆国のユダヤ教は正統派、保守派、改革派の三つに区分することができる。この分化はアシュケナジームかセファルディームか、出身地はどこか、アメリカに移住して来た時期はいつかという、もつれた系譜関係の違いが二〇世紀の初めまでに整理されたものであるが、その違いはおおむね次のようにまとめることができる。正統派とは、行動様式のすみずみまで伝統的なものを守っている流れである。改革派とは、礼拝や習俗の簡略化をはかり、英語による祈禱を行うばかりか、教義の近代化も行うグループである。そして保守派とは、正統、改革両派の中間派で、正統派の硬直した伝統墨守を批判するとともに改革派をユダヤ教の基本理念から逸脱しているものとして非難するグループである。このユダヤ教の分化は、今日のイスラエル共和国にも影響を及ぼしているが、こうした激動の口火を切ったのがメンデルスゾーンだったのである。

もう一つ彼の重要な役割はヘブライ語の復活であった。一七八三年に「ヘブライ語友の会」が組織され、最初のヘブライ語による定期刊行物『ハ・マーセフ』（集まる人）が刊行されたが、この活動によって啓蒙主義と改革派的な思想が擁護されたのである。もちろんそれまでも、ヘブライ語の知識はラビをはじめとする多くのユダヤ人がもっていた。しかし、それは神聖な言葉であり、今日的な問題を語る言葉であるとは考えられていなかった。ところが、このタブー破りはむしろそれまで西ヨーロッパの啓蒙主義の外側にいた東ヨーロッパの人たちの間に大きな反響を引き起こしたのである。そこでのユダヤ人たちは、この運動を世俗文芸、詩、随筆、小説、論文といった広い分野でヘブライ語を使う運動に発展させた。これをハスカラー（啓蒙家）運動という。この運動は近代へブライ語で最初の詩を書いたユダ・ロエブ・ゴルドンや、同じく最初の小説を書いたアブラハム・マプーを生み出した。さらに興味深いことは、彼らが日常的に使っているイーディッシュ語の文学運動まで引きずり込んでいったのである。それは東方ユダヤ人の文化的覚醒であって、西ヨーロッパと若干のズレをともないながらユダヤ人の近代化の黎明を示すものであった。

この空気の流れの一つの画期となったのは、フランス革命の中から出てきたナポレオンの政策である。革命の中でクレルモン・トネール伯はユダヤ人に対する一切の権利差別の撤廃を主張していた。忘れられてならないことは、この解放はユダヤ民族の解放ではなくて、市民としてユダヤ人が完全な資格を与えられるということである。すなわち、ユダヤ人が自らの宗教を信じることは自由で、それを理由として何らの差別を受けることはない、その代わり、それまでイスラーム諸国で認められていたように、ユダヤ人はズィンミー（被護民）の身分での二級市民ではあるものの、彼らだけの律法に従って自治を行えるといったこともはやない、フランスに住むかぎり、ユダヤ人もフランスの法律に従って、その権利をもつとともにその義務に服さなければならない、ということである。このとき、ナポレオンはパリのサンヘドリン（ユダヤ人の高等法院）から意見を聴いた。その結果、サンヘドリン側は異教徒とユダヤ人との結婚の法的正当性は認めざるをえなかったが、その儀式をラビが行うことの許可については与えないこととした。

欧米社会への適応の成功

一八世紀におけるユダヤ人解放は散発的であったが、一九世紀にはナポレオンの方式にならった解放が西ヨーロッパで進行してゆく。イギリスは判例法の国であるから、フランスにおけるギロチンのようにスパリと体制を切りわけることはできないが、ユダヤ人は事実上、経済界では自由を享受していた。一八二〇年には弁護士になることが可能となり、一八三五年には州の首長に、一八四五年には市町村の公職につくこともできるようになった。のちにイギリスの首相となるベンジャミン・ディズレーリはキリスト教の洗礼を受けているが、ユダヤ人の血を引いており、彼自身それを自慢していた。その彼が一九世紀の後半、保守党の党首として、自由党のグラドストンとの両党対立によってイギリス議会主義の黄金時代を開くのである。こうしてユダヤ教を信じ続けるユダヤ人も、一八四六年の法律によるただ一つの例外を除いて、完全に平等に取り扱われることになった。

その唯一の例外とは、下院議員になることであった。それは議員に当選してもキリスト教による宣誓をしなければ就任できなかったからである。そのためライオネル・ロスチャイルド（ネイサン・マイヤーの後継者）は一八四七年以来いく度もシティ選挙区で当選していたが、議員になることができなかった。五八年、ついに妥協が成立し、宣誓文の内容をキリスト教徒でもユダヤ教徒でも可能なものになるよう修正されたので、ようやく彼は議員となることができた。そしてそれから二七年後、彼の息子はユダヤ教徒でありながらロスチャイルド公としてイギリスの貴族に列せられ、上院議員となったのである。

このようにイギリスにおいてユダヤ人はしっかりと上流社会に食い込んでいった。一方、フランスにおいてもユダヤ人は経済の分野において国民経済の核心に関わる役割を果しうるようになっていた。ロートシルト家は一六世紀からフランクフルト・アム・マインに住んでいたが、一八世紀後半のマイヤー・アムシェルの代から大爆発する。彼はナポレオン戦争のとき巨富を積み、その子供が各国に分かれて活躍するのである。そのうち三男のネイサン・マイヤーはイギリスに定住し、マーチャント・バンカー（投資銀行家）として大きな存在となる。その子供が先のライオネル・ロスチャイルドなのである。そして五男のジェームズはパリのロートシルト家を興し、ネイサンに続いてロートシルト家を代表する。（なお、長男のアムシェルはフランクフルトに残って、父の家を継ぎ、次男のソロモンはウィーンに定住してドイツ語圏で活動し、一八二二年に貴族となっている。四男のカールはナポリに定住してイタリアを担当する）。

一八三五年以後にロートシルト家が重点を置いたのは、単なる金融業だけでなく、鉄道建設である。ウィーンのソロモンがそうであったし、パリのジェームズがそうであった。ジェームズは一八四八年までにアヴィニョン＝マルセイユ鉄道、ノール（北部）鉄道、パリ＝ストラスブール鉄道、パリ＝リヨン鉄道、ボルドー＝セット鉄道、クレイユ＝サンカンタン鉄道、アヴィニョン鉄道の七大幹線の建設に参加し、それに必要な資本全体の十二分の一を引き受けている。だが、もともとユダヤ人はその不安定な地位からして資本を長期にわたり固定させることを嫌い、短期間に回収できるものを選ぶという原則をもっている。オランダで彼らが証券業のほか商業の一環としての加工部門（トラフィーク）に重点を置いたのもこの原則によるものである。ところが、これら鉄道投資はこの原則に柔軟性が生まれはじめたことを示すものである。もちろん、彼らはリスクの問題に関心が薄くなったわけではない。それはペレール兄弟とジェームズの対立の中に見てとることができる。

ペレール兄弟（エミールとイサーク）はセファルディームで、スペインを追放されたのち、ポルトガルを経由してボルドーに移ったユダヤ人である。青年時代にサン・シモンの影響を受け、産業発展についていろいろプランを工夫している。一八三〇年頃、産業金融のために新しい銀行を作り、低利で資金を供給することを考えている。そしてジェームズのノール鉄道の建設にあたっては、これに協力をしている。しかし、やがてクレディ・モビリエ（動産銀行）問題でロートシルト家と決裂する。このプランは短期と長期の証券を大衆に販売して、六〇〇〇万フランを集め、これをもって投資をするというものである。ペレール兄弟の壮大な計画はナポレオン三世の陰からの支持があったので、一時は大成功を収めたが、ナポレオン三世のメキシコ干渉のための国債引き受けで失敗した。とはいえ、ペレール兄弟の構想は時代の流れに沿うものであったので、彼ら以後、クレディ・リヨネ、ソシエテ・ジェネラル、パリバと今に残る大株式銀行が続々と生まれるのである。したがって、このロートシルト家対ペレール兄弟の闘いは決してエピソード的なものではなく、ユダヤ人がフランス国民経済のみならず、世界の資本主義において主役を演じはじめたことを教えてくれるものなのである。

ドイツ語圏では、一六世紀からユダヤ人は「宮廷ユダヤ人」として国家財政と密着して活躍しているが、彼らはほんの少数で、多くのアシュケナジームはゲットーで貧しい生活をしていた。ナポレオンのおかげで一九世紀の初めに解放されるが、ウィーン会議（一八一四―一五年）後の反動でそれは取り消される。しかし、一八三三年にカッセルで完全に解放されたのを皮切りに都市から都市へ、領邦から領邦へと解放されてゆき、おおむねドイツ語圏、スイス、北ヨーロッパでは解放が完了する。それとともに経済の面でもユダヤ人の近代化は始まる。特にドイツでは、ドイツ統一のために戦っていたビスマルクがゲルゾン・フォン・ブライヒレーダーと協力して、資金の面でも情報の面でもユダヤ人の支援を取りつけている。一八七一年の独仏の講和条約＝ドイツの統一達成においてもユダヤ人資本家が協力しており、賠償金の処理等に参与している。いわばドイツの繁栄とユダヤ系銀行家の繁栄とは一致していたのである。その後ドイツの資本主義はその後進性からフランスのクレディ・モビリエ流の投資＝株式銀行の型で発展したのであるが、これへのユダヤ人の寄与は大きかった。ヒトラー到来以前のドイツの金融は六大銀行（ディスコント＝ゲゼルシャフト銀行、ベルリナー・ハンデルス＝ゲゼルシャフト銀行、ドイツ銀行、ダルムシュタット銀行、ドレスデン銀行、シャウハウゼン銀行）のうち少なくとも五銀行にユダヤ人の息がかかっていた。

銀行業のほか、解放されたユダヤ人が選んで進出した産業は小売業（特にデパート）、金属＝鉱山業、繊維産業、その他穀物、木材、靴、ダイアモンドなどの仲買い＝卸しなどであった。ナチスの政権奪取の前夜、ドイツには五つのデパート・チェーンが存在していた。それはショッケン、ティーツ、ウェルトハイム、カルシュタート、カウフホフであるが、このうち始めの三つはユダヤ人によって所有されていたばかりでなく、後の二つにおいてもその経営陣で多くのユダヤ人が働いていた。実は、産業全体においてユダヤ人が占める比率は、一九二五年のプロイセンの場合、銀行と証券業での三四％に対し、仲買い業は一三・三％、不動産業は一〇・八％、小売業は一〇・七％であった。この数字が気づかせるものは、ユダヤ人にとって白人大衆の眼前でのオーバープレゼンスは危険であるということである。ナチスが絶妙の標的にしたのはユダヤ人百貨店であったのである。大都会の目抜き通りにそびえ立つ大百貨店のほとんどがユダヤ人の経営であることをドイツ人は誰でも知っていた。それ故、油ぎったユダヤ人経営者によってデパートの店員のアーリア人の娘が陵辱されている図がよくポスターに使われたのである。この教訓は日本人にとってもまた当てはまる。

ユダヤ人系知識人

ユダヤ人解放は単に産業の面だけではなく、いわゆるプロフェッショナルズ（医者、弁護士、芸能人、研究者など）の間でも一斉に進んだ。その世界史的な意義はむしろ経済の面よりも大きいことはマルクス、フロイト、ベルクソン、デュルケム、アインシュタイン、チャップリンなどの名を挙げるだけで充分であろう。数字を挙げるならば、ワイマール時代（一九一九―一九三三年）のベルリンのプロフェッショナルズの三分の一はユダヤ系であったという。これは決して不思議なことではない。彼らは極めて不安定な状況の中で精神の支えとしたトーラーと『タルムード』を必死になって学んだという伝統をもっている。それによって徹底した弁証、論理の駆使を行い、頭脳を錬えに錬えてきたのである。この意味でユダヤ人の中では単にラビだけでなく、一般大衆の間でも知識人的な要素は他民族と比較すれば圧倒的に濃厚だったのである。

ところで、この知識人的な特徴をもち、一方でトーラーと『タルムード』を精神の背骨として生きてきた人たちが、いかにして近代に適応することができたのであろうか。これはより一般的には、同様に厳格な律法のもとで生きるイスラーム教徒はいまだ苦渋しているのに対し、何故にユダヤ人は近代化に成功したのか、という問いと重なるところがあるだろう。この一般的な問いに対する答えとしては、とりあえず、他の民族と比較して、ユダヤ人は地政学的な条件、政治=社会の変動に対するクッションがない分だけ特に適応力を養わざるをえなかったためであると答えておこう。事態の変動に対して直ちに対応しなければならないので、常に現在の空気の中に溺れることなく、リスクを忘れず、それを計量しながら対応しなければならないわけである。しかしながら、ユダヤ人知識人の立場からすれば、近代化は決して安穏たるものではありえなかった。彼らの内面における葛藤は大変なものがあった。しかし、彼らの多くはそれを成しとげたのである。

この葛藤のきびしさは、先駆的かつ逆説的な形で、一七世紀のウリエル・ダ=コスタが味わわされている。ダ=コスタはスペイン出身のセファルディームで、その先祖は迫害によってカトリックに改宗した、いわゆるマラノスの一人であった。マラノスたちは一四九二年にユダヤ人として追放され、ポルトガルでカトリックとして教育され、心からキリスト教を信じ、魂の救いを求めた。しかし、その子孫であるダ=コスタはそれで満足できず、祖先の捨てたユダヤ教を取り戻すためにポルトガルを去り、アムステルダムに上陸し、さっそくユダヤ教に改宗した。ところが、彼がそこで現実に見出したユダヤ教は東から来たアシュケナジームたちの影響を受けた泥くさいもので、彼が頭の中で考えていたユダヤ教とは似ても似つかぬものであった。しかも彼はオランダの空気にふれて合理的な考え方を学んでいたので、トーラーの律法にも批判の眼を向けざるをえず、その結果、ユダヤ教会からも破門され、絶望し、一六四〇年、自殺しなければならなかったのである。

ダ＝コスタが死んだとき、八歳で、近くに住んでいたのがスピノザである。スピノザ（ユダヤ語でバルーフ）の父は敬虔なユダヤ教徒であった。そのため息子のスピノザはヘブライ語をはじめユダヤ教についての教育をしっかり受け、学校を出てからは家業の貿易の手伝いをしながらユダヤ教に関する研究を続けることになった。しかし、アムステルダムであるから近代的な思想や学問にふれないわけにはいかず、これに興味をもって、デカルト哲学などを正確に読むためにラテン語学校に入学し、やがてユダヤ教に疑問をもつようになるのである。そしてその結果はユダヤ人の共同体からの破門であった。しかし、哲学の研究を続け、さまざまな論文、著書、とりわけ『神学・政治論』、『エチカ』を執筆、友人からの支援とレンズ磨きの収入によって生活を続けた。彼の哲学は汎神論的な形而上学であったので、これに敵意をもつユダヤ教徒、キリスト教徒からは「無神論者」として告発されている。しかし、火刑に処せられることはなかった。彼を理解する友人や弟子をもつことはできた。ハイデルベルク大学から教授として招きを受けたりした。しかし、友人ライプニッツはスピノザの死後、「無神論者」スピノザとの交流をあばかれることを怖れ、その痕跡を可能なかぎりもみ消しているし、友人が出版した遺稿集も禁書とされている。スピノザは一六七七年に死んでいるが、時代は変わったとはいえなおこの程度であったのである。

メンデルスゾーンの啓蒙主義とフランス革命を経験して、一八世紀のユダヤ人社会もいっそう変わってくる。それは近代社会に適応するためにキリスト教に進んで改宗したり、さらに無神論者になる者が出てきたことである。マルクスの家系はライン地方のアシュケナジームで、ラビを出す家柄であるが、カールの父はプロイセンで弁護士になるためにキリスト教の洗礼を受けた。そしてその息子は公然たる無神論者になったばかりでなく、キリスト教徒がユダヤ教徒に対してもっている偏見を哲学的に表現した論文（「ユダヤ人問題に寄せて」）も書いている。ここで彼は、資本主義とは「ユダヤ人の真の本質が市民社会の中で普遍的に現実化され、現世化されたもの」とすら書く。彼によれば、「ユダヤ教の現世的な基礎」は「実際的な欲望・私利」であり、「ユダヤ人の現世の祭祀」は「きたない商売」であり、「彼らの現世の神」は「貨幣」であるというのである。ユダヤ人の血を引く彼のユダヤ人像がシェイクスピアのシャイロック的なものであることは、いかに資本主義に対する批判が強烈であるとはいえ、一つの驚きである。

しかし、カール・マルクスのケースは例外的なものではない。それが近代の中のユダヤ人の精神的危機の一つの表現であることは、マルクス主義のみならず社会主義が多くのユダヤ人を惹きつけていたことによって判る。マルクス派とともにドイツ社会民主党の一半を作ったF・ラッサール（一八二五―六四年）もユダヤ人であった。一八七一年から一九三〇年までドイツの国会に選出された六〇名のユダヤ人のうち三五人は社会民主党員であった。第一次世界大戦後の臨時政府の六人の閣僚のうち二人はユダヤ人で、その一人のフーゴ・ハーゼもまた社会民主党員であった。

政治家以外にもさまざまな知識人が一九世紀において社会主義に近づいている。詩人のハインリッヒ・ハイネは社会主義に関心をもったが、宗教的にはユダヤ教を捨ててキリスト教徒となり、しかも晩年、失望して後悔している。マルクスの友人モーゼス・ヘスは、セシル・ロスによれば、ありとあらゆる同化運動を経験したが、晩年には「ユダヤ教の基本原則は、そのまま社会主義の基本的原理である」とし、聖地への帰還というシオニズムの先駆となる考え方に到達している。ユダヤ人が社会主義に惹かれたこの事実は、ユダヤ人が近代に適応するという至上命令を認めながらも、その一切とは同調することができず、そこに克服しなければならないものを発見したということであろう。それだけに、同じく近代化の方向に押しやられながらも、彼らの居住する国がとうてい十分に近代化されてはいない東ヨーロッパに住むユダヤ人=アシュケナジームにとってはこの点で過敏に反応することになるが、これについては後に言及する。

もちろん、ドイツのユダヤ人が社会主義に大きく魅惑され、そこから有名な社会主義者を多数輩出したとはいえ、全体的には少数派であったことを忘れてはなるまい。西ヨーロッパにおいては、あくまでも多数派は中産階級であり、ドイツでは国民自由党の支持者であったのである。しかし、彼らにしても、そこで居心地よく同化していったわけではない。法的には一人前の市民になることはできたが、そこにさまざまな違和を感じざるをえなかったのである。それだけに彼らは自らがユダヤ人であることを片時も忘れることができなかった。特に知識人の場合、自らの眼をもって近代文明を凝視せざるをえなかった。それは彼に学問的苦闘をしいるものとなったが、同時にそれが学問に新生面を開くことをも可能にしたといってよい。それ故、一九世紀後半から二〇世紀にかけての社会科学、自然科学の両者における学問の進歩は、ユダヤ人抜きには語ることができないとすら言いうるのである。

例えば、マルクスは単なる社会主義者であるばかりでなく、労働価値説による経済学を飛躍させた学者であったことは特筆する必要もないであろう。アトランダムにその名を挙げるだけでも、精神分析のジグムント・フロイト、社会学におけるエミール・デュルケム、構造主義におけるレヴィ=ストロース、物理学におけるアインシュタイン、コンピュータにおけるフォン・ノイマンなどがいる。彼らの苦闘の学問史における重大な意味、特に日本人にとっての意義については大嶋仁氏の秀れた論考『ユダヤ人の思考法』（一九九九年）で見られたい。

フロイトは自伝の冒頭で次のように書いている。

「私は一八五六年五月六日、メーレン（モラヴィア）のフライベルクに生まれた。そこは現在、チェコスロヴァキアの小さな町である。私の両親はユダヤ人であったから、私自身もユダヤ人であった。父方の家系についていうと、彼らはライン河畔の町ケルンに長い間住んでいたが、一四、五世紀のユダヤ人迫害のとき東方に逃れ、一九世紀の間にリトアニアからガリチアを通ってドイツ語圏のオーストリアに帰ってきたと信ずる理由がある。」（フロイトの自伝、「選集」所収）

彼は自らの学問の出発点を自らがユダヤ人であることに置き、反ユダヤ的なウィーン社会と闘ったことのたまものと考えていたのである。彼の父は信仰を捨てていたが、フロイトはシナゴーグに行って儀礼に参加することはなかったものの、自分がユダヤ教徒であると考えていた。それは少年時代に父から聞いた次のような話を一生覚えていたことからもわかる。彼の父が若いとき、いきなりキリスト教徒に新しい帽子を泥の中に叩き落とされた話である。フロイト自身も有形無形の差別を受けた。彼は近代文明の偽善性を身をもって感じたのである。彼の幸運はそれを無意識という学問的概念に仕上げ、近代文明に受け入れられたことにある。しかし、彼は最後まで、〈何故にユダヤ人は迫害されなければならないか〉と問い続けた。そして死の直前に書き終えた著書が『人間モーゼと一神教』であるが、これについては次章でふれることにする。

四　執拗な反ユダヤ主義

内面の屈折はともあれ、西ヨーロッパがユダヤ人の近代化を着々と進行させているそのとき、東ヨーロッパでは旧来の生活が続いていた。しかし、一九世紀後半になると暴力的に翻弄されはじめ、二〇世紀前半に至るまで、ユダヤ人の歴史の中でもローマ帝国時代の二回のユダヤ戦争に比肩するほどの運命にさらされるのである。しかも東ヨーロッパの彼らは決してユダヤ人のほんの一部ではなく、あえていえば、ユダヤ人口の主力ともいってもよい人たちであった。以下は、一八八〇年とヒトラーの政権獲得の一九三三年におけるユダヤ人の人口分配状況である。

	（一八八〇年）	（一九三三年）
総人口	一〇〇〇万	一五五〇万
東ヨーロッパ	七五・〇％	四六・〇％
西・中央ヨーロッパ	一三・五％	一三・五％
南北アメリカ	三・五％	三〇・〇％

近東　八・〇%　五・七%
その他の地域　四・八%

このユダヤ人口におけるセファルディームとアシュケナジームの比率は、〇・五対一〇である。しかし中世末期における前者と後者の人口比は五〇万対五〇万で、ほぼ同じであったとされている。このアシュケナジームの異常な増大については、例えば、かつてヴォルガ河畔に王国を建てて、ユダヤ教に入信したと伝えられている遊牧民ハザラ族と西ヨーロッパから東方へ逃亡したアシュケナジームとが合体した結果であるというケストラーの説明があるが（『第一三番目の部族、ハザラ帝国とその後継者』一九七六年）、まだ確たる証拠はない。いずれにせよ、一九世紀にはアシュケナジームがユダヤ人中の圧倒的多数を占めており、セファルディームの方は一九世紀までに西ヨーロッパでの近代化にほぼ成功していた以外はバルカン半島とイスラーム圏に散在している程度であった。したがって、一九世紀後半からのドラスティックなユダヤ人問題とは要するにアシュケナジーム問題であったのである。ただし、フランスのアルザス出身で、ロレーン地方で育ったデュルケムもアシュケナジームであり、リトアニアから西へ移行したフロイトもアシュケナジームであることから判るように、西ヨーロッパ、中央ヨーロッパに住むアシュケナジームは比較的スムースに近代化していた。しかし、その主力はあくまでポーランド、リトアニア、白ロシア、ウクライナなどロシア帝国の支配下にあった東ヨーロッパ＝居住許可地域に住んでいたのである。

彼らの住んでいた世界は、いわば『屋根の上のバイオリン弾き』（ショラム・アレイヘム）のテヴィエ（この作品の主人公）の世界である。それはシュテートルと呼ばれ、ユダヤ人だけの小共同体であった。しかし、この地域はユダヤ人だけの世界ではなかった。それはファニヴォールのいう複合社会であった。複合社会とは東南アジアの植民地時代の経済体制を概念化したもので、経済社会が底辺の土着民、その上の華僑、そして上部のイギリス人の三つの層をなしているというものである。シュテートルに住むユダヤ人は東ヨーロッパにおいては、この東南アジアにおける華僑の役割を果たしていたわけで、いわば農業社会において商工業を担当していたことになる。一六世紀より形成されはじめたシュテートルは、この地域におけるアシュケナジームの世界であったが、ロシアの近代化、すなわち一八六一年のアレクサンドル二世による農奴解放宣言、一八六四年のポーランドにおける農民解放令以後、激変をしいられはじめる。それは一つには、ロシアの工業化の開始による農民の窮乏化＝プロレタリア化およびユダヤ人のプロレタリア化として、そして二つには、農民の窮乏化のはけ口としてのユダヤ人に対する攻撃、ポグロム（ユダヤ人虐殺）の始まりとして現れたのである。

ポグロムとブンドの形成

アレクサンドル二世はユダヤ人の経済能力をロシアの工業化のために利用しようとして、彼らに銀行や鉄道を作らせ、プロフェッショナルズ（医者、技師、弁護士など）になる道を開いた。しかし、強圧のもとにある箱を少し開ければ、いっきょに大爆発を引き起こすものである。一八八一年、アレクサンドル二世も爆殺され、それをきっかけにユダヤ人に対する迫害（掠奪と虐殺）、つまりポグロムが始まった。居住地の条件がきびしくなり、学校教育への道が制限された。しかし、このアレクサンドル三世（在位一八八一―九四年）の時期には、迫害はまだ農民による暴行を政府が傍観しているものであった。ところが、次のニコライ二世（在位一八九四―一九一七年）の時代には政府が公然と手をかしはじめたのである。その結果、迫害は一段と激烈となり、五万を超えるといわれる犠牲者を出した。この時期に反ユダヤ主義の原点ともいうべき『シオンの長老たちのプロトコール』（無数の版が日本でも出版されている）が秘密警察によって編集され、ばらまかれていた。

これはロシアの工業化がもたらすロシア社会のバランスの失調や大規模な社会的不満のエネルギーを、ユダヤ人をスケープゴートとして解消しようという試みであった。工業化のためには外国資本が必要である。帝政ロシアはそれを皮肉にもロートシルト家を中心とするフランス資本に求めたが、外資を導入するためにはルーブルに交換性を与えなければならない。それは金本位制を採用しなければならないということであるが、そのためには大量の金準備が必要である。そこで、ロシアは保護関税による輸入の圧縮と低価格での農産物の飢餓輸出を行って、ついに一八九八年にこれを実現した。この努力による一八九〇年代の工業化のスピードは大変なものであった。しかし、この工業建設は農民と労働者に対して強い圧力を及ぼし、社会的不満は一触即発の状態にまで達していたのである。ポグロムはこの不満のとりあえずのはけ口であったわけである。

この状況のもとでのユダヤ人の対応は、まず東ヨーロッパからの逃亡であった。すでに一八世紀の末からアシュケナジームは徐々に西方に移動しはじめていた。しかし、先に見たように、一八八〇年にはまだユダヤ人口の七五％は東ヨーロッパにおり、ユダヤ人の圧倒的部分はロシア帝国の支配下にあった。その彼らがこのままではいられないと感じはじめたのである。長い間、ともかくも彼らの生活を保証してくれたシュテートルの展望が失われてしまったのである。その結果、彼らが選んだ道の一つが、移民であり、もう一つが社会主義運動への参加であった。まず、外国への移民は、一八九七年から一九一四年の間に一五〇〇万人、そのうち七〇%がアメリカ合衆国を目指したとされている。また別の統計によれば次のようになっている。（統計については拙著『ユダヤ民族経済史』、および拙訳のレオン『ユダヤ人問題の史的展開』を参照。）年代の取り方は異なっているが、参考のために挙げておく。

期間	アメリカとカナダへの移住者数	移民総数
一八四〇―一九〇〇年	八九万〇〇〇〇	九八万五〇〇〇
一九〇一―一九二五年	一八二万三〇〇〇	二一一万九〇〇〇
一九二六―一九三九年	一七万〇〇〇〇	六五万四〇〇〇

右の数字によってもわかることは、やはり一九世紀後半から二〇世紀前半にかけて、東ヨーロッパに住むユダヤ人移民の七割以上がアメリカ合衆国に向かったということである。ただし移民法の施行以後の一九二六年から第二次世界大戦勃発の一九三九年までは、同地域への移民数は二七%に減り、二三万三〇〇〇人（三六%）を吸収したパレスティナに次いでいる。これはシオニズム運動の成果であるとすることができよう。

もう一つの社会主義運動の方も、シュテートルの衰亡とユダヤ人口のプロレタリア化の結果である。

アメリカに入国した彼らがとりあえず手にした職業は、かつてはやはり行商が目立ったが、いまや賃労働者となることである。とりわけ繊維産業は資本家、労働者を問わず、ユダヤ系が主に入り込んだ業界である。それは東ヨーロッパにおける彼らの生活の延長であった。そして彼らは職業生活とともに社会主義をも持ち込んで、アメリカ合衆国における社会主義運動の主要な担い手となるのである。

ロシアの社会主義運動は一八六〇年代、七〇年代から始まっているが、これに対するユダヤ人の関与は少ない。しかし、一八八〇年代、ユダヤ人社会がますます都市化し、プロレタリア化した時代になると、イデオロギーとしてのマルクス主義が持ち込まれ、状況が変わってくる。ロシア・マルクス主義の父プレハーノフの二人の同志、パヴェル・アクセリロドとレフ・デウッチュはユダヤ人で、この三人がロシアの社会民主党の礎石を置くのである。そして八〇年代、九〇年代にはほとんどすべてのユダヤ人の共同体にマルクス主義グループができる。しかし、この段階ではプロパガンダの用語はロシア語であった。活動家もほとんど同化を完了した家族の出身者であった。彼らは救済をユダヤ教に求めてはいなかった。社会主義革命こそがユダヤ人をツァーリズムと資本家による階級的抑圧、民族差別から解放してくれると考えていたのである。

しかし事態はこうしたプロパガンダで済むような悠長なものではなくなっていた。一九世紀末には、ロシア帝国内のユダヤ人の四〇%がプロレタリアートとなり、ロシアでもっとも賃金が低く、もっとも苦しい仕事をしていた。この状況を黙視できなくなったラビ志望の学生グループが一八九〇年代の初め、リトアニアのヴィルナに集まって、活動を始める。試行錯誤ののち、彼らはプロパガンダからアジテーションに重点を移し、用語もロシア語からイーディッシュ語に変え、より大衆に密着しようと試みはじめたのである。そして、一八九七年の冬、それはヘルツルがシオニストの第一回大会を組織しえた年でもあったが、ヴィルナの鍛冶屋の一室で、ユダヤ人の社会主義組織、ブンドが結成されることになる。一五名の出席者のほとんどは労働者であったが、ただ一人のユダヤ人インテリゲンチャ、アルカディ・クレメルが議長であった。彼は決して雄弁ではなく、ロマンティックな人物でもなかったし、根っからの合理主義者であったが、ユダヤ人が自己の文化に対して不抜の自信をもっていることは理解していた。

ブンド結成後、彼自身は多くのストライキを指導し、大きな成果を収めた。理論的にはロシア社会民主労働党の綱領の粗末な真似でしかなかったが、やがて嫌でも難問にぶつかることとなる。それは言うまでもなく階級と民族の問題である。この問題はロシア帝国と同様な多民族国家、オーストリア＝ハンガリーの社会民主党もぶつかった問題で、この党が一八九九年のブリュン大会で採択した綱領は党内における民族自治を承認するものであった。その影響を受けて一九〇一年のブンドの第四回大会は民族自治の立場を採択したのであるが、党内の同化主義者がなすすべもないほどユダヤ民族主義は強烈だったのである。しかし、誕生しつつあったロシア社会民主労働党のユダヤ系マルクス主義者（アクセリロード、トロツキー、マルトフ、リアザノフ、デウッチュ）は皆このブンドの方向決定に反対した。レーニンが尨大な民族問題についての論争文を書いたのはこのときのことである。

この頃、ブンドはクレメルとは違ったタイプの指導者を生み出している。それはウラジミール・メデムで、同化を完了した家に生まれるが、大学生としてマルクスと聖書に魅せられ、ブンドのリーダーになるのである。しかし彼は一九〇三年、ロンドンで開かれた社会民主労働党第二回大会（実質的に第一回大会）でブンドの代議員を率いて闘ったが、結局、分裂に終わっている。

もう一つ、ブンドが調整しなければならなかったのはシオニストとの関係である。彼らはブンドの最大のライヴァルであった。この頃すでにシオニズムはロシアのユダヤ人の間に浸透しつつあったが、ブンドはそれを「ブルジョア・ユートピア主義」と批判した。それは反動的なトルコのスルタン（皇帝）やブルジョア政府の善意にすがろうとしているというのである。シオニズムはブルジョアジーや中産階級の間に支持層を拡げていたが、労働者階級はやはりブンドが押えていたといえよう。一九〇四年から一九〇五年の革命（ロシア第一革命。日露戦争をきっかけに勃発。労農評議会が出現する）はブンドの歴史の頂点であった。しかし、革命後のドゥマ（国会）選挙をボイコットするという大失敗をおかしたため、労働運動における影響力を失い、一九一七年のロシア革命によってロシアでは壊滅してしまうのである。

ドレフュス事件からシオニズムへ

東ヨーロッパでユダヤ人が民族的差別と階級的抑圧の双方からの解放を希求して苦闘しているそのとき、民族的差別からはすでに解放されているはずの西ヨーロッパにおいて、ユダヤ人を震撼させ、不安におとし入れる事件が起こっていた。それがドレフュス事件である。一八九四年、ドイツ大使館付武官の紙屑かごの中で見つかり、陸軍諜報部へ届けられた一葉のメモは参謀本部の一士官の裏切りを示唆しているように思われた。疑いはアルフレッド・ドレフュス大尉にかけられた。彼はユダヤ系のフランス市民だったのである。彼は軍事裁判にかけられ、位階を剥奪され、悪魔島に流刑されたが、彼の無罪を信ずる家族は探索を続け、一八九七年にメモの偽造者としてエステラージ少佐を告発した。諜報部のピカール大佐もドレフュスが無罪である証拠をにぎり、真相を発表するよう進言したが、ドレフュスは再び有罪とされた。そこで、作家エミール・ゾラは「私は弾劾する」という文章を発表して、裁判の不正を告発したので、フランスは二つの陣営に分裂し、大論争となったのである。

大運動の結果として、一八九四年に判決の破棄と再審にまで持ち込んだが、第二回の判決も支離滅裂なもので、ここでもまた有罪となった。このことはドレフュス派を大憤激させた。ルーベ大統領が世論の激昂を怖れてドレフュスを特赦したとき、ドレフュス派はこれを拒絶すべきことを期待したが、ドレフュスとその家族は受諾した。結局、一九〇六年に第二回判決も無効とされ、ドレフュスはもとの階級に復帰して昇進するということで終わったのである。一〇年にわたるこのスキャンダルはフランス国家を動揺させ、雨降って地固まるという形で第三共和制を確立させたのであるが、ユダヤ人にとっては深刻であった。いわゆる解放で表面的には一切は解決済みであるかに見えるが、欧米社会の深層にはまだまだ反ユダヤ主義的心情が潜み、なお脈々と生きながらえていることを思い知らされたのである。それにまた、東ヨーロッパではその前からポグロムが進行中であった。この事態の衝撃によりウィーンのジャーナリスト、ヘルツルが到達したのがシオニズムだったのである。

パレスティナはユダヤ人にとって神に約束された土地、聖地であって、それへの帰還の思いはディアスポラ（離散）以来、片時も忘れたことがないことは言うまでもない。しかしながら、シオニズムの特徴はそうした宗教的感情の単なる表現というより、ユダヤ人が他民族の国家の平等な市民となる道に絶望して、とにかくもユダヤ人の民族国家を建設しなければユダヤ人の安全は保障できないという政治的結論に到達したことにあるといえよう。
すでに言及したように、モーゼス・ヘスは晩年にユダヤ人のパレスティナ帰還を唱道したが、まだまだ近代文明、その中心部に対する信頼は確固たるものがあった。彼は一八六五年に聖地の植民地化の提案を書いたが、ユダヤ人の大量のパレスティナ流入が容易でないことは承知しており、「ベドウィン（アラブ世界の遊牧民）と武力で一戦」を覚悟する必要を指摘していた。しかし、まだ彼はこのアラブ人との衝突をフランスの援助でしのごうと考えていた。フランスの政財界人がスエズ運河の近く、パレスティナにおいてユダヤ人のコロニーを建設することに好意的であると彼は手紙に書いているという。つまり、フランス帝国主義の植民地活動に乗じて、その一環としてパレスティナ帰還を考えていたのである。この立場はマルクスの『共産党宣言』で表明されたブルジョアジーの文明化作用に対する肯定的な見方によるものである。基本的に近代文明の立場に立つユダヤ人としてのモーゼス・ヘスは、東ヨーロッパのシュテートルのアシュナジームを寄生的＝客人民族的状況から救い出すためにパレスティナのコロニーを構想したのである。

「共通の領土の取得、すなわち、そのおかげで、ユダヤ人の農工商共同体の基礎工事がユダヤ教の原則に従って、言いかえれば、社会主義の方針に沿って行われるような合法的な状態に対する切なる願い――これは東ヨーロッパのユダヤ民族がゴミ箱からはい出し、ユダヤ人の愛国思想の炎が燃え上がり、そしてユダヤ教そのものが再生するための基礎である。」（ハレヴィより引用）

しかしこのヘスの立場からヘルツルの立場を区別するものは、近代文明の偽善性の自覚である。近代のさまざまな美しい理念も民族国家によってはじめて内実が与えられるということの発見である。ユダヤ人がナポレオンによって与えられたものは、ユダヤ人が国家をもたないかぎり幻想でしかないのである。このことが判った以上それを手に入れなければならないし、もはやユダヤ人はそれを手に入れる能力を身につけていたのである。それは歴史の結果である。ヘルツルは言う。

「われわれは一つの民族である。歴史上繰り返し見られるごとく、われわれの敵はわれわれの意に反して、われわれを一つにしてしまった。災害はわれわれを団結させ、かくして、団結したわれわれは突如としてわれわれの実力を発見したのである。そうだ、われわれは一つの国家、一つの模範的国家を建設するに足るだけ強力である。われわれはこの目的のために必要な一切の人間的、物質的資源を所有している。」（バロン *Nationalism and Religion* より引用）

シオニズムはいわば近代国家に裏切られたユダヤ人が近代国家の論理を逆手にもって、自らの民族国家の建設を主張したものである。近代文明は合理主義的なイデオロギーによって抽象的な人権を主張している。しかし近代文明にあっても、社会は抽象的な合理主義的空間の中にあるのではなく、民族、もっとも整った形では固有の風土をふまえた民族国家の中に存在しているのである。要するに近代をもち上げるテコの支点は民族である。その結果として、不可避的に民族の固有の歴史による偏見、例えば、ユダヤ人差別を隠しもつことになる。したがって、この偏見の単なる餌食にならないためにも、これに対抗しうるユダヤ人の民族国家をもつ必要があるというわけである。

しかし、それは『タルムード』以来の長いユダヤ教の伝統よりすれば新しいものである。したがって、「ユダヤ民族のためにパレスティナに公然かつ合法的に承認された祖国を建設すること」としたシオニスト機構の「バーゼル綱領」をドイツ・ラビ会議執行委員会は、次のように批判した。

(1)パレスティナにユダヤ民族国家を建設しようとする、いわゆるシオニストの努力は『聖書』およびその後の宗教的文献に表現されたユダヤ教のメシア待望思想と対立する。
(2)ユダヤ教はその信徒に、彼らが所属する国家に献身的に奉仕し、一切の精神的=肉体的エネルギーをもって、その国の利益を促進することを義務として課する。
(3)しかし、この義務とパレスティナにユダヤ人の農場コロニーを建設することを目的とする努力とは矛盾しない。何となれば、それは民族国家の建設とは何ら関係がないからである。

言い換えるならば、シオニズムはメシア待望を世俗化し、人格的救世主(メシア)の超自然的介入なしにイスラエルの民のパレスティナ帰還を考える点で、ユダヤ教の教義を逸脱しているというのである。しかし、シオニズムはじわりじわりと浸透していった。もともと同化主義者の間での思想であった社会主義の信奉者の間でも影響力を増し、例えば、マルクス主義者として世界革命のみがユダヤ人問題を解放すると考えていたベル・ボロホフも、一九一七年、自らを社会主義的シオニストであると宣言するに至る。このボロホフの流れとアーロン・ダヴィッド・ゴルドン(ユダヤ人労働運動指導者）の階級協調主義的労働運動の流れが一九三八年に合流してヒスタドルート（ユダヤ人労働総同盟）となり、イスラエル共和国建設の主要な主体となってゆくのである。

なお残る反ユダヤ主義

ヒトラーのもとでの組織的なユダヤ人迫害、なかんずくホロコーストはそれまでの論争にいっきょに結着をつけた。そして一九四八年のイスラエル共和国建設を成しとげ、ユダヤ人は自ら国をもつこととなった。とはいえ、ユダヤ人の人口分布は、一九四八年のイスラエル共和国建国の際、パレスティナには七五万人いたが、この頃、ソ連に二〇〇万、アメリカ合衆国に五〇〇万、その他合わせて一一三七万が総数であった。それからほぼ二〇年後の一九六七年では、パレスティナに二四四万、ソ連に二六五万、アメリカ合衆国に五八七万、その他合わせて一三八四万が総数であった。その後、イスラエル共和国のユダヤ人口は国内での増加と国外からの流入によって着実に増加し、一九九一年には約五〇〇万、うちユダヤ人は八割強を占めるに至っている。しかし、なお、多数のユダヤ人は国外にあり、特にアメリカ合衆国に集中している。

明らかに、ユダヤ人の地位は民族国家をもつことによって確実に上昇、安定しているし、そのためにこそ国の内外を問わず、彼らはイスラエル国家の存立のために奮闘しているのである。ところで、イスラエル国家の成立が盾の反面となって、逆にパレスティナ在住のアラブ系住民を多数ディアスポラ（離散）の運命に追いやったことも事実であり、これに対するリアクションも激しいものがある。イスラエル国家と周辺のイスラーム諸国との戦争は数次にわたり繰り返されたし、戦争でないとすれば、緊張をはらんだ対峙の関係にある。それは中東以外でもユダヤ系の勢力とイスラーム系の勢力との非友好的な関係を生み出し、緊張した状況はなかなか終わりそうにない。

のみならず、欧米社会における反ユダヤ主義は公式的にはきびしく断罪されながら、しかし心理のどろどろした深層には厳然と存在しているのである。この差別は表面的、公式的には否定されているだけに、それだけ陰湿になっている。ジョージ・オーウェルは一九四五年、第二次世界大戦終結の年にこの問題を扱った論文「英国におけるユダヤ人差別」を発表している。そしてその中でこの国のユダヤ人差別の言葉の見本のいくつかを引用している。(『オーウェル評論集』)

●中年の会社員――「会社へはたいていバスで通っています。これだと時間がよけいかかるのですが、近ごろはゴルダーズ・グリーンから地下鉄を利用するのは厭なんでね。あの線は神の選民がたくさん乗るのですよ。」

●共産主義者かその同調者の若いインテリ――「いや、ぼくはユダヤ人は好きじゃない。べつにそれを隠したことはないですよ。どうしてもがまんできなくてね。いいですか。むろん差別してるわけではないですよ。」

●中産階級の女性――「まあ、差別するわけじゃありませんけど、ユダヤ人のやりかたがとてもいやらしいことは確かですわね。行列に並んでいても、前のほうへ割りこんだりしますでしょ。ほんとに利己主義なんですよ。いろんな目にあうのも自分のせいじゃないでしょうか。」

●牛乳配達――「ユダヤ人は働かないね。英国人とはちがうよ。頭がいいからね。おれたちはここんところで（と腕を曲げてみせる）働くわけだ。あいつらはこっちで（と額をたたく）働くからね。」

これらにオーウェルがコメントしていることは、一定の知的水準より上の人は、ユダヤ人差別を恥じていることで、そのため、「ユダヤ人差別」と「ユダヤ人嫌い」を区別したがっているということである。もう一つはユダヤ人差別は理性とは関係がないということである。ユダヤ人を非難する人たちは自分が気に入らないいくつかの経験（例えば、ユダヤ人のマナーの悪さ）を挙げるけれども、この非難の深層には本人が気がつかない偏見が隠れている。こういう人にいくら事実や統計を見せてもムダだろう。そして、事実に追い詰められると、結局、ユダヤ人は嫌いだから、嫌いなのだというところにまで行く。このようにオーウェルは言うのである。

このオーウェルの指摘は今も有効であるように思われる。この問題にあまり関心をもっていない日本のジャーナリズムにも時々びっくりするようなニュースが掲載されることがある。その中の一つとして、拙著『ユダヤ民族経済史』（一九九一年）のまくらに使ったエピソードを挙げてみよう。それは『朝日新聞』一九九〇年六月二一日号に載ったもので、一九九〇年五月に南フランスの町、カルパントラでユダヤ人墓地が暴かれたという事件である。カルパントラは人口二万、現存するフランス最古のシナゴーグがあるところであるが、そこの墓地で、三四基の墓が破壊され、六人の遺体が掘り出されようとした形跡があったというのである。

もう一つ、今度はより最近のアメリカ合衆国での事例を挙げよう。それは『毎日新聞』一九九九年六月三〇日号に掲載されたもので、カリフォルニア州サクラメント市で六月一八日の未明に連続して三件のシナゴーグ放火事件があったことを報じている。この三件の中で最大の被害を受けたブナイ・イスラエル・シナゴーグは、約一五〇年の歴史をもつアメリカ西海岸最古の教会堂だが、この事件で付属図書館にあった米国ユダヤ人の記録ビデオや数百年前の古文書など約五〇〇〇点の資料がすべて焼失したという。この事件にあたり発表された全米反中傷連盟の声明によると、ここ五年間にシナゴーグへの放火事件は三九件あったという。アメリカはサイモン・ヴィーゼンタール・センターなどが反ユダヤ主義の動きに敏速に対応している国であるが、それでもなおこのような事件が起こっていることは、問題の根深さを教えてくれるものであろう。

4 章

人類社会の中の日本

以上のユダヤ人の歴史は人ごとではない。日本は東アジアの世界に組み入れられることによって文明化したが、大陸と付かず離れずの関係で成熟してきた。そして西ヨーロッパと一六世紀に接触したが、その世界へ入り込まず、長崎だけでか細くつながってきたが、一九世紀中頃、本格的にそこに入り込むことを決意した。しかし、一人遊びで育ってきたため、他の民族との付き合い方がわからず、二〇世紀前半は「国際社会の敵」への道にハメ込まれた。からくも民族主権を残されて生存を続けることができたが、この屈辱の経験をいまだまともに総括することもなしえず、二一世紀に歩み入ろうとしている。

今のところ、この国際社会は二〇世紀中に二度の世界戦争を経験することによって、国家の人類平等的マナー・ブックは立派なものができており、これに公然と違反した場合は手きびしく追及されるという現状である。しかし、これだけが現実ではない。これだけならばキレイゴトで終わるだろう。現実の国際社会を構成する国家、その内実にある民族は単に民族において大きな差異があるばかりでなく、その育ち方は千差万別、その結果としてクセモノも少なくないのである。パーティの微笑のもとでダマシ、ハメコミ、恫喝、ジャブ、取引、連衡合従《れんこうがっしょう》のヒメゴトがうごめいているのである。国家にも政権担当者がもっぱら私利をはかっている水準から民族の生存のために誠実に苦心している水準までいろいろあるが、いずれにせよ、すべての国家は国益、国民の利益の名において奮闘しているのである。

こうした状況の中で、日本はいかにしてそのポジションを確保し、生き残っていくためにどのような心構えをもたなければならないであろうか。このように思い悩んでいるそのとき、西ヨーロッパから一つの風説が流されているのである。風説とは非公然のもので、外交における公式の言説としては決して語られないけれども、世界の情報の〈空気〉の中に事もなげに注入されるガスである。そしてこのガスとは、いつの間にか国際世論の一つの方向づけとなってしまう効果をもつものであって、二〇世紀の初め、日本が東アジアで頭角を現そうとしているときに西ヨーロッパから流された「黄禍論」である。いま流されている風説は直接的にはドイツが発生源であって、その内容は、日本が韓国・北朝鮮（朝鮮民主主義人民共和国）、中国といった近隣諸国に責任を果たしていないということであり、これをドイツが欧州同盟の指導国として公認されていることと対比して印象づけようとするものである。さらにこれに付随させて、日本軍が犯した「三〇万人大虐殺」をことごとしく言挙げして、これと対称させてドイツはアウシュヴィッツを神妙に謝罪する。さりげなく、それはナチスという特殊なドイツ人たちの仕業だとして、今は徹底的にこれを批判していると誇示するのである。

一　地政学から精神分析へ

こうした国際関係のポイントにさりげなく流される風説の世界史的な意義は、すこぶる興味深いテーマではあるが、これを解説するにはかなりの装置と手続きがいるので、ここでは深入りしない。しかし、わが国にもこの風説に乗って、得意顔で言説を展開する人が少なくないので、これについて意味ある比較をするためには、日独それぞれの条件を可能なかぎり対似させておかねばならないことだけは指摘しておこう。ドイツと日本との類似は戦争をした相手が地理的に近接していたという地政学のごく通俗的な面でしかない。ドイツとフランスとの関係と日本と朝鮮半島との関係は文化的に類似しているところはあるが、歴史的、政治的、経済的、社会的には極度に違っているのである。

しかし、一般的にもよく見られるのは、東アジア（中国・朝鮮半島・日本）を西ヨーロッパと同じレヴェルの地域圏として取り扱うという欺瞞である。東アジアの内部構造については本書1章第二節（五〇頁）において説明したとおりであるが、西ヨーロッパは古代においてはすべてローマ帝国の一部で、単一の法律、政治制度のもとにあった。このことの意義は大きい。西ヨーロッパの国民はケルト人を下地とし、その上にローマ人、さらにその上にゲルマン人が重なって、三つの民族がそれぞれ独自の混じり方をした。言語的にはラテン語系統のフランス語、イタリア語、スペイン語、ポルトガル語によってまとめられる国とゲルマン語系統のドイツ語、オランダ語、イギリス語によってまとめられる国とに分けられているが、ラテン語はほんのこの間まで西ヨーロッパ諸国の知識人によって、漢文のように文章語としてはもちろん会話語としても共通に使われていたのである。(今もカトリック教会の公用語である。)

宗教においても、確かに東アジアでも仏教や儒教は大陸から伝わってきたが、教団的に統一されたことは一度もなかったのに対し、ローマ帝国の遺産としてのカトリック教会は西ヨーロッパを支配した。ローマ教皇庁は中央集権的に教会を管理し、その一機関である修道院は多国籍企業のように各国に分院をたくさんもっていたのである。「宗教改革」も日本の鎌倉仏教が純粋に日本的なものであったのに対して、あちらでは全ヨーロッパ的な事件であって、それぞれの教派は今も国際的に存在し続けている。ルターやカルヴァンはフランス、イギリス、ドイツ、イタリアの国境と関わりなく影響を及ぼしているのである。庶民層においても、ギルドの職人たちはこれまた国境とは関わりなく、各国の都市を遍歴して腕をみがいたのであって、この習慣は「産業革命」期まで続いたことはゾラの小説などにも記録されている。日本でも玄界灘を舞台とした通交圏などがしきりに語られているが、限られた地域のもので、一部の商人、船乗り、修行僧を除けば一般的に交流することはなかった。

特に重要なことは、ヨーロッパの王侯貴族はヨーロッパ全体の規模において通婚していたことである。彼らは全体として一つの身分を構成していたのである。例えば、英仏の間で戦われた「百年戦争」時代(一三三七—一四五三年)においては、フランス王フィリップ四世の王女イサベルはイングランド王エドワード二世と結婚しており、彼らの子孫の一人ヘンリー五世はフランス王シャルル六世の王女カトリーヌと結婚している。一七世紀から一八世紀にかけてのイスパニア継承戦争(一七〇一—一四年)、オーストリア継承戦争(一七四〇—四八年)における相い戦う各国の国王、皇帝たちも複雑な血縁関係をとり結んでいる。ハプスブルク家のドイツ皇帝マクシミリアン一世の皇后はブルゴーニュ家のシャルル豪胆公の王女マリーであったが、その息子はオーストリア大公フィリップ美男公とアラゴン王フェルナンド二世であり、後者とカスティリア女王イサベラの王女ファナとが結婚して生まれたのがカール五世である。そしてカール五世の息子のスペイン国王フェリペ二世の孫娘アンナとブルボン家のフランス王ルイ一三世との結婚によって生まれたのがルイ一四世である。このルイ一四世の孫のフィリップ（フェリペ五世）がスペイン国王になるかならぬかという問題で戦われたのがイスパニア継承戦争であった。またフェリペ二世の孫娘マリアとドイツ皇帝フェルディナンド三世との結婚によって生まれたレオポルト一世の孫娘がマリア・テレジアとなるのである。

第一次世界大戦におけるドイツ皇帝、イギリス国王、ロシア皇帝の関係については言うまでもないが、このようなことは東アジアにおいて見られたであろうか。日本の皇室と清国の皇室、李氏朝鮮の王室との間にヨーロッパに見られたような婚姻関係があったであろうか。わずかに韓国併合（一九一〇年）後の李王家と満州帝国の皇帝の弟に日本の貴族の娘が輿入れしているが、それは二〇世紀の国際政治のもとにおける露骨な政略結婚であって、むしろ国家間の断絶の深さを暗示するものである。一言にするならば、西ヨーロッパと東アジアとの歴史的な構造は全く違っているのである。したがって、ドイツとフランスとの関係と日本と朝鮮半島、中国との関係を同じ基準で測定することは無意味である。あえて日本と朝鮮半島、中国の関係と比較してドイツにとって類似した関係にある国を挙げるならば、それはギリシア正教系のロシアとセルビアであろう。このことはユーゴスラヴィアの分解に対するドイツの働きかけが、オーストリア＝ハンガリー帝国の一部であったカトリックのスロヴェニアや長らくオスマン・トルコのもとにあった同じくカトリックのクロアチアに対するのと、セルビアに対するのとを比較して非常に違っているのを見るだけで充分である。（コソヴォ戦争を見よ。）

ヨーロッパはいちおうキリスト教圏として括ることができるが、しかし、その内部を分析すると一様ではないことが判るだろう。キリスト教化、つまり文明化は宣教師による伝道の結果であるが、その結果の内容はその伝道の経過と系統によって違っているのである。そこからそれぞれの民族の宗教のあり方ばかりでなく、歴史的記憶においてもそれぞれの個性をもつことになる。例えば、旧ユーゴスラヴィア内で使われる文字ですら、今でもカトリックのスロヴェニアとクロアチアではローマ字であり、正教系のセルビアではギリシア文字であるわけである。

以上のことは、東アジアのみならず、ヨーロッパにおいても、単純に地理的空間の面だけで民族の類似性を論じても無意味であることを教えてくれる。つまり、空間面の事実は時間面、つまり歴史によって補われるとき、よりきめ細かく見ることができるということである。それは地政学なるものが単なる民族の地理的要因から出発するのではなく、歴史性をもった空間として捉えられるべきことを示すものであって、中心―周辺―亜周辺（ウィットフォーゲル）、ないし中核―半周縁―周縁（ウォーラーステイン）といったモデルもそれに基づいたものであるといえよう。人間が何らかの仲間意識をもつのは共通の時間をもっているからである。それは民族形成の共通記憶であり、国家建設の共通記憶であり、民族ないし国家の苦難の共通記憶であり、その克服の共通記憶である。西ヨーロッパはシャルルマーニュ大帝（在位七六八―八一四年）以後、分化を開始するが、ローマ帝国を媒介に古典古代文明をアイデンティティの原点として採用し、ルネサンスで再興させた。ここにヨーロッパ同盟の基盤がある。このように濃密な共通の時間を東アジアはもっているであろうか。文明の少部分に共通なものがあっても、日本人は黄帝（古代中国の伝説上の帝王）や檀君（古朝鮮の神話上の開祖）を始祖であるとは誰一人思ってはいないのである。

時間＝歴史の自覚

歴史を充分に考慮した地政学に基づくならば、世界の各部分の位置づけを理解し、説明することがある程度できるだろう。しかしながら、将来の時間の中に歩み入るためには、これを理解し説明するだけでは不十分である。もちろん、地政学は日本の立場を説明するための基礎になければなるまい。とはいえ、それはこれからの歩みの出発点にはなっても、それだけでこれからの歩みについて何らかの指針を与えてくれるわけではない。将来のためには、特に日本人が変わらなければならないが、その方向は日本を見ているだけでは不十分である。しかも、時間の中に歩み入るといっても、夢遊病者のように歩み入るわけにはいかない。人間は後向きに未来に歩み入るのであって、それはいま踏みしめている土地とこれまでの足跡しか見えないが、これらを考慮しながらリスクを覚悟した足取りと心構えでもって歩むのである。

この足取りの技術、心構えの思想には他から学ぶべきものがある。前章でユダヤ人の歴史を概観したのもそのためである。繰り返すが、日本人が彼らから学ぶべきものを多くもっていると思わせるものは、彼らが世界史の中で日本人とは対極的な位置にありながら、近代文明に適応するという日本人と共通の課題をもっていたからである。しかも共通の課題を二〇世紀末の時点でともかくも達成し、それ故にこそさまざまな問題に当面しているからである。したがって、彼らもまた学んでいる。確かに、彼らは空間の彼方で生存を続けざるをえず、時間、つまり歴史からもっぱら生きるエネルギーを引き出してきた。しかし、彼らも決して空間から浮き上がっていたわけではなく、むしろ客人民族であるだけに、極限的にきびしい空間的条件のもとで他者との調和を探求しなければならなかったのである。

ユダヤ人は他民族の占拠地のひさしを借りて生活していたのであるから、いかなる家のひさしを借りられるか、借りたらよいか、あるいはそこでどのようにして生活したらよいのかを学ばなければならなかった。彼らはイスラーム社会で商工業を学び、西ヨーロッパ社会で資本主義を学び、近代世界から民族国家を学んで万難を承知のうえでイスラエル国家を建設したのである。これらは、彼らもまた地政学的な視点を決して無視したのではなく、むしろ切迫した必要から深く思いをいたし、これに真剣に取り組んだことを示している。しかし、ユダヤ人は単にそれだけではまだまだ不十分であることを二〇世紀の現実において気づくことができた民族である。自分たちの民族の生命力を引き出してきた時間＝歴史にも科学のメスを入れ、これを再検討する人を、彼らは彼ら自身の中から生み出したのである。

すでに一言したフロイトその人である。一八五六年に生まれたジグムント・フロイトはユダヤ人の近代文明への適応にもっとも成功した実例であるが、しかし、この適応は単にべったりの同化ではなくて、ユダヤ人ならではの視点を近代科学に持ち込み、近代科学をより豊かにするものであった。彼が創始した精神分析学はいまや近代文明の中に確固たる市民権を確保している。その彼は決して宗教的儀式に拘泥することはなかったけれども、終生ユダヤ人であることを忘れなかった人である。彼はハプスブルク朝末期にオーストリアに生まれたが、すでに第一次世界大戦前に世界的に認められ、各国に信奉者をもつに至っていた。しかし、一九三三年、ドイツでナチズムが勝利し、さらに一九三八年三月にはウィーンがナチスによって占領されることになる。同年六月、フロイトはロンドンに出発するが、そのとき携えていった原稿が『人間モーゼと一神教』であり、これをロンドンで出版し、翌年、死去するのである。

この最後の著書において彼が問いかけたものは、〈何故にユダヤ人は迫害されなければならないのか〉ということであった。しかもその回答を単に迫害する側の人たちに求めるのでなく、ユダヤ人のアイデンティティそのものに求めたのである。ユダヤ人は預言者モーゼによって、神と契約し、授けられた律法に従って生きる選民となった。しかし、ユダヤの民衆は堕落して、律法を守らず、その結果として神の懲罰を受け、神殿も国家も失って世界中に離散しなければならなかった。それは当然の罰であり、以後ユダヤ人はいつかやってくる奇跡＝神の救済を信じてたくましく生活してきた。その歴史はまさに迫害の歴史であったが、フロイトはそれを怒ったり悲しんだりするのではなく、その構造をはっきりと確認しようとしたのである。

フロイトはユダヤ人の苦難が単一の理由にしぼられるとは考えない。そもそもどの民族も自民族の団結を固めるためにスケープゴートを設定し、それに一切の悪、不幸、一切の屈辱の責任を負わせる性癖をもっている。それだけでなく、神の選民を自称することへの嫉妬、無気味な割礼の風習などに異様な感じを与えやすいことも確かである。フロイトはユダヤ教そのものに迫害の根拠はないかと考え、それをエディプス・コンプレックスの概念を活用して、神＝原父への愛の深層に潜む「自分たちの反逆や敵意を意識化することのできない心理状態」に求めたのである。ユダヤの民は指導者モーゼに率いられてイスラエルの民となり、十戒を授けられた。しかし、さまざまな衝動を棄てることを命じたモーゼに対して彼らは激しく抵抗し、ついにモーゼを殺害するに至ったはずであるが、このモーゼ殺害は罪の意識を引き出し、やがて忘却の領域におし隠されて、偉大なるモーゼ、父なる神への愛と畏敬の念のみが残ったというのである。

この抑圧された罪の記憶から、意識の領域では不可解な罪悪感をとり静めるために、きびしい律法を課するヤーヴェの神への信仰とその神により選ばれた選民であるという幻想がユダヤ人を支配するに至り、そこに彼らの生命力の泉もあるのである。しかし、フロイトはユダヤ人パウロの役割にまで分析のメスを及ぼしている。彼によれば、パウロはユダヤ人が無意識に追いやった父なる神の殺害を認識することができ、ユダヤ人の苦難の原因をつきとめることができた。パウロはこの原罪を意識化し、それが神の息子であるキリストの十字架上の死によってつぐなわれたとしたのである。かつて息子たち（ユダヤ人）が犯した罪をキリストは息子の代表として一身に引き受け、十字架上で死ぬことにより父なる神と和解を実現したのだ。しかし、このパウロの理解を受け入れた人は一部で、多くのユダヤ人は受け入れなかった。それ故、今に至るまでユダヤ人は、キリストを信じる人たちによって、神＝原父を殺害したにもかかわらず、そのつぐないをしていないと非難され続けているのである。しかし、フロイトは改めて問いかけるのである。何故にユダヤ人はパウロの道を自らの道とすることができなかったのか、ここに次なる問題があると。

これがユダヤ人フロイトによるユダヤ教の精神分析である。彼はユダヤ人のアイデンティティに肉薄して、その精神分析を行っているのであるが、この『人間モーゼと一神教』が発表されたのは一九三八年夏、いよいよホロコーストが始まろうとしている前夜であったことに特に注目しておこう。所論の内容については、筆者はフロイトのエディプス・コンプレックス概念の普遍的有効性について必ずしも同意することはできない。さらに彼自身、パウロの回心によって方向づけられたキリスト教徒のユダヤ人はごく少数であり、ほとんどのキリスト教徒が後代に宣教によって強制的に改宗されたゲルマン人やスラブ人であることを知っていた。彼らはもともと多神教徒であって、その無意識にはキリスト教への怒りがくすぶっており、この怒りがユダヤ人に向けられた（代償）という見方すら示している。いずれにせよ、彼のエディプス・コンプレックスのメカニズムだけで欧米人の反ユダヤ主義を理解するのは不充分であるように思われる。

とはいえ、ユダヤ人フロイトが死の直前まで〈何故にユダヤ人は迫害されなければならないのか〉という問いを問い続け、自らのアイデンティティに対して冷厳な精神分析のメスを入れる学問的良心の持主であったことは、しかと心にとめておくべきであろう。

二　日本人の精神の発展段階

「彼らは神を殺害したことを承認すまいとしている。ところがわれわれはこのことを告白したので、その罪から浄められてしまっていると。」（『人間モーゼと一神教』）

これがフロイトが聞きとったユダヤ人迫害へ驀進するドイツ人たちの精神の怒号であるが、いま彼らがこれを日本人に対してささやきはじめていると感じるのは筆者の心の空耳であろうか。ナチスに見られるように、彼らは欧米人の中で多神教時代の思い出をもっとも強烈に残している新キリスト教徒だけに、叫びたい衝動を抑えかねているのではないか。アウシュヴィッツで殺したのはナチスだ。俺たちは告白した。しかし、日本人は告白していない！

しかし、私見によれば、欧米人の反ユダヤ主義の一つの主要な要因は、彼らの祖先が中世の初めに北ヨーロッパと東ヨーロッパの異教徒を捕獲して、ユダヤ人を通じ彼らを東方物産の見返りに奴隷としてイスラーム圏に売却したという屈折した思い出にあると考えている。反ユダヤ主義はドイツ人のみならず、フランス人、イギリス人も分けもっているゆえんである。

このように精神分析的視点と地政学的視点は、両者が複合的に活用されることによって一段と精密化されると思われるが、この視点をユダヤ人と対極的に、地政学的に極めて恵まれてきた日本に適用するとどのようになるであろうか。恵まれた位置にあるということは言い換えれば、箱入り息子的なナルシシズムの段階にあるということである。日本における民族の自我は、国際社会の風波にもまれることが少なかったので〈殻なし卵〉（森常治）と言われても仕方ない状況にあるのである。それは時間においてユダヤ人と比較するならば波瀾に乏しいということである。つまり、歴史上の強烈な事件によって民族の時間が切断されるほどの衝撃を受けたことも、また新しい精神力を噴出させた記憶がそれを思い出させる祭日によって更新されたことも乏しかったということである。（かつてモンゴル帝国による征服の危機に「神風」を呼びおこした記憶があったが、それは先の大戦でリアリズムの欠けた「神風特攻隊」として空しく浪費されてしまった。）フロイトは次のごとく述べている。

「ある民族に持続的な精神的影響を与えようと目指すためには、その民族が神によって選ばれているという保証をするだけでは不充分なことはあきらかである。その民族がそれについて信じ、その信仰から結論をひきだすべきものならば、人は彼らにそのことをまた何らかの仕方で証明してやらなければならぬ。モーゼ教においては、エジプトからの脱出がこの証明として役立ったのである。神、いいかえれば神の名におけるモーゼは、この恩恵の証明を引合いに出すことに倦まなかった。過越しの祭が設けられたのは、この出来事に関する追憶を固定させるためであった。」（『人間モーゼと一神教』二六三―四ページ）

これに対し、日本における民族のエネルギーの源泉はこの種の祭ではなく、四季、すなわち春夏秋冬（春の花、夏の蛍、秋の月、冬の雪）であり、その中のハイライトも新嘗祭、神嘗祭といった収穫祭であった。これらは毎年繰り返されるものである。いつとは定かに記憶されない時から始まり、いく久しく祝われるもので、それは事件の記憶、つまり歴史の特定の時期に起こって、民族があるかぎり自分たちの心に灯をともしてくれるような記憶ではない。いわば日本の時間はあえかなる光が透き通る回り燈籠のようなもので、絵画的で空間的なのである。無論そこにも事件は起こるし、新しいものもやってくる。しかしそれらは時間を創造するのではなく、むしろマンダラを形成するわけである。

もちろん、こういう言い方は日本の精神の特徴を線描でくっきりと浮かび上がらせるためのものである。例えば、こうした日本の時間の循環性を押えてこそ、制度史上の特質である皇室の存在も説明できるのである。すなわち、皇室の存在こそ七世紀以来の日本社会の不変的要素となるのである。

あえて皇室という表現を使ったが、一般的には天皇制という言葉が使われている。この天皇制という言葉そのものは本書の2章でふれたとおり、日本共産党がそれまでの君主制という言葉に代えて「三二テーゼ」(一九三二年、昭和七年)で使い、第一の打倒の対象としたものである。共産党員のみならず、一般に社会科学者もこの用語を使っているが、それをめぐる論議はブルジョア君主制であるか絶対主義君主制であるかとか、あるいは東洋的専制皇帝であるかといった次元のものがほとんどである。しかし、こうした次元では日本社会における皇室の役割はもちろん、日本社会そのものを理解することはできないだろう。皇室は政治、経済の問題としてではなく、日本人にとっては無意識の領域に根をもつ世界観、社会観の中の中心的要素なのである。天皇は日本の固有の循環的時間意識の象徴であって、日本人と絵画的時間秩序との媒介者なのである。この時間の自覚は和歌によって表現されている。天皇の公務は元旦の祭祀に続いて歌会始めから始まる。中華帝国の王朝の正統性は「正史」の勅撰で保証されるが、日本の場合では「日本書記」(七二〇年)から「三代実録」(九〇一年完成)までの六国史のあと、これに継走する勅撰和歌集が九〇五年の「古今集」から室町時代の「新続古今集」まで二十一代集として編集されたことで保証されているのである。

日本社会の特質と日本人のこれから

日本の歴史はこの皇室に体現されている時間軸として存在しているのであるが、全体としてそこには変化と競合と多様があることは言うをまたない。いや、むしろ日本社会は東洋的専制主義の単一中心社会ではなく西ヨーロッパ型の多数中心社会なのである。天皇は日本社会の唯一最高の権力保持者ではなく、権力によらずに社会の時間を回すいわば虚の中心なのである。したがって、政治史的に見ると、天皇の権威と並んで常に権力の実体が存在していたのである。奈良時代には天皇と豪族、平安時代には皇室と摂関家、鎌倉時代から江戸時代までは宮廷と幕府が共存している。経済史的に見れば、律令制による公地公民制はたちまちのうちに荘園制にとって代わられ、やがてその下から土地占有者が抬頭して、封建的土地所有として法認させている（貞永式目）。この封建的土地所有が農兵分離によって領主権と私有権とに分裂して近代的土地所有が成立するのである。

政治史的、経済史的に見るとき、日本の歴史は循環的＝停滞的であるどころか、むしろ時間は前へ前へと、ふり返ることなく進行してきた。そしてそれは歴史をいくつもに画期させるものであったが、その原動力は生産力の漸次的な上昇であり、それが制度と権力にインパクトを及ぼしてきたのである。この点、梅棹忠夫教授はユーラシア大陸を第一地域と第二地域に区分し、第一地域に属する西ヨーロッパと日本は社会生態的に順次に〈遷移〉してきたのに対し、第二地域に属する大陸の根幹部は外部からの遊牧民を主とする侵略者によって〈遷移〉を切断されたとしている。このように、日本の歴史の特質は、白村江《はくすきのえ》の敗北（六六三年）による大陸との政治的関係の切断が、幸いにしてその地政学的位置のおかげで連続性を維持することができ、順次遷移することができたところにある。そしてこの時間の前進を許容した条件こそ皇室に体現される時間軸の安定だったのである。

これらの事情が変わらざるをえなくなったのは幕末のことである。これまでの国家のあり方を続けたならば欧米諸国の植民地か半植民地とされる状況に追い込まれる運命にあったのである。明治維新はこの運命を拒否し、独立自尊を守るために積極的に近代世界秩序に参入することを決意する。そのためには単に開国するだけでは全く不十分で、旧来の東アジア世界秩序を破壊し、さらにロシア帝国の侵略を撃退しなければならなかった。これを成しとげるためには国民のエネルギーを喚起し、それを結集しなければならない。しかもこれを可能とするためには、日本は旧体制を破壊し、新体制を建設しなければならない。いわゆる革命である。そして流血と断層を最少限に押え、これをスムースに実現させたものが「天皇」というメタ秩序であった。多数中心社会ではあれ、皇室に体現されている時間軸が背骨のように存在していたからこそ、日本社会は全体としての秩序を破壊することなしに、体制の転換を成しとげることができたのである。

とはいえ、転換した体制が近代国家として十分に機能するためには、新しい体制の中に国民のエネルギーを単に静的に循環させるのではなく、動的に開発するものが組み入れられていなければならない。そのためにはユダヤ人からだけではなく、その神を換骨奪胎したキリスト教の欧米諸国にもならって歴史＝時間を前進させるエネルギーを噴出させなければならない。明治政府一代の事業はまさにこの目的のために捧げられたのである。国歌や国旗が法律によってではない形で認知されたのもそのためであった。また、トーラーに文章化されたユダヤ人に対するヤーヴェの祝福にも相当しうるものとして、「日本書記」の第一巻、神代の巻の中の天照大神のいわゆる神勅がクローズアップされた。

同じく「日本書記」に記録された神武天皇の即位の日が新しい暦に翻訳され、二月一一日の紀元節、建国祭として毎年、想い出されることとなった。そして明治天皇の誕生日、一一月三日が天長節として明治の時代を強く自覚するためにもうけられた。天長節は明治以後は時の天皇の誕生日を指すものとなり、年号とともに日本的時間の指標となった。そして明治時代の天長節は明治節として残された。その他、ロシア帝国の野心から日本を救った一九〇五年の奉天会戦の勝利を想起するために陸軍記念日（三月一〇日）、同じく日本海海戦の勝利を想起するために海軍記念日（五月二七日）がもうけられた。

西ヨーロッパ諸国においては、北半球では昼がもっとも短い日である冬至（一二月二二日）が生命のドン底、そこから生命が再出発する日として祝われたが、キリスト教への改宗後は、この日の近辺がクリスマス（キリスト誕生日、一二月二五日）として祝われることとなった。あるいは春分後の最初の満月の次の日曜日は復活祭（イースター）と呼ばれ、クリスマスと並び大きな意味をもつ祭となっているが、もともとは春の到来を喜ぶ日であった。このように自然宗教から啓示宗教への転換が行われた国では祝祭日も歴史的祭日に転換されたが、これに例えばパリ祭＝キャトルズ・ジュイエ（七月一四日）のようにフランス革命の勃発を記念したり、世界大戦の戦勝を祝ったりといった、近代国家への転換を祝う二段構えのシステムが加わっている。日本においても、これにならって近代国家発足の歴史的エネルギーを汲み上げる祝祭日と、神嘗祭（一〇月一七日）や新嘗祭（一一月二三日）といった伝統的な循環的時間の節目を祝う祭日とを組み合わせて祝祭日体系が作られたが、第二次世界大戦の敗北の結果として完全に解体されている。今も祝祭日はかつての名称を変えた若干と新しいものとを合わせて、数的には多く制度化されているけれども、それは単なる休日であって、日本人の精神生活になんらの関わりもないものとなっている。（明治政府の作った装置の例をもう一つ挙げると文部省の小学唱歌がある。その多くは今も日本人の心にしみるものがあるが、祝祭日と同じように現在では形骸化され、単なるなつかしい愛唱歌となっている。）

第二次世界大戦の敗戦によって、明治政府が組み立てた民族の歴史のエネルギーの源泉は無残にも蹂躙しつくされてしまった。二〇世紀後半における日本の再建、興隆は、アメリカの軍事的防衛のもとで、もっぱら名利的エネルギーによってなされたものであった。それはアメリカの保護国としての状況が精神的エネルギーの発揮を許さなかったせいであるが、しかし野党が提案していた対案が事実上日本をソ連、中国の衛星国とするものであっただけに、ソ中の東洋的専制主義のもとで精神的のみならず社会＝政治的にも破壊されてしまうよりは、より幸福であったと言うべきであろう。とはいえ、今も精神的エネルギーが枯渇したまま放置されている事実は一つの厳然たる事実なのである。二〇世紀後半における日本人の精神生活はからっぽであって、思想はそれを満たすどころか、単なるファッションとして知識人のアクセサリーでしかなかった。いちばん長く続いたファッションは知識人の間でのマルクス主義であるが、民族の精神生活を破壊することにもっとも熱中的であったのがこれである。

もちろん、明治政府が組み立てたエネルギーの源泉を今再び再建すれば済むという問題にはならない。事柄はそれほど単純ではない。そもそも日本を国際的な孤立、第二次世界大戦での惨敗に蹴落としたものは日露戦争以後の有頂天ムードであるが、これに水をさし、制御しえなかったところに明治政府の組み立てた装置の致命的な欠陥があったのである。しかも、うまく行くとのぼせ上がり、つまずくとしゅんとする、この民族の幼児性は明治の装置が破壊された今日も、いささかも除去されていない。空虚な精神生活とチェックされぬ名利生活の独走の果てにたどりついたのが、またもや一九八〇年代後半の有頂天であり、バブルがはじけた後もただのムードでくらげのように人心はただよっているだけである。

この人心に精神生活を取り戻させることが今日の課題であろう。名利生活が単に自己の現在の利害得失に固執するのに対して、精神生活は自己が決して一人でないこと、他者をもっていることを自覚させるのである。この他者は身近なコミュニティから世界に至るさまざまなレヴェルをもつ段階的なものであるが、これらとの関係を認識させるものはやはり歴史であろう。この歴史は決してナルシシズムの段階にも自己懲罰の段階にも足ぶみしているものであってはならない。かつての日本がそうであったように、この種の意識化されないコンプレックスを抱え込んだ歴史は、無意識的に民族を暴走させるか、停滞させるだけである。

民族の健康な精神生活をもたらす歴史は精神分析的な歴史であろう。ここでいう精神分析という方法は、一つには、どのように成長しようとも、民族には母胎の中からの成功と失敗の記憶が累積されていること、二つには、国際社会における民族は、この記憶を意識化＝構造化することによって成長してゆくことができるということ、この二つに要約できる。どのような民族も、成長する中で成功もするし、失敗もする。問題はこれらの体験にいかにして無意識の暗黒の底までメスを入れ、それを意識化して制御機能として組み入れ、エネルギーに昇華させるかにかかっているのである。

文献ノート

本書は拙著『日本を開く歴史学的想像力』（新評論、一九九六年）の姉妹篇で、論旨は違うが、これを前提として書かれている。つまり、歴史を叙述するというより、歴史の見方に関する議論であるから、無数の著書の恩恵を受けている。したがって、これを挙げることはあまりにも煩瑣となるので省略させていただいたが、引用書その他、指示しないことは許されないと思われる文献だけを、それも最少限にしぼりメモしておく。なお、本文中の外国書の引用文は、邦訳のあるものは邦訳書の文章を使わせていただいた。その書名、出版社、出版年はこの文献ノートに挙げてある。そのページ数は、前後を知りたいと思われるであろう文章を別として煩雑になるのでほとんど省略させていただいた。例外的に綴りや文字を替えてあるところがあるが、文章を読みやすくするためで、他意はない。お許しをこう。

【1章】

＊東アジア国際体制については、John K. Fairbank (ed.), *The Chinese World Order*, Harvard U. P., 1968.

＊明治以前の日本の外交については、ロナルド・トビ／速水融、永積洋子、川勝平太訳『近世日本の国家形成と

外交』（創文社、一九九〇年）、片桐一男『開かれた鎖国』（講談社、一九九七年）など。
＊東アジア国際関係史については、第二次大戦後の業績よりも戦前の業績文献を重視した。例えば、広江澤次郎『韓国時代の露西亜活躍史』（朝鮮公論社、一九三二年）、矢野仁一『現代支那研究』（弘文堂、一九二三年）、同じく『近世支那外交史』（弘文堂、一九三〇年）、稲坂硈『近世支那外交史』（明治大学出版部、一九二九年）、植田捷雄『東洋外交史概説』（日光書院、一九四八年）、外務省編『日露交渉史』（上下、一九四四年、原書房より復刻一九六九年）など。
＊東アジアの文明の中心―周辺―亜周辺については前掲拙著『日本を開く歴史学的想像力』を参照のこと。
＊世界の文字については、世界の文字研究会『世界の文字の図典』（吉川弘文館、一九九三年）。
＊樽については、田村栄太郎『日本職人技術文化史』（下、雄山閣、一九八四年）。

【2章】
＊日本とアメリカ合衆国との関係について、必読の文献は猪瀬直樹『黒船の世紀――ガイアツと日米未来戦記』（小学館、一九九三年、文春文庫一九九八年）である。その巻末の参考文献の項はこの種のテーマではかつてなかった詳細なビブリオグラフィーである。そこでは落ちているがワイマール・ドイツでの日米戦争論は、榎本秋村『欧米外交秘史』（日本書院、一九二九年）に紹介されており、引用はそれによる。
＊当時の国際世論の情況についてはオランダ人と推測される匿名記者の小寺謙吉訳『日本の世界的孤立』（広文館、一九二〇年）が格好のものであろう。なお、江藤淳『一九四六年憲法――その拘束』（文藝春秋、一九八〇年）も参照されるべきであろう。
＊アジア主義については『現代日本思想大系』（筑摩書房）の第九巻『アジア主義』（一九六三年）が便利だが、編者の竹内好の解説は本書と論旨は正反対だが、本書の理解の一助になろう。

*シュテルンベルクの報告は今井庄次、安岡昭男編『海外交渉史の視点』(第三巻近代・現代、日本書籍、一九七六年)よりの孫引きである(一二五ページより)。

*アメリカ外交史については、F・R・ダレス/田村幸策、春木猛訳『アメリカ対外関係史』(日本外政学会、一九五八年)ほか。

*『文藝春秋』よりの引用は、文藝春秋編『「文藝春秋」にみる昭和史』(第一巻、文藝春秋、一九八八年)。

*芳沢謙吉よりの引用は芳沢『外交六十年』(中公文庫、一九九〇年)、芦澤紀之よりの引用は、日本ペン・クラブ編『上海読本』(福武書店、一九八八年)、宋家の三姉妹については、とりあえずNHK取材班『宋姉妹』(角川書店、一九九五年)による。

*谷川徹三の引用は、石浜知行ほか五名共著『上海』(三省堂、一九四一年)。

*グリフィスについては、W・E・グリフィス/亀井俊介訳『ミカド——日本の内なる力』(岩波文庫、一九九五年)を見よ。なお、猪瀬直樹『ミカドの肖像』(上下、新潮文庫、一九九二年)も参照のこと。

*オーウェン・ラティモア『アジアの解決』よりの引用は春木猛訳で『青山法学論集』(第一〇巻、第一・二合併号、青山学院大学法学会、一九六八年)、ラティモアの著作には、O・ラティモア/小川修訳『アジアの情勢』(日本評論社、一九五〇年)がある。

*ノーマンの著作については、E・H・ノーマン/大窪愿二訳『日本における近代国家の成立』(岩波文庫、一九九三年)。

*ベラーの著作については、R・N・ベラー/池田昭訳『徳川時代の宗教』(岩波文庫、一九九六年)。

*ライシャワーの著作については、E・O・ライシャワー『日本近代の新しい見方』(講談社、一九六五年)および国弘正雄訳『ライシャワーの日本史』(文藝春秋、一九八六年)。

*フクヤマの著作については、フランシス・フクヤマ/渡部昇一訳『歴史の終わり』(上中下、三笠書房、一九九九

二年)。
＊ハンチントンの著作については、サミュエル・ハンチントン／鈴木主税訳『文明の衝突』(集英社、一九九八年)。
＊日本批判の書としては、J・カーボー、加瀬英明編監訳『敵としての日本』(光文社、一九九一年)、ジョン・ラトレッジ、デボラ・アレン／石塚雅彦訳『アメリカを見くだすな』(日本経済新聞社、一九九〇年)、カレル・ヴァン・ヴォルフレン／篠原勝訳『日本――権力構造の謎』(上下、ハヤカワ文庫、一九九四年)。

【3章】
＊ユダヤ人問題については、拙著『ユダヤ民族経済史』(新評論、一九九一年)、並びに拙訳アブラム・レオン『ユダヤ人問題の史的展開』(柘植書房、一九九四年)に全面展開しているので、詳細はこれで見られたい。
＊なお、詳細なユダヤ人史としてポール・ジョンソンの本が出たが、本書ではこれを利用することはできなかった。しかし、ユダヤ人史としては、バロン(*A Social and Religions History of the jews*)とドゥブノフのやはり大著(*Weltgeschichte des judischen Volkes*)を越えるものではないようである。
＊ユダヤ教の宗教史的分析としては、いまだM・ウェーバー／内田芳明訳『古代ユダヤ教』(ⅠⅡ、みすず書房、一九六二年、一九六四年)を越えるものはない。ウェーバーの所論の極めて簡潔な荒筋と世界史的な位置づけはS・ブロイアー／諸田実、吉田隆訳『規律の進化』(未来社、一九八六年)を見よ。
＊本書に引用したゴイテインの著書は、S. D. Goitein, *Jews and Arabs*, Schocken Books, 1955.
＊筆者が本書でもっとも利用しているユダヤ人史は、Howard Morley Sachar, *The Course of Modern Jewish History*, Delta Book, 1977、イラン・ハレヴィ／奥田暁子訳『ユダヤ人の歴史』(三一書房、一九九〇年)、およびM・I・ディモント／藤本知子訳『ユダヤ人――神の歴史のはざまで』(上下、朝日新聞社、一九八四年)である。も

う一つ、ユダヤ人史を具体的につかむのに役立ったのが、Martin Gilbert, *The Dent Atlas of Jewish History*, JM Dent, 1993 と Dan Cohn-Sherbok, *Atlas of Jewish History*, Routledge, 1994 である。

＊ユダヤ教の律法、特に『タルムード』については、率直に言って、まだ判ったと言わせるような文献に出合っていない。無難なところとして、次のような文献をとりあえず挙げておく。ラビ・M・トケイヤー／加瀬英明訳『ユダヤ五〇〇〇年の知恵』（講談社、一九九三年）、長谷川真『ダビデの星・ユダヤ教』（淡交社、一九六九年）、箱崎総一『ユダヤ人の思想』（番町書房、一九七二年）。

＊ユダヤ系知識人の問題については、初期の苦闘を教えてくれる簡便なものとして、工藤喜作『スピノザ』（清水書院、一九八〇年）がある。なお、大嶋仁『ユダヤ人の思考法』（ちくま新書、一九九九年）からは多くのことを教えられた。

＊シオニズムについてはやはり、Walter Laqueur, *A History of Zionism*, Schocken Books, 1976 であろう。

＊シオニズムとユダヤ教の関係については、Salo W. Baron, *Modern Nationalism and Religion*, Meridian Books, 1960.

＊ロシアのユダヤ人については、黒川知文『ロシア社会とユダヤ人』（ヨルダン社、一九九六年）。

＊オーウェルの引用は、G・オーウェル／小野寺健訳『オーウェル評論集』（岩波文庫、一九八二年）。

【4章】

＊ドイツから流される不吉なガスについては、とりあえず『諸君』（一九九九年六月号）所載の田中敏「偉ッそうなドイツ人に告ぐ」や『ＳＡＰＩＯ』（一九九九年七月二八日付、第一巻一三号）所載の小林よしのり「新ゴーマニズム宣言」第九九章「反日ドイツ記者からの返信」など。

＊フロイトについてはジョンズの大著があるが、マルト・ロベール／安田一郎、安田朝子訳『精神分析革命——

フロイトの生涯と著作』（上下、河出書房新社、一九七六年）も参照されたい。『人間モーゼと一神教』は日本教文社版の「フロイド選集」第八巻、土井正徳、吉田正己訳による。

＊日本人の幼児性については、「殻なし卵」の表現を借りたのは森常治『日本人――〈殻なし卵〉の自我像』（講談社、一九七七年）、ほかに土居健郎『〈甘え〉の構造』（弘文堂、一九七一年）など。

ナ行

ハ行

マ行

ヤ行

ラ行

引用者・採用者名索引

著者紹介

湯浅赳男（ゆあさ・たけお）

1930年、山口県岩国市生まれ。

1953年、東京大学文学部仏文科卒業。約9年間のサラリーマン生活ののち大学院に帰り、東京大学大学院経済学研究科MC修了。新潟大学名誉教授。現在、常磐大学コミュニティ振興学部教授。比較文明史、環境経済学、経済人類学、コミュニティ論など多様な分野に関心を持ち、既成の学問領域にとらわれない創造的な研究・著述活動を行っている。

著書に『第三世界の経済構造』（新評論、1976）、『経済人類学序説』（新評論、1984）、『文明の歴史人類学』（新評論、1985／『増補新版　世界史の想像力』新評論、1996）、『ユダヤ民族経済史』（新評論、1991）、『環境と文明』（新評論、1993）、『日本を開く歴史学的想像力』（新評論、1996）、『増補新版　文明の「血液」』（新評論、1988／1998）、『文明の人口史』（新評論、1999）ほか多数。訳書にK・A・ウィットフォーゲル『オリエンタル・デスポティズム』（新評論、1991）等がある。

日本近代史の総括
――日本人とユダヤ人、民族の地政学と精神分析（検印廃止）

2000年7月31日初版第1刷発行

著　者　湯浅赳男
発行者　二瓶一郎

発行所　株式会社 新評論

〒169-0051　東京都新宿区西早稲田3—16—28
http://www.shinhyoron.co.jp
TEL 03（3202）7391
FAX 03（3202）5832
振替 00160-1-113487

定価はカバーに表示してあります
落丁・乱丁本はお取り替えします
印刷　新栄堂
製本　河上製本

INBN4-7948-0493-8 C0020
Printed in Japan